인문학 수업

150가지 질문으로 여는 사유의 비상

All rights reserved. All the contents in this book are protected by copyright law. Unlawful use and copy of these are strictly prohibited. Any of questions regarding above matter, need to contact 나녹那碌 (nanokbookcafe@naver.com).

인문학 수업
150가지 질문으로 여는 사유의 비상

펴낸곳 | 나녹那碌
펴낸이 | 형난옥
지은이 | 허재택
편집 | 김보미
교열 | 송경란
초판1쇄 인쇄 | 2025년 7월 20일
초판1쇄 발행 | 2025년 7월 26일
등록일 | 제2021-000016 2021.03.16.
주소 | 충남 천안시 동남구 청수11로 24, 505호(청당동)
전화 | 041-551-0517 팩스 | 0504-370-6544

ISBN | 979-11-988279-8-2 (03100)

인문학 수업

허재택 지음
뇌과학자·전 동아대학교병원장

150가지 질문으로 여는 사유의 비상

나녹
那碌

가장 정밀한 뇌도
인간을 온전히 이해하려면
인문학을 배워야 했다

머리말 | 삶을 묻는 150가지 질문, 그리고 나를 찾는 여정

이솝 우화 중에 이런 이야기가 있다. 옛날 옛적에 절친한 두 마리 쥐가 자기가 사는 시골과 도시로 서로를 초대한다. 먼저 시골에 방문한 도시 쥐는 "어째서 따분하고 누추한 곳에서 사는가? 살아있는 동안 인생을 즐겨야 해. 도시를 구경시켜줄게. 여기서 진정한 삶이 어떤 건지 보게나." 며 시골 쥐를 도시로 안내한다. 그러나 도시 쥐를 따라나섰던 시골 쥐는 "이런 멋진 생활도 좋네. 하지만 두려움과 근심 속에서 산해진미를 먹기보다 조용하고 안전한 곳에서 빵부스러기라도 맘 편하게 먹겠네."라는 말을 남기고 시골로 돌아간다. 그 뒤로 시골 쥐와 도시 쥐는 각자가 살아온 곳에 만족하며 계속 살아갔을 것이다.

여러분도 잘 아는 이야기다. 「시골 쥐와 도시 쥐」. 이 둘의 모습에서 우리 삶을 돌아볼 수 있을 듯하다. 지금과 같이 풍요로운 세상에서 우리는 어떤 삶을 선택하여 누리면 좋을까? 평범하고 일상적인 삶을 원하는가? 아니면 가끔 위험을 감수해야 하지만 화려한 삶을 원하는가? 물론 자기 개성에 맞는 삶을 선택하는 것이 좋다. 하지만 그것이 쉽지 않기에 인류는 태초부터 끊임없이 이렇게 질문해 왔다. "나는 누구인가?" "삶이란 무엇인가?" "우리는 왜 살아가는가?" 이는 시대와 문화를 초월하여 인류가 공유해온 가장 근원적인 고민이기도 하다. 인간은 생존 그 이상의 의미를 추구하는 존재라 할 수 있다. 따라서 삶의 본질을 탐구하고, 행복과 성공을 추구하는 것은 우리에게 필연적인 여정이다.

이 책이 그 여정의 동반자가 되어줄 것이다. 이 책을 준비하면서 나는 그동안 스스로에게 던졌던 질문을 되뇌어 보았다. 그리고 그 해답을 찾기 위해 읽었던 책과 자료들을 정리해 나갔다. 그러면서 깨달은 것은 우리 각자가 다르게 살지만 비슷비슷한 질문과 고민에 맞닥뜨리곤 한다는 것이었다. 그러다가 자칫 삶의 방향을 잃고 방황하거나 성공과 행복의 의미를 찾아 헤매기도 한다. 그럴 때마다 스스로에게 어떤 질문을 던져보면 좋을지, 그리고 삶을 더 의미 있고 풍요롭게 만드는 데 무엇이 필요한지를 안다면 얼마나 좋을까? 그 간절한 소망을 이 책에 담고자 노력했다.

실생활에서 적용할 수 있는 조언과 지혜를 제공하고자 이 책을 총 4부로 구성하였다. '삶이란 무엇인가?'(Q1~9)란 질문으로 시작하여, '삶을 이루는 요소는 무엇인가?'(Q10~102), '어떻게 살아갈 것인가?'(Q103~137)라는 질문으로 삶을 통찰하고, '삶의 해답은 행복인가?'(Q138~150)란 질문으로 마무리했다. 특별히 삶의 요소를 물리적, 영적·정신적, 시간적, 긍정적 요소로 구분해 놓았으니, 이를 기준으로 일상 속 자신의 존재감과 삶의 질이 이루는 영향 관계를 살펴보면 좋겠다. 150가지 질문에 따라 스스로 답해 보면서 이 책의 조언과 지혜를 참고한다면, 독자 여러분도 자기 삶을 성찰하고 변화하는 계기를 마련할 수 있을 것이다.

삶의 본질에 관한 질문은 누구나 할 수 있지만, 그 답은 각자 다를 수 있다. 이 책도 그 다양한 답변 중의 하나일 뿐이다. 그러니 부디 이 책을 도구로 삼아 독자 여러분이 던진 삶의 질문에 걸맞는 답을 찾아가시기를 바란다. 이 책에서 독자 여러분을 돕기 위해 150가지 질문에 관해 탐구하여 찾아낸 보석같은 지혜를 쉽게 풀이하고, 그와 관련된 실천방법도 소개해 놓았다. 또, 그 지혜를 독자 여러분이 자기 삶에 직접 적용해 볼 수 있도록 각 질문에 보충질문도 달아놓았다.

나는 150가지 질문을 탐구하면서 우리가 추구하는 삶의 목표가 '성공, 행복, 사랑'에 맞닿아 있음을 발견했다. 성공은 단순히 부와 명예일 수 있지만, 내적 성장과 성취감을 포함한다, 행복은 마음의 평안과 만족감을 통해 삶의 진정한 가치를 발견할 때 가능하다. 사랑은 인간 관계의 본질이자 삶을 풍요롭게 하는 원천으로, 이해와 배려, 헌신의 의미를 되새기게 한다. 우리는 성공하기 위해 그리고 행복하기 위해, 또 사랑하고 싶어서 살아간다.

이 책을 통해 독자 여러분의 삶의 의미와 방향을 다시 한 번 돌아보고, 더 깊이 있는 행복과 성공을 찾아가는 여정을 지속할 수 있기를 바란다.

2025년 뜨거운 여름에, 지은이

차례

머리말 | 삶을 묻는 150가지 질문, 그리고 나를 찾는 여정   6

삶이란 무엇인가?   11
건강하게 오래 살려면?   35
마음이란 무엇일까?   129
시간은 삶과 어떤 관계일까?   213
어떻게 하면 행복할까?   261
어떻게 살 것인가?   297
삶의 해답은 행복인가?   405

살면서 놓치지 말아야 할 인문학 질문들 150가지   443
참고문헌   447

삶이란 무엇인가?

인생은 출생과 죽음 사이의 어떤 선택 - 장 폴 사르트르

Q1   왜 우리는 힘들게 살아갈까?

옛 이야기 하나. 중국 변방에 한 노인이 살았다. 어느 날 그가 기르던 말이 국경을 넘어 오랑캐 땅으로 도망쳐 버렸다. 그때는 말이 중요한 교통수단이었기에 이웃 사람들이 이를 안타까워했다. 그러나 노인은 태연했다. 몇 달이 지났을까? 도망갔던 말이 암말 한 마리와 돌아온 게 아닌가. 이웃 사람들이 이번에는 축하를 해주었다. 그런데도 노인은 기쁜 내색을 하지 않았다. 며칠 뒤 노인의 아들이 그 말을 타다가 떨어져 다리가 부러지고 말았다. 이 소식을 듣고 마을 사람들이 찾아와 노인을 위로했다. 이번에도 노인은 별 반응이 없었다. 얼마 지나지 않아 오랑캐가 쳐들어왔다. 나라에서 청년들에게 징집령을 내렸다. 그러나 노인의 아들은 다리가 부러졌기에 전장에 나가지 않아도 됐다.

  이를 두고 흔히 '인간만사 새옹지마(人間萬事 塞翁之馬)'라 한다. '인간 세상에서 일어나는 모든 일이 새옹지마와 같으니, 결과에 너무 연연해 하지 말라.'는 뜻이다. 그렇지만 우리는 세상사에 흔들리며 살아간다. 살면서 힘든 일이 한두가지겠는가. 힘들면 힘든 대로 험난한 파도를 헤쳐나갈 수밖에. 그렇게 가다 보면 노인의 삶처럼 불운한가 싶다가도 다행스러울 때가 있다.

  삶은 마치 퍼즐과 같아서, 각자의 경험과 가치관에 따라 그 모습이 다르다. 그래서 삶이 즐거운 모험 같을 때가 있는가 하면, 고통스러운 순례길 같을 때도 있다. 그렇다면 삶의 본질은 무엇인가?

  삶의 본질을 '사람과 앎'의 조화라고 할 수 있다. 다른 사람들을 알아가면서 우리는 변화를 겪는다. 그래서 사람이라는 단어에서 'ㅁ'이 닳아서 'ㅇ'으로 바뀌는 것이다. 사람들과 더불어 살아가면서 사람을 사랑하게 되는 것이 삶의 본 모습이기 때문이다. 타인을 이해하고 사랑하며 함께 성장하는 과정이 바로 삶이다. 그런데 오늘날 사람들은 타인을 사랑하기보다 자기 자신을 더 사랑하고, 심지어 사람보다 물질에 더 많은 관심을 가지고 살아간다. 그러다가 심각한 현실문제에 부딪히곤 한다. '삶'이 어렵고, 힘들고, 꼬이고, 뒤틀리는 이유도 여기에 있는 것 같다. 물질적인 것에 집착하거나 타인과의 관계에서 어려움을 겪다 보면 우리는 점점 삶의 본질에서 멀어지게 된다.

따라서 안정적인 삶을 원한다면 '중심'을 잘 잡아야 한다. 중심이란 외부 환경에 흔들리지 않는 나만의 가치관과 신념이다. 중심이 굳건하면 어떤 어려움에도 흔들리지 않고 앞으로 나아갈 수 있다. 중심을 잡고 안정적으로 살아가기 위해서는 다섯 가지 지혜가 필요하다.

첫 번째 지혜, '목표 설정' 목표는 삶의 방향을 제시하는 나침반과 같다. 목표를 설정하고 계획을 세우면 삶의 불확실성을 줄이고 안정감을 얻을 수 있다.

두 번째 지혜, '자기 관리' 건강한 신체와 정신은 삶의 기반이다. 규칙적인 운동과 건강한 식습관, 충분한 휴식을 통해 삶의 에너지를 유지하자.

세 번째 지혜, '원만한 인간관계' 가족, 친구, 동료와의 관계는 삶의 활력소다. 서로 지지하고 격려하며 함께 성장하는 기쁨을 누려보라.

네 번째 지혜, '끊임없는 배움' 세상은 끊임없이 변화한다. 새로운 지식과 기술을 배우고 경험을 쌓으며 변화에 유연하게 대처하자.

다섯 번째 지혜는 '자아실현' 꿈을 향해 나아가는 것은 삶의 원동력이 된다. 자신의 재능과 열정을 발휘하여 삶의 의미와 보람을 찾아보자.

  이 다섯 가지 지혜를 삶의 원리로 삼아 자신의 가치와 목표를 중심에 두고 살아간다면, 자아를 발견하고 타인과 조화를 이루며 '삶'의 깊이와 풍요로움을 더할 수 있다.
  살다 보면 힘들고 지칠 때도 있다. 그래도 '새옹지마'의 노인처럼 우리는 살아간다. 어떻게 그것이 가능할까? 그것은 우리에게 주어진 삶을 소중한 선물이라고 여기기 때문이다. 그 삶 속에서 아름다운 가치를 발견할 수 있다고 믿기 때문이기도 하다.

이제 자기 삶의 중심을 잡고 지혜롭게 살아가는 방법을 터득해 나갈 때다. 지금보다 더 풍요롭고 행복한 삶을 위해.

- 삶에서 '사람'과 '앎'은 어떤 의미를 지닌다고 생각하는가?
- 사람과 앎은 어떻게 조화를 이룰 수 있을까?
- 내가 생각하는 '균형 잡힌 삶'이란 무엇인가?

Q2 ──────── 인생은 B와 D 사이의 C일까?

프랑스의 실존주의 철학자 사르트르가 "인생은 출생과 죽음 사이의 어떤 선택"이라고 했다. 쉽게 말하면 우리는 태어나서 죽을 때까지 끊임없이 선택하며 살아간다는 뜻이다. 마치 게임 캐릭터를 조작하듯이, 우리는 매 순간 선택을 하면서 자기 이야기를 만들어가는 셈이다. 개인의 선택, 즉 자유에는 책임이 따른다는 말도 되겠다.

자유 사르트르는 인간이 본질적으로 자유로운 존재라고 믿었다. 신이 정해놓은 운명 같은 건 없기에 우리에게는 어떤 상황에서도 선택의 자유가 있다는 것이다. 뷔페에서 자기가 먹고 싶은 음식을 자유롭게 고를 수 있듯이, 우리 삶도 스스로 선택하여 만들어갈 수 있다.

책임 선택한 결과는 우리 스스로 책임져야 한다. 게임에서 잘못된 선택으로 패하여 캐릭터가 죽는 것처럼, 우리도 잘못된 선택을 하면 그 결과를 감당해야 한다. 모든 행동에 자유가 주어지는 만큼, 그 선택에 우리가 책임을 질 때 의미 있는 삶이 될 수 있다.

존재의 의미 사르트르는 존재(있다)가 본질(무엇인가)에 앞서 행동에 의해 정의된다고 보았다. 그러기에 인간이 자유롭게 선택함으로써 자신만의 의미를 찾고, 삶에 풍부한 내용을 만들어갈 수 있다고 믿었다. 신이 삶의 의미를 정해주는 것이 아니라, 우리가 어떤 선택을 하고 어떤 행동을 하느냐에 따라 삶의 의미가 달라진다는 것이다. 그림을 그릴 때 어떤 색과 이미지를 담느냐에 따라 그 의미가 달라지듯이, 삶도 우리의 선택과 행동에 따라 의미가 달라진다.

불확실성과 불확정성 우리는 살면서 끊임없이 선택해야 한다. 미래를 예측하기 어렵기에 우리의 선택 결과 또한 복불복(福不福)일 때가 많다. 사르트르는 이를 불확실성과 불확정성으로 설명한다. 그런데도 우리는 선택을 해야 한다. 물론 그 선택은 우리 삶에 영향을 미친다. 그런 까닭에 우리 삶은 더욱 흥미진진하고 가치 있는 것 같다. 네버엔딩 스토리 작가처럼, 우리도 자유로운 선택을 통해 우리 삶을 더욱 의미 있고 가치 있게 만들어갈 수 있다.

우리는 선택한다. 고로 자유롭다. 삶의 진정한 의미를 찾아서 올바르게 선택하는 방법을 배우자.

- 나는 지금까지 어떤 선택을 해왔을까?
- 그 선택이 나의 삶에 어떤 영향을 미쳤을까?
- 앞으로 어떤 선택을 하고 싶은가? 그 선택으로 내 삶은 어떻게 변화할까?

Q3 ──────── 삶은 계란일까?

우리는 삶을 '삶은 계란'에 흔히 비교하기도 한다. 끓는 물에 계란을 넣어 삶기만 하면 되는 것처럼, 삶을 단순하게 해석할 수 있다. 그러나 우리에게 삶은 그리 녹록지 않다. 수많은 변수와 예상치 못한 일들로 가득 차 있다. 계란도 잘 삶으려면 조건을 잘 맞추어야 한다. 그런 면에서 삶은 계란이라는 표현에는 '삶의 복잡함과 불확실성이 투영되어 있다. 그만큼 다양한 해석도 가능하다.

단순함 속의 복잡함, 그 불확실성과 위험성 계란을 삶는 일은 단순해 보이지만, 계란의 신선도, 물의 온도, 삶는 시간에 따라 결과가 달라진다. 반숙이 될 수도 있고, 껍질이 터지기도 한다. 우리의 삶도 그렇다. 태어나서 자라고 배우는 과정은 단순해 보이지만, 개인의 성격, 환경, 선택 등 수많은 요소가 복잡하게 얽혀 예측할 수 없는 결과를 만들어낸다. 삶의 여정에서 예기치 못한 일에 대비해야 하는 까닭도 여기에 있다. 어떤 노력과 선택을 하느냐에 따라 삶의 방향은 달라질 수 있다.

깨지기 쉽지만 소중하게, 보호와 조심스러움 계란은 얇은 껍질 속에 소중한 생명을 담고 있다. 외부 충격에 쉽게 깨질 수 있지만, 새로운 생명을 잉태하는 힘도 있다. 삶도 마찬가지다. 선택은 조심스럽게, 그 결과에는 책임있게 행동해야 삶의 의미를 잘 만들어갈 수 있다. 우리의 선택과 행동은 '삶'을 형성하는 중요한 부분이기에, 자칫 경솔하게 다루면 문제가 될 수 있다. 때로는 예기치 못한 질병이나 사고, 실패로 삶이 흔들릴 수 있지만, 그 속에는 언제나 다시 일어설 수 있는 강인함과 희망이 존재한다는 것도 잊지 말자.

깨져도 다시 시작할 수 있는, 취약성과 강인함의 공존   계란이 깨지면 모든 것이 끝난 걸까? 아니다. 계란의 껍질이 깨져야 계란찜이나 계란부침, 스크램블 같은 요리로 재탄생할 수 있다. 우리도 위험한 순간과 맞부딪쳐 실패와 좌절을 맛보기도 하지만, 이것이 새로운 시작의 발판이 되기도 한다. 실패를 두려워하지 않고, 끊임없이 배우고 노력하면 앞으로 나아갈 수 있다.

함께 나누면 더욱 맛있는, 가치와 소중함   삶은 계란을 혼자 먹어도 맛있지만, 함께 나누어 먹으면 더욱 맛있다. 삶도 마찬가지다. 동료와의 협력, 가족과 친구들의 지지로 삶은 더욱 풍요로워진다. 사람들과 소통하고 나누며 삶의 지지자들을 곁에 두자. 그러면 영양소가 담긴 계란을 나눠 먹는 즐거움만큼, 삶에 필요한 에너지를 얻을 수 있다.

계란처럼 우리 삶은 깨지기 쉽고 예측 불가능하다. 하지만 그 속에는 무한한 가능성과 희망이 담겨 있다.

- 내 삶에 영향을 주는 요인은 무엇이며, 지금 어떤 방식으로 작용하고 있을까?
- 계란이 깨져야 요리가 되듯, 실패가 나를 다시 시작하게 만든 적이 있는가?
- 나는 지금, 누구와 어떻게 계란을 나누며 살아가고 있는가?

Q4 ──────── 세상이 완벽해지면 우리는 행복할까?

역사 속에서 지상 천국이나 유토피아는 존재한 적이 없다. 그래서 인간의 삶은 언제나 힘겨울 수밖에 없다. 이런 견해는 철학이나 종교적 전통에서 비롯되었는데, 삶에는 항상 어려움과 불완전성이 있다는 점도 강조한다.

세상이 완벽해지면 얼마나 좋을까? 걱정 없이 행복하게 살 수 있는 지상 낙원. 하지만 현실은 녹록지 않다. 역사를 돌아봐도 완벽한 세상은 없었고, 우리는 늘 크고 작은 어려움과 마주하며 살아간다. 마치 게임 속 캐릭터가 몬스터를 물리치고 던전을 탐험하듯이, 우리 삶도 끊임없는 도전과 극복의 연속이다.

왜 세상이 완벽하기 어려운지, 그 이유를 짚어보고 싶다.

아담과 이브의 에덴 동산 추방 성경을 보면, 아담과 이브가 신의 명을 어겨 천국(에덴동산)에서 추방되는 얘기가 가장 먼저 나온다. 게임에서 규칙을 어기면 벌칙을 받듯이, 인간은 잘못된 선택으로 인해 완벽한 세상을 잃어버린 것이다. 이것을 '신의 상실 후 천국(Paradise Lost)'이라고 표현한다. 이후 신을 잃은 인간은 어려움과 고통을 겪게 되었고, 이를 통해 순종과 규율을 배우며 성장하게 된다.

불교에서 말하는 삶의 고통 불교에서는 삶 자체가 고통이라고 말한다. 생노병사(生老病死), 즉 태어나고 늙고 병들고 죽는 과정이 바로 피할 수 없는 고통이라는 것이다. 마치 시험을 볼 때 긴장하고 불안한 것처럼,

삶 자체가 고통과 불안을 내포하고 있다. 이 불확실하며 변하기 쉽고 결국 소멸하는 삶의 고통에서 벗어나려면, 그 고통을 인식하고 극복하려는 노력이 필요하다고 강조한다.

역사는 갈등과 투쟁의 연속   역사책을 펼쳐보면 알겠지만, 인류 역사는 전쟁, 혁명, 차별 등 수많은 갈등과 투쟁으로 가득 차 있다. 마치 격렬한 파도가 끊임없이 몰아치는 바다처럼, 세상은 끊임없이 변화하고 갈등을 겪는다. 이런 갈등 속에서 완벽한 세상을 만드는 것은 불가능에 가까워 보인다. 그런데 철학자 헤겔은 인간의 역사적 발전에는 대립과 갈등이 중요한 역할을 한다고 주장했다. 그는 역사가 항상 다양한 이해 관계의 대립을 통해 진행되며, 이 대립을 거쳐야만 역사적인 변화가 일어난다고 설명했다. 따라서 헤겔은 완벽한 유토피아의 실현이 현실적으로 불가능함을 인정한 셈이다.

이상보다는 현실이 중요   리얼리즘과 현실주의 철학자들은 이상적인 세상보다는 현실을 있는 그대로 받아들이는 것이 중요하다고 한다. 이상을 꿈꾸기보다 현실에 충실하라는 것이다. 그러니 현실 문제를 해결하고 개선해 나가는 데 힘써야 한다. 인간의 삶이 불완전하기에 어려움이 따르는 것이다. 완벽한 유토피아를 창조하는 것이 현실적으로 어려운 것도 이 때문이다. 그래서 이들은 현실의 복잡성과 다양성을 고려한 현실적인 목표와 개선을 더욱 중시한다.

이러한 견해는 인간 '삶'의 현실적이고 불완전한 측면을 강조하여, 완벽한 지상 천국이나 유토피아가 현실적으로 불가능하다는 것을 제시한다. 인간은 시련과 도전을 통해 성장하고 발전하지만, 완벽해지기는 어렵다. 완벽한 세상을 이룰 수 없다고 해서 좌절하거나 포기할 필요는 없다. 험난한 산을 오르는 등산가처럼, 어려움을 극복해 나간다면 앞으로 나아갈 수 있다.

중요한 건 완벽한 세상을 꿈꾸기보다, 지금 이 순간에 최선을 다하며 사는 거다.

- 완벽한 세상이란 존재할 수 있을까?
- 삶의 어려움과 고통은 우리에게 어떤 의미를 줄까?
- 어려움 속에서도 희망을 잃지 않고 살아가려면 어떤 노력을 해야 할까?

Q5 — 우리 삶은 어떻게 이루어져 있을까?

우리 삶은 다양한 요소들이 모여 하나의 구조를 이룬 건축물과 같다. 즉, 시간, 중심과 주변, 마음 등의 세 요소가 삶이라는 건축물을 지탱하는 중요한 기둥이라 말할 수 있다.

시간, 삶의 설계도   인간의 삶에서 시간은 과거와 현재, 미래로 나뉜다. 이미 지난 '과거'는 경험과 학습의 저장고가 되며, 현재는 '지금 이 순간'을 살아가게 하며, 미래는 앞으로 나아가도록 우리를 이끈다. 건축가가 설계도를 꼼꼼히 검토하듯, 계획과 실천으로 시간을 꾸준히 관리한다면 삶이라는 건축물을 견고하게 완성해 갈 수 있다.

중심과 주변, 삶의 균형   삶의 중심에는 '나' 자신이 존재한다. 사람은 자신이 지닌 가치관이나 신념, 목표를 삶의 중심에 두고, 이를 둘러싼 주변 환경과 사람들의 영향을 받으며 살아간다. 그래서 주변의 유혹이나 어려움에 흔들리지 않고 중심을 지키기란 쉽지 않다. 그렇지만 건물의 중심 기둥이 튼튼해야 외부 충격에도 끄떡없듯이, 우리도 삶의 중심을 굳건히 세우고 주변 환경과 조화를 이루며 살아가야 한다. 중심을 어떻게 정하고 유지하느냐에 따라 삶의 방향과 만족도가 크게 달라진다. 그러나 삶의 중심에 '나'가 있다는 사실만은 잊지 말자.

마음, 삶의 온도 조절 장치   마음이란 일차적으로 인간이 본래부터 지닌 성격이나 품성을 가리킨다. 또, 어떤 대상에 관해 느끼거나 일으키는 감정이나 심리, 정서를 포함하는 개인의 내면세계를 나타내기도 한다. 이러한 마음의 상태는 삶의 질과 만족도에 직접적으로 영향을 미친다. 그래서 긍정적인 마음은 삶을 따뜻하게, 부정적인 마음은 삶을 차갑게 만든다. 건물의 온도 조절 장치가 쾌적한 환경을 유지하듯, 긍정적인 마음을 유지하고 스트레스를 관리한다면 삶의 온도를 따뜻하게 유지할 수 있다. 삶에서 자기 이해와 정서적 지능, 스트레스를 꾸준히 관리하자. 마음이라는 삶의 온도 장치를 잘 조절할 수 있도록.

"결국 삶이란 자신의 건축물을 세우는 여정이다!"
"우리는 삶이라는 건축물을 각자 완성해 가는 건축가들이다."

이제 시간이라는 설계도를 바탕으로 하여 삶의 중심을 세우자. 그리고 마음을 다스려 삶의 온도를 조절하면서 아름답고 의미 있는 삶을 만들어 나가자.

- 나의 삶에서 중심은 무엇이며, 이를 어떻게 지켜나갈 수 있을까?
- 긍정적인 마음을 유지하고 스트레스를 관리하기 위한 나만의 방법은?
- 삶의 균형을 이루기 위해 시간을 어떻게 관리하고 계획을 세워야 할까?

Q6 ── 우리 삶의 구조를 태양계와 비유한다면?

우리 삶을 태양계에 비유해 보자. 태양을 중심으로 행성이 공전하듯이, '나'라는 태양(존재)을 중심으로 선택(행위)과 소유(물질)가 돌고 있다.

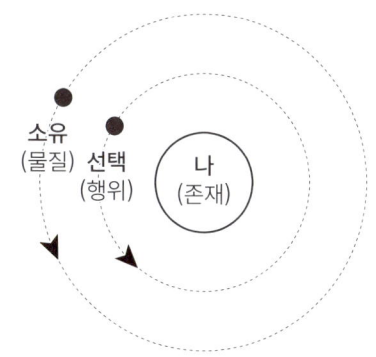

삶의 중심은 나 우리는 '소유'와 '존재' 사이에서 선택(행위)을 하며 살아간다. '나'(존재)가 삶의 중심이 되고, 소유(물질)는 주변에 놓인다. 그러나 사람들이 살아가면서 자기 존재보다 소유를 지향하게 된다. 사회심리학자 에리히 프롬은 『소유냐 존재냐』를 통해 현대인들이 소비와 이윤을 추구하다가 빈곤해져 풍요로운 삶을 누리지 못하게 된다고 지적한 바 있다. 진정한 행복은 소유가 아닌 '나'라는 존재에서 비롯되기 때문이다.

알베르트 슈바이처의 삶을 생각해 보자. 그는 세계적인 의학 권위자로서 화려한 삶을 누렸다. 그런데도 내면의 공허함을 어찌할 수 없었다. 그는 모든 것을 버리고 의료 봉사를 떠났다. 가난하고 소외된 사람들을 치료하면서, 그는 비로소 삶의 진정한 의미를 찾았다.

사람 중심의 에너지 이동 '삶과 행복'을 논의할 때마다 나오는 전제는 "인간의 욕망은 끝이 없다."라는 것이다. 많은 사람이 물질(소유)을 중요시하게 여겨 이타적인 '삶'을 선택하기는 쉽지 않다. 그러려면 엄청난 내공이 필요하다. 소유(주변)로 진행하던 방향을 존재(중심)로 이동하려면

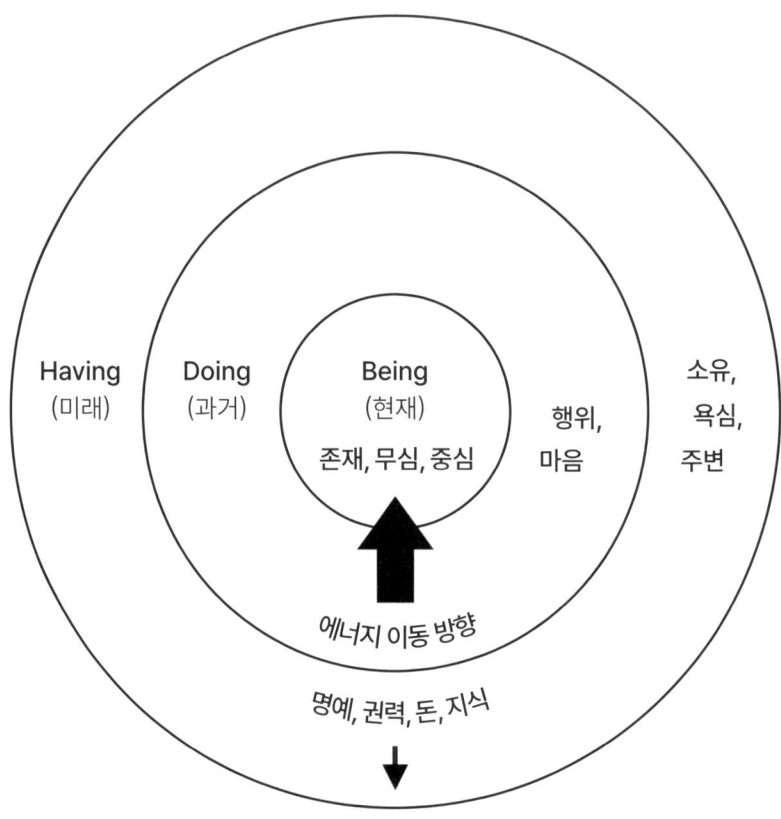

에너지가 얼마나 많이 들겠는가. 사람을 중심에 둔 인류애를 실천하기 어려운 이유도 여기에 있다. 사람들의 '삶'이 어렵고 힘든 근본적인 이유도 마찬가지다. '삶'의 구조를 그린다면, 존재(중심원)로 향하는 화살표(길)는 크고 굵게, 소유(물질, 주변원)로 향하는 화살표(길)는 작고 가늘게 하여, 에너지가 많이 소모되지 않기 때문에 대부분의 사람들이 이 길로 간다는 것을 표현할 수 있다.

삶의 에너지를 조절하는 힘은 무엇일까? 바로 마음이다. 긍정적인 마음은 삶을 풍요롭게 만들고, 부정적인 마음은 삶을 황폐하게 만든다.

'소유'는 행위와 관련된 일이 되고, '존재'는 사람에 대한 문제이자 관계로 이어진다. 사람 중심의 사고와 행위는 결국 사람을 사랑하는 행위로 나타난다.

삶은 복잡하고 예측 불가능하다. 그러나 삶의 중심을 찾고 긍정적인 마음으로 살다 보면 진정한 행복을 느낄 수 있다. 삶의 구조를 이해하고 균형을 이루려고 노력한다면, 우리도 에너지를 주변에서 중심으로 바꿀 수 있다.

사람을 사랑하게 되면, 현재를 살게 되고 더 행복해진다.

- 삶에서 '존재'와 '소유'는 무슨 의미이며, 어떻게 균형을 이룰 수 있을까?
- 자기 삶의 구조를 동심원으로 그린다면 에너지는 어디로 향하고 있을까?
- 지금 나는 긍정적인 마음을 유지하기 위해 어떤 노력을 하는가?

Q7 ———— 왜 우리는 불행하다고 느끼는가?

맛있는 음식을 배불리 먹었는데도 허기질 때가 있는가? 꿈꾸어 왔던 멋진 곳으로 여행을 왔는데도 허전하다고 느낀 적이 있는가?

오늘날 우리는 물질적으로 풍요로운 시대에 살고 있다. 그런데도 많은 사람이 불행하다고 느낀다. 2024년 '세계 행복의 날'(UN 2012년 지정)에 발표한 행복도 조사에서 우리나라는 137개국 중 52위를 차지했다. '풍요 속의 빈곤'이라고 단순히 넘길 일은 아닌 것 같다.

'물질적 혜택'을 풍요롭게 누리는데도, 왜 많은 사람들이 불행하다고 느낄까? 세상살이에 얽히고 설킨 문제들에 관심을 두고 그 원인에 관해 깊이 생각해 보면 좋겠다.

욕심은 끝이 없다 중국 송나라 사람 저공이 원숭이를 길렀는데, 원숭이가 점점 늘어나 먹이 주기가 힘들어졌다. 그런데도 저공은 키운 정이 있어 원숭이를 함부로 내다 팔 수가 없어 먹이를 줄이기로 마음 먹었다. 그가 원숭이들에게 아침엔 도토리를 3개, 저녁에 4개 준다고 말했다. 그러자 원숭이들이 반발하는 게 아닌가. 저공은 아침에 4개, 저녁에 3개를 주면 어떻겠냐고 바꿔 말했다. 이에 원숭이들이 기뻐하며 절하더란다.

바로 '조삼모사(朝三暮四)'에 얽힌 이야기다. 간사한 꾀로 남을 속이는 경우를 일컫는 고사성어다. 하지만 여기에는 원숭이의 욕심이 투영되어 있다. 인도나 아프리카에서는 이런 원숭이의 욕심을 이용해 사냥한다. 입구가 좁은 항아리에 원숭이가 좋아하는 견과류나 과일을 미끼로 넣어

둔다. 과일 냄새에 혹한 원숭이가 항아리 안에 손을 넣고 먹이를 움켜쥐는데, 문제는 그 상태로 좁은 항아리에서 손을 빼기 어렵다는 데 있다. 원숭이는 한 번 손에 쥔 것을 절대 놓지 않는 습성이 있어서 사냥꾼이 다가와도 항아리에서 손을 빼지 못해 잡히고 만다. 이처럼 먹이 한 움큼을 얻으려고 욕심 부리다가 귀한 생명이나 자유를 잃을 수 있다.

사람의 욕심도 원숭이와 뭐가 다를까. 밑 빠진 독에 물 붓기처럼 돈·명예·권력을 향한 물욕은 아무리 많이 가져도 만족하지 못한다. 철학자 자크 라캉은 '욕망'을 인간의 본질이자 존재의 결여에 대한 것이라 봤다. 그렇기에 인간의 삶은 충족될 수 없는 구조에 놓여 있다. 욕망을 좇기만 한다면, 진정한 행복은 멀어지고 공허함만 남을 수 있다.

진정한 행복은 어디에 있을까 행복은 물질적으로 풍요하다고 이루어지는 것일까? 아니다. 맛있는 음식을 먹어도 혼자보다 사랑하는 사람과 함께해야 더 행복하다. 또, 자기에게 의미 있는 삶이라고 느껴져야 행복하다. 가족, 친구들과의 관계를 소중히 하고, 나눔을 실천하며 보람을 느낄 때 행복할 수 있다.

생각하는 힘을 키우자 현대 사회는 빠르게 변화한다. 그만큼 복잡한 문제들도 끊임없이 일어난다. 이런 시대에는 문제가 생겼을 때 스스로 깊이 생각하고 문제를 해결하려는 능력을 갖추어야 한다. 살면서 마주하는 문제를 피하지 말고, 퍼즐을 맞추듯 원인을 분석하고 해결책을 찾아야 한다. 그런 과정을 거치며 우리는 성장해 간다.

내가 하는 일에 자부심을 갖자 조삼모사의 이야기를 다시 생각해보자. 왜 원숭이가 저공의 제안에 일희일비했을까? 그건 바로 원숭이가 스스로 먹이를 구할 생각이나 노력조차 하지 못하게 되었기 때문이다. 스스로 생각하고 판단하여 일하고, 그 일에 자부심을 가지는 것이 무엇보다도 중요하다. 정성을 다해 작품을 만드는 장인처럼 우리도 자기 삶을 완성해 나가는 장인이다. 그 일에 자부심을 지니고 몰입한다면 더 행복해질 수 있다.

행복은 나눌수록 커진다   조동화 시인은 「나 하나 꽃 피어」라는 시에서 "너나 나나, 우리 모두 꽃을 피우다 보면 보잘 것 없는 풀밭을 꽃밭으로 만들 수 있다." 고 한다. 행복도 마찬가지가 아닐까. 나누거나 함께 할 수록 커지는 마법. 스웨덴에 "기쁨은 나누면 두 배가 되고, 슬픔은 나누면 절반이 된다." 라는 속담이 있다. 촛불 하나로 다른 촛불에 불을 붙이면 빛이 더 밝아지듯이, 나의 행복을 다른 사람과 나누면 행복은 더욱 커지고 풍성해질 것이다. 봉사활동, 재능 기부 등 다양한 방법으로 나눔을 실천해 보는 건 어떨까?

자신의 삶을 완성해가는 장인으로서, 함께하며 나눌 줄 아는 행복의 마법을 실천하자.

- 나는 무엇을 위해 살아가고 있는가?
- 나에게 진정한 행복이란 무엇일까?
- 어떻게 하면 더 행복한 삶을 살 수 있을까?

Q8 ──── 행복의 파랑새는 우리 집 처마 밑에 있을까?

행복을 찾아 멀리 떠나고 싶은 적이 있는가? 아름다운 여행지, 마천루가 돋보이는 화려한 도시, 성공한 사람들의 삶을 보면서 '나도 저렇게 살면 행복할까?' 라는 생각을 해본 적 있지 않은가?

　동화로 더 많이 알려진 희곡「파랑새」의 결말을 떠올려 보라. 틸틸과 미틸 남매가 파랑새를 찾지 못하고 돌아온 다음날 아침, 새장 안에서 파랑새를 발견한다. 행복을 상징하는 파랑새는 산 너머에 있는 것이 아니라, 자기 집 처마 밑에 있었다. 극작가 모리스 마테를링크는 행복을 멀리서 찾지 말고 자기 주변에서 찾을 수 있다는 메시지를 전한다. 시인 카알 붓세는 "산 너머 저쪽 더욱 멀리 행복이 있다고 사람들은 말하네/ 아, 나는 그를 찾아 남따라 갔다가 눈물만 머금고 되돌아왔네" [시「산 너머 저쪽」, 정지용 발간잡지, 『어린이나라』(1950) 수록]라고 노래하기도 했다.

　그렇다. 행복은 가까이에 있다. 멀리 있지 않다. 행복하고 싶은가? 그렇다면 다음 네 가지부터 실천해 보자.

지금 이 순간을 소중히 여기자　우리는 과거를 후회하거나 미래를 걱정하는 데 시간을 허비하곤 한다. 심리학자 어니 J. 젤린스키는 『모르고 사는 즐거움』에서, "사람들이 절대 일어나지 않는 일에 40%, 이미 일어난 일에 30%의 걱정을 한다." 했다. 『걱정하지 마라 90%는 일어나지 않는다』(메이허 저)도 비슷한 메시지를 전한다. 이렇게 머릿속 걱정에 붙잡혀 있으면, 푸른 하늘과 맛있는 음식처럼 지금 눈앞의 소중한 것들을 놓치기 쉽다. 오늘의 순간에 마음을 두는 것, 그것이 행복의 시작이다.

소소한 즐거움을 찾아보자 행복은 대단한 데에 있지 않다. 소소한 일상에서 맛볼 수 있다. 밤하늘의 별을 보며 감탄하듯이, 우리 주변의 작은 것들에서 아름다움과 즐거움을 찾아보면 어떨까? 좋아하는 음악 듣기, 친구들과 수다, 반려동물과 산책하는 일상생활에서 말이다.

가족과 함께하는 시간을 소중히 여기자 가족은 우리에게 소중한 존재다. 힘들 때 가장 먼저 생각나는 사람, 내 삶의 이유가 되어주는 사람으로 가족만한 존재가 또 어디 있을까? 그런 가족과 함께 식사하고 이야기를 나누며 웃을 수 있는 시간이 우리 삶을 더욱 풍요롭게 한다. "파랑새는 처마 밑에 있다." 라는 말도 집 안에 가족이 함께 있다는 의미와 같다. 사랑하는 사람과 함께하는 것이 진정한 행복의 원천이다.

내 안에서 행복을 찾아보자 행복은 혼자 이룰 수 없지만, 나에게서 비롯된다. 보물찾기 하듯이, 자기 내면을 탐험하면서 자신만의 행복을 찾아나가야 한다. 일상에서 명상, 독서 등 취미 활동을 하며 나 자신을 더 깊이 이해할 때 비로소 내면의 행복도 자랄 수 있다.

> 행복은 멀리 있지 않고 내 집 안에 있다. 지금 이 순간들 속에서 소중한 것을 찾아라. 그리고 그에 감사하며 즐기라.

- 나는 지금 이 순간을 얼마나 소중히 여기며 살아가고 있는가?
- 최근에 불필요한 걱정이나 후회로 현재를 놓친 적은 없었는가?
- 오늘 하루 동안, 나를 미소 짓게 한 작은 순간은 무엇이었는가?

Q9   행복이 삶의 해답일까?

삶의 의미를 찾아 헤맨 적이 있는가? 왜 우리는 살아가는가? 어떻게 살아야 하는가? 오랜 옛날부터 해답을 찾기 위해 많은 사람이 철학책을 읽고, 종교에 귀의하기도 했다. 어쩌면 그 해답은 생각보다 가까운 곳에 있을지 모른다. 우리가 파랑새를 찾는 것처럼.

"행복이 삶에 대한 해답이다." 라는 말에는, 행복이 우리 삶의 궁극적인 목표이자 모든 문제를 해결하는 열쇠라는 의미가 담겨 있다. 복잡한 미로를 벗어나게 도와주는 출구처럼, 행복은 삶의 방향을 제시하며 어려움을 극복하는 힘이 되어준다. 우리는 어떻게 행복을 찾아갈 수 있을까?

긍정적인 마음으로 세상을 바라보자   긍정적인 마음은 마법의 안경과 같다. 세상을 아름답게 바라보게 한다. 어두운 터널에서 희미한 빛을 따라가듯이, 긍정적인 마음은 우리에게 희망과 용기를 준다.

내면의 평화를 찾자   'inner peace' 라는 말을 들으면 떠오르는 애니메이션이 있다. 바로 「쿵푸팬더」 시리즈다. 주인공 포는 용의 전사로 거듭나는 여정에서, 마음의 평화를 통해 내면의 힘을 깨닫는다. 그의 스승 시푸는 그에게 늘 말했다. "inner peace." 이처럼 세상의 변화에 부딪히며 성장하는 힘은 자기 내면에 있다. 변화무쌍한 세상살이에서 '꺾이지 않는 마음'을 유지할 수 있다면 '용의 전사'가 될 수 있다. 우선, 자기감정을 잘 들여다보자. 명상이나 독서, 요가가 도움이 될 수 있다. 자신을 이해하고 받아들인다면, 내면의 행복도 키워나갈 수 있다.

삶의 의미를 찾아 떠나자 우리가 등산할 때 정상까지 오르려는 이유는 무엇일까? 그건 정상에 올랐다는 성취감이나 거기서 내려다보게 될 아름다운 경치 때문이다. 우리가 삶의 목표를 정하고 앞으로 나아가는 이유도 마찬가지가 아닐까? 그 성취감, 즉 행복을 느끼고 싶어서. 이제라도 나에게 정말 중요한 것은 무엇인지, 어떤 삶을 원하는지 생각해 보자. 그리고 그 삶에서 성취감, 즉 의미나 보람을 찾아보자.

행복은 나눌수록 커진다 행복은 나 혼자만을 위한 것이 아니다. 전우익의 책 제목처럼 "혼자서 잘 살믄 무슨 재민겨." 라고 말하고 싶다. 행복은 그 출발점이 나 개인이지만, 결국 나와 주변 사람, 특히 내가 사랑하는 사람과 함께할 때 이루어져야 더 의미가 있다. "기쁨은 나누면 두 배로 늘어나고 고통을 나누면 절반으로 줄어든다." 라고 하지 않았는가. 진수성찬이 차려져 있어도 그것을 가족이나 친구들과 함께 나눌 때 더 즐겁듯이, 행복도 나눌수록 더욱 풍성해진다. 주변 사람에게 따뜻한 말 한마디나 작은 배려를 한다면 함께 행복해질 수 있다.

삶이 복잡하고 힘들수록 긍정적인 마음가짐과 내면의 평화를 유지하자. 그리고 잊지 말자, 행복은 나눌수록 더 빛나고 풍요로워진다는 것을.

- 요즘 나는 세상을 어떤 눈으로 바라보고 있을까?
- 최근 나에게 힘이 된 말이나 순간이 있는가?
- 지금 내 마음은 평온한가, 흔들리고 있는가?

건강하게 오래 살려면?

자기를 돌보라. 다른 사람을 소중히 여겨라 - 스티브 잡스

Q10 ──────── 왜 건강이 삶의 열쇠일까?

'건강' 하면 떠오르는 격언이 하나 있다. "돈을 잃으면 조금 잃는 것이고 명예를 잃으면 많이 잃는 것이며 건강을 잃으면 모두 잃는다." 코로나19 대유행 이후 삶에서 건강이 얼마나 중요한지를 절실히 깨달았다. 건강은 삶의 질을 높이고 일상생활의 활동 능력을 유지하는 데 필수적이다. 단순히 질병을 예방하고 치료하는 것 이상으로, 삶의 만족도에도 크게 영향을 미친다.

건강, 그 이상의 가치 건강하면 맛있는 음식도 마음껏 먹고, 신나는 운동도 하며 친구들과 밤새도록 이야기도 나누고 게임도 즐길 수 있다. 조선시대의 기념주화라는 '별전' 중에는 '수복강녕(壽福康寧)'이란 글자가 새겨진 것이 눈에 띈다. 별전은 왕실과 사대부에서 몸에 지니고 다니는 패물로 널리 쓰였다. '오래 살고 복을 누리며 건강하고 마음이 편안함'을 뜻하는 '수복강녕(壽福康寧)'을 별전 앞에 새긴 것으로 보아 선조들이 건강을 얼마나 중시했는지를 알 수 있다.

오늘날 건강의 진정한 가치는 어디에 있을까? '내가 하고 싶은 일을 마음껏 할 수 있는 자유'를 얻는 데 있다고 말하고 싶다. 그러기에 건강은 아무리 강조해도 지나치지 않다.

우리 몸, 놀라운 오케스트라 우리 몸은 수많은 기관이 각자의 역할을 하며 하모니를 이루는 오케스트라와 같다. 이 하모니를 유지해야 '건강' 할 수 있다. 심장은 펌프처럼 혈액을 온몸에 보내고, 폐는 끊임없이 산소를 공급하며, 위와 장은 음식을 소화하여 에너지를 만들어 낸다. 뇌는 컴퓨터처럼 모든 정보를 처리하고 우리의 생각과 감정을 조절한다. 만약 이 오케스트라의 한 부분이라도 조화를 잃으면 어떻게 될까? 생각만 해도 아찔하다.

건강은 건강할 때 지켜야 루게릭병을 앓으면서도 우주의 비밀을 탐구한 과학자가 있다. 그가 바로 스티븐 호킹 박사다. 몸은 비록 불편했지만 뛰어난 지성과 강인한 정신력으로 훌륭한 업적을 남겼다. 그렇다고 우리가 모두 호킹 박사처럼 될 수는 없지 않을까? 그러니 건강할 때 건강을 지킬 수밖에 없다. 은행에 저축하는 것처럼 젊고 건강할 때 건강을 저축해 두면, 나이가 들어서도 건강하게 살 수 있다.

내 삶의 질을 높이고 싶다면, 이제부터라도 건강을 저축해 두자.

- 나는 지금 건강을 어떻게 관리하고 있는가?
- '건강을 저축한다.' 라는 말은 내게 어떤 의미일까?
- 지금 바꾸고 싶은 건강 습관이 있다면 무엇인가?

Q11 ──── 건강의 중요성을 일깨우는 명언은?

'인생은 한 편의 영화'라는 말이 있다. 우리는 각자 주인공이 되어 삶의 희로애락을 담은 영화를 만들어 간다. 그러다가 건강이라는 '황금 열쇠'를 잃어버린다면, 이 영화는 어떻게 될까? 아마도 흥미진진한 모험 대신 지루하고 힘겨운 투병 생활이 그려질 것이다.

건강은 삶의 모든 순간을 빛나게 해주는 마법 같은 힘을 지녔다. 건강할 때는 그 소중함을 모르지만, 막상 건강에 문제가 생기면 일상부터 무너지기 쉽다. '건강을 잃으면 모든 것을 잃는다.' 이 사실을 일깨우는 유명인사들의 메시지를 살펴보자.

스티브 잡스의 마지막 메시지 애플의 창업자 스티브 잡스는 암 투병 중, 자기 삶과 건강에 관한 생각을 편지로 남겼다. "누구나 수술실에 들어갈 즈음이면 진작 읽을 걸 하고 후회하는 책이 한 권 있다. 그건 바로 '건강한 삶의 책'이다. (When a person goes into the operating room, he will realize that there is one book that he has yet to finish reading - 'Book of Healthy Life.')" 즉, 건강한 삶이 중요하다는 말이다. 그리고 잡스는 "자기를 돌보라. 다른 사람을 소중히 여겨라(Treat yourself well. Cherish others.)"는 말로 편지를 마무리했다.

스탠포드대 졸업식 연설 때(2005년)만 해도 그는 "오늘이 내 인생의 마지막 날이라면, 지금 하려고 하는 일을 할 것인가?"라고 질문했다. 그리고 '죽음'을 생각하며 "계속 갈망하라 여전히 우직하게(Stay hungry Stay foolish)"라고 도전을 강조했다. 그러던 잡스가 죽음 앞에서 억만금을 준다 해도 건강은 되찾을 수 없음을 깨달은 것이다. 그는 '건강한 삶'이란 자신을 돌보고 다른 사람을 소중히 여기는 것임을 강조한다.

건강의 소중함을 일깨운 명언들

"건강한 거지가 병든 왕자보다 낫다." "행복의 90%는 건강에 달려 있다." (쇼펜하우어)

"건전한 육체에 건전한 정신까지 깃든다면 바람직할 것이다." (유베날리스)

"건강한 신체에 건강한 정신이 깃든다." (존 로크)

"우리는 몸 안에 100명의 명의를 가지고 태어난다. 사람은 몸이 건강해야 행복도, 즐거움도 느끼는 것이다." "건강함은 최상의 재물이다." (히포크라테스)

"건강을 유지하는 것은 자신에 대한 의무이며, 또한 사회에 대한 의무다." (벤자민 플랭클린)

"학식도 미덕도 건강을 잃으면 퇴색한다." (몽테뉴)

위의 명언들은 한결같이 건강이 삶의 질과 행복을 좌우한다고 말한다. 여기에다 건강에 소홀해서는 안 된다며, 지속적인 관리와 주의가 필요하다는 교훈을 덧붙이고 싶다. 지금부터 건강이라는 황금 열쇠를 소중히 간직하고, 건강한 삶을 위한 여정을 시작하자! 규칙적인 운동, 건강한 식단, 스트레스 관리, 정기적인 건강 검진 등 작은 노력부터 하자. 이런 노력이 모여 건강하고 행복한 삶을 만들어 준다.

건강은 행복의 시작이자, 꿈을 이루는 원동력이다.

- 나는 내 몸속 기관들이 어떤 역할을 하는지 얼마나 알고 있을까?
- 요즘 내 몸이 보내는 신호에 나는 얼마나 귀 기울이고 있을까?
- 최근 내 몸에서 '균형이 무너졌다'고 느낀 순간이 있었는가?

Q12   인체 시스템은 어떤 기전으로 작동할까?

우리 몸 즉 '인체'는 매우 복잡하고 정교한 구조로 이루어져 있다. 인체에서 작동하는 시스템들은 마치 '어벤져스'와 같다. 각 인물의 능력은 다르지만, 세상을 구하기 위해 힘을 합치듯 인체의 기관들도 서로 협력해야 정상적인 활동을 이어갈 수 있다.

건강 관리를 잘하려면 이러한 인체의 시스템과 기관 간의 협력과 통제에 관해 알아두면 도움이 된다. 인체 시스템을 작동하는 기전(mechanism)을 간단히 알아보자. 여기서 기전이란 하나 이상의 효과를 생성하는 인과적으로 상호 작용하는 부분과 과정의 시스템이다.

신경계와 내분비계의 상호 작용   중추신경계에서 나온 신호는 호르몬을 분비하는 내분비기관에 영향을 준다. 뇌는 여러 가지 호르몬을 조절하고, 호르몬은 혈류를 통해 몸 전체에 전달되어 다양한 생리적 기능을 조절한다. 아이언맨처럼 똑똑한 뇌는 인체의 대장 노릇을 한다. 온몸 구석구석에 명령을 내려서 심장을 뛰게 하고 숨을 쉬게 하며 신진대사를 돕는다.

호흡과 순환의 상호 작용   호흡과 순환 시스템은 함께 동작하여 산소를 흡입하고 이를 혈액으로 운반한다. 폐에서 산소가 흡수되면 혈관을 통해 각 세포로 전달되어 산소를 이용한 에너지 생산이 가능해진다. 토르처럼 에너지를 다루는 심장은 몸 전체에 혈액을 펌프질해서 산소와 영양분을 공급한다.

소화와 영양 공급의 상호 작용 음식물은 소화 효소에 의해 소화되어 영양소로 분해된다. 이러한 영양소는 소장과 대장에서 흡수되어 혈액을 통해 각 세포에 공급된다.

운동과 신경계의 상호 작용 중추신경계는 근육의 수축과 이완을 조절하여 운동을 제어한다. 뇌와 척수에서 나온 신호는 신경을 통해 근육으로 전달되어 몸을 움직이게 한다. 헐크처럼 힘센 근육은 뇌의 명령에 따라 움직인다. 덕분에 우리는 걷고 뛰고 춤을 추는 등 각종 신체 활동을 할 수 있다.

순환과 내분비계의 상호 작용 혈액은 내분비기관에서 분비된 호르몬들에 의해 조절된다. 혈액 내의 성분이나 양이 변화하면 내분비기관이 적절한 호르몬을 분비하여 이를 조절하려고 노력한다.

신경계와 면역계의 상호 작용 신경계는 면역계를 조절하여 적절한 면역 반응을 유지한다. 스트레스나 감정의 변화는 면역 기능에 영향을 미치며, 신경과 면역계는 상호작용하여 체내의 외부 침입자에 대응한다. 캡틴 아메리카처럼 몸을 지키는 면역 시스템은 나쁜 세균이나 바이러스가 침입하면 즉시 출동해서 인체를 보호한다.

  이렇게 인체 시스템들이 상호작용하여 정밀하게 균형을 맞춰야 건강할 수 있다. 시스템이나 기관에 약간이라도 이상이 생긴다면 다른 부분에 즉시 영향을 끼친다. 따라서 시스템 간의 팀워크가 깨지지 않도록 관리해야 한다. 그러려면 균형 잡힌 생활 습관을 유지하는 것이 무엇보다 중요하다. 의료 전문가와의 상담이나 정기적인 건강 검진은, 이러한 상호

작용을 모니터링하고 적절히 조치하는 데 도움이 된다.

한 예로 '루게릭병'을 생각해 보자. 이 병은 운동신경세포가 점점 파괴되는 무서운 병이다. 뇌에는 이상이 없어도 근육이 움직이지 않기 때문에 숨을 제대로 쉬지 못하게 된다. 인체의 각 기관들은 정교하게 연결되어 있다. 따라서 건강할 때 우리 몸에 관심을 두지 않으면 나중에 관리하기가 힘들다.

우리 몸속 영웅들의 팀워크를 기억하라. 그리고 건강할 때 우리 몸을 지키자.

- 인체 시스템의 상호 작용을 이해하면 질병 예방이나 치료에 어떤 도움을 줄 수 있을까?
- 현대 사회에서 스트레스, 불규칙한 생활 습관 등이 인체 시스템의 균형을 어떻게 무너뜨릴까? 이를 예방하는 방법에는 무엇이 있을까?
- 미래에는 최첨단의학 기술의 발전으로 인체 시스템의 상호 작용을 더욱 정밀하게 조절하고 치료할 수 있을까?

Q13 ───── 하체가 '제2의 심장'이라 불리는 이유는?

"좋은 약을 먹는 것보다 좋은 음식을 먹는 것이 낫고, 좋은 음식을 먹는 것보다 걷는 것이 좋다.(허준)" "걷는 것이 최고의 약이다.(히포크라테스)" "오래 사는 최선의 방법은 끊임없이, 그리고 목적을 갖고 걷는 것이다.(찰스 디킨스)"

이 모두 '걷기'가 건강에 최선책이라고 강조하는 말이다. 잘 걸으려면 하체 특히, 다리 근육이 중요하다. 그래서 종아리 근육을 '제2의 심장'이라고 부른다. 우리가 걸으면 다리에서 심장으로 가는 혈액순환이 촉진된다. 또, 종아리 근육 형성을 통하여 당뇨병과 같은 만성 대사성 질환들을 예방할 수도 있다. 규칙적으로 걷기 운동을 해야 하는 이유가 여기에 있다. 걷기가 건강에 미치는 긍정적인 효과와 그 원리를 알아보자.

순환계 향상 혈액은 정상적인 상태에서 동맥을 통해 심장에서 다리 아래로 이동한 뒤, 다시 정맥을 통해 심장으로 돌아온다. 우리가 걸을 때 다리 근육은 펌프처럼 작용하여 혈액을 심장으로 힘차게 밀어 올린다. 다리 근육이 수축하면서 부피가 커지고 딱딱해져서 정맥을 압축한다. 그러면서 터널 효과를 일으켜 혈액을 위로 밀어 올린다. 반대로 근육이 이완되면 혈류가 거꾸로 흐르는 것을 정맥의 판막이 방지하기 때문에 혈액이 심장으로 돌아가게 된다. 혈액순환이 원활해지면 심장은 튼튼해지고, 혈관이 깨끗해져 온몸에 산소와 영양분의 공급도 잘된다.

신체의 지방 감소 걷기는 에너지를 많이 쓰는 활동이다. 이 에너지를 만들기 위해 몸은 저장된 지방을 분해하고, 그 결과 체지방이 줄어든다. 꾸준히 걷다 보면 뱃살은 빠지고, 탄탄한 근육이 자리 잡는다.

근육 강화와 유지 걷는 동안 다리 근육은 수축과 이완을 반복하며 자연스럽게 단련된다. 이와 함께 균형 감각도 향상되어 낙상 위험이 줄고, 일상은 한층 더 활기차고 안정감 있게 바뀐다.

관절 유연성 향상 걷다 보면 뻣뻣한 관절이 부드러워지는 것을 느낄 수 있다. 걷는 동안 관절이 움직이며 근육과 인대가 유연해지고, 관절액 분비도 늘어난다. 꾸준히 걸으면 관절 건강에 도움이 된다.

혈당 조절이나 대사 촉진 걷는 동안 근육은 혈액 속 당을 에너지로 사용해 혈당이 낮아진다. 운동 후에는 인슐린이 더 잘 작동해 혈당을 안정적으로 유지한다. 꾸준히 걷기만 해도 혈당 관리와 대사 촉진에 도움이 되어 당뇨병 예방과 건강 유지에 효과적이다.

지금 당장 운동화 끈을 조여 매고 힘차게 걸어보자. 하루 30분 걷기로 건강하고 활기찬 삶을 만들 수 있다.

- 나는 하루에 얼마나 자주, 얼마나 오래 걷고 있는가?
- 걷기를 생활 속에서 자연스럽게 실천할 수 있는 방법은 무엇일까?
- 내 몸은 걷기의 어떤 효과를 가장 필요로 하고 있을까?

Q14   운동을 언제 어디서 어떻게 해야 할까?

건강을 잃으면 전부를 잃게 된다. 그래서 '신외무물(身外無物)'이라는 고사성어도 있는 게 아닐까? '몸밖에는 아무것도 없다.' 몸이 가장 소중하니, 건강을 지키라는 뜻으로 확대해석할 수 있다. 그래서 영국 철학자 허버드 스펜서조차 "매일 하는 운동은, 스트레스 해소에 도움이 되고 긍정적인 마인드를 형성하며, 건강을 유지하는 데 이롭다." 라고 했다. 건강의 중요성은 아무리 강조해도 지나치지 않다.

아무리 일상이 바쁘더라도 규칙적인 운동은 매일 챙겨서 했으면 좋겠다. 그래서 언제 어디서나 효과적으로 할 수 있는 운동 몇 가지를 소개해 본다.

간편한 홈 운동   헬스장에 가지 않아도 된다. 요가 매트, 덤벨, 탄력 밴드 등을 활용해 집에서 다양한 운동을 할 수 있다. 유튜브에 나오는 다양한 홈트레이닝 영상을 적절히 활용하면 좋다. 스마트폰 앱을 활용하여 전문 트레이너의 지도를 받는 것처럼 운동할 수도 있다.

일상 활동을 활용한 운동   엘리베이터 대신 계단을 이용하고, 집 앞 버스 정류장보다 한 정거장 전에 내려 걸어보자. 짧은 거리를 이동할 때는 자전거를 이용하거나 걸어도 된다. 집이나 사무실 의자를 이용해 앉았다 일어나는 동작을 반복한다. 그것만으로도 충분히 운동이 된다. '숨은 그림찾기' 하듯 일상에 숨겨진 운동 기회를 찾아보자.

효율적인 시간 활용 바빠서 시간이 없을 때는 짧은 시간 안에 최대 효과를 얻을 수 있는 HIIT(고강도 인터벌 트레이닝)을 해보자. 1분당 심장 박동 수가 130~150회에 도달하도록 전력 질주나 고강도의 근력 운동을 하고, 심장 박동 수가 110~120회 정도 되도록 빠르게 걷기, 스쿼트 등의 저강도 운동을 한다. 고강도 운동으로 폐활량과 체력을 키우고, 저강도 운동으로 젖산이 근육에 쌓이지 않도록 분해시킬 수 있다.

근력 운동 적용 근력 강화를 위해 별도의 운동 기구 없이 몸무게를 이용하여 운동할 수 있다. 푸쉬업, 스쿼트, 플랭크 등이 이에 해당한다.

활동적인 레저 활동 자전거 타기, 테니스, 골프 등 다양한 스포츠에 참여하거나 무용 수업을 통해 즐기면서 운동할 수 있다.

집중력 향상을 위한 무장애 휴식 운동 집중력을 키우고 스트레스를 줄이기 위해 요가와 명상 훈련을 한다. 이는 실내나 작은 공간에서 할 수 있다.

일상적인 활동 통합 집이나 사무실에서 간단한 스트레칭을 하여 몸의 긴장을 풀고 유연성을 기를 수 있다.

이제부터라도 운동을 즐겨라. 팔굽혀펴기, 스쿼트, 플랭크 같이 맨몸 운동만으로도 충분히 운동을 즐기며 건강을 지킬 수 있다.

- 내가 가장 즐겁게 할 수 있는 운동은 무엇인가?
- 바쁜 일상에서 운동 시간을 확보하기 위한 전략이 있다면?
- 위에 소개한 운동 중에서 실제로 하고 있거나 하고 싶은 운동은 무엇인가?

Q15 ── 노화현상은 우리 몸을 어떻게 변화시킬까?

우리 몸은 시간에 따라 나이를 먹으면서 변화를 겪는다. 게임에서 캐릭터가 레벨업하듯 하면 좋겠지만, 청년기를 넘어서면 '노화'라는 것이 찾아온다. 오스카 와일드는 "나이 듦의 비극은 늙는다는 데에 있지 않고 젊다는 데 있다(The tragedy of old age is not that one is old, but that one is young)."라고 했다. 사실 나이 들면 몸은 늙어가지만, 마음만은 청춘일 때가 많다. 몸이 마음을 따라가지 못하니 비극일 수밖에 없다. 그가 쓴 『도리언 그레이의 초상』처럼 대신 늙어주는 초상화가 있다면 얼마나 좋을까 싶을 때가 있다.

이제는 노화 현상을 바로 알고 천천히 늙는 방법을 찾을 수밖에 없다.

●○ 의학적 변화

세포 노화   시간이 흐를수록 우리 몸을 구성하는 세포가 노화된다. 그러면서 유전자가 손상되고 세포 분열 능력도 점점 떨어진다. 세포의 수가 감소하고, 조직 및 기관의 기능도 저하한다. 오래된 건전지처럼, 세포도 에너지가 떨어지면 제 기능을 못 한다. 그래서 피부에 주름이 생기고 뼈가 약해지며 근육량도 줄어든다.

유전자 레벨에서의 변화   노화는 유전자의 활동과 관련돼 있다. 텔로미어(염색체 끝에 있는 DNA 구조)의 단축이 세포 노화에 영향을 미친다는 것이다. 서울대 이현숙 교수 연구팀(2024)에 따르면 텔로미어에 의해 노화와 관련된 유전자의 활성화 또는 억제가 일어난다.

호르몬 수준 변화   노화는 호르몬 수준의 변화와도 관련이 있다. 여성은 에스트로겐(여성 호르몬)의 감소가 노화와 연결된다. 폐경기를 겪으면서 여성 호르몬이 급격히 감소하는데, 이 때문에 여러 가지 신체적 변화를 경험한다. 남성도 테스토스테론(남성 호르몬)이 감소하면서 근력이 약해지고 성욕이 감퇴하는 변화를 겪는다.

면역계의 변화   노화가 일어나면 면역계가 약해져 감염 저항력이 줄어든다. 따라서 질병에 노출되었을 때 회복하기 더 어려워질 수 있다.

●○ 심리학적 변화

노화는 신체적 변화뿐만 아니라 심리적 변화까지도 동반한다. 나이가 들면 긍정적인 감정보다 부정적인 감정을 더 많이 느낀다. 이는 자연스러운 현상이다. 하지만 지금부터라도 긍정적인 마음으로 주변 사람들과 좋은 관계를 유지한다면 노년기를 더 행복하게 보낼 수 있다.

기억력 감소   나이가 들면 뇌의 신경세포 간 연결이 약해져 기억력이 저하될 수 있다. 집중력도 약해진다. 컴퓨터를 오래 쓰면 용량이 줄어들고 정보 처리 속도가 느려지듯, 우리 뇌도 그렇다. 하지만 꾸준히 공부하고 새로운 경험을 하면, 뇌 기능을 유지하고 개선할 수 있다는 미국 국립보건원(NINDS, 2021년)의 연구도 있다.

정서적 변화   노화로 인해 긍정적인 정서를 유지하기 어렵고 부정적인 감정을 증가시킬 수 있다.

인지 기능 감소   주의력, 집중력, 정보 처리 속도 등이 점점 감소하여 일상적인 인지 기능을 수행하는 데 어려움을 겪을 수 있다.

사회적 관계의 변화   노화로 건강 문제가 생기면 사회 활동이 줄어들고 친구나 가족과의 관계가 달라질 수 있다.

　노화는 나이가 들면 겪어야만 하는 자연스러운 과정이다. 그러나 건강한 생활습관을 유지한다면 노화 속도를 늦추고 건강하게 나이 들 수 있다. 건강하게 나이 들고 싶다면 규칙적인 운동, 균형 잡힌 식단, 충분한 수면, 스트레스 관리 등에 신경을 써야 한다.

이제는 긍정적인 마음가짐, 올바른 식습관, 꾸준한 학습과 운동으로 천천히 나이 들어가자!

- 노화에 대해 어떻게 생각하는가?
- 건강하게 나이 들기 위해 어떤 노력을 하는가?
- 노년기를 어떻게 보내고 싶은가?

Q16　　　노화를 늦추는 의학적인 방법은?

나이를 먹는 건 자연스러운 일이다. 그렇다고 마냥 손 놓고 있을 순 없지 않을까? 요즘은 의학 기술이 발달해서 노화를 늦추고 건강하게 나이 드는 방법이 많이 나와 있다. 게임에서 아이템을 사용하여 캐릭터를 강화하듯이, 우리도 현대 의학의 도움을 받는다면 얼마든지 건강을 잘 유지할 수 있다.

●○ 건강한 식단은 기본 중의 기본!

영양 균형　식이섬유, 단백질, 미네랄, 비타민이 풍부한 신선한 채소와 과일, 곡물을 충분히 섭취하여 영양 균형을 유지해야 한다.

항산화 물질　신체 내의 산화 스트레스를 줄이려면 블루베리, 사과, 양배추, 견과류 등 항산화 물질이 풍부한 식품을 섭취한다.
　자동차에 좋은 연료를 넣으면 오래 달릴 수 있듯이, 우리 몸에도 좋은 음식을 넣어줘야 건강하게 오래 살 수 있다.

●○ 규칙적인 운동은 선택이 아닌 필수!

유산소 운동　걷기, 달리기, 등산, 수영 같은 유산소 운동은 심장과 혈관 건강뿐만 아니라 근육을 유지하는 데에도 도움이 된다.

근력 운동　근육 강화를 통해 뼈 건강과 기초 대사율을 유지한다. 땀 흘리며 운동하면 몸도 마음도 건강해지고, 노화도 늦출 수 있다. 유산소 운동이 심장과 폐를 튼튼하게 해준다면, 근력 운동은 근육량을 유지하고 뼈를 튼튼하게 해준다.

●○ 스트레스 관리

명상과 요가　스트레스 관리는 물론 정서적인 안정에도 도움이 된다.

수면　충분한 휴식을 취하고 규칙적인 수면 패턴을 유지한다.

●○ 금연과 절주

금연　세계보건기구(WHO)가 경고했듯이 흡연은 각종 질환의 위험을 높이고, 노화를 촉진한다. 또, 가족과 주변 사람들에게 간접흡연으로 인한 피해를 줄 수 있다. 쥘 메스니에 국제 연구팀(2024년)에 따르면, 일찍 금연할수록 심혈관 질환의 위험을 줄일 수 있다.

절주　술은 1군 발암물질이라 소량의 음주도 간 건강과 심혈관 및 뇌 기능에 해를 끼칠 수 있다. 국가건강정보포털의 보고(2023년)에 따르면, 하루 평균 남성이 소주 3잔, 여성이 소주 2잔을 마시면 고혈압 발생 위험이 급격히 증가한다. 따라서 소량이라도 술은 마시지 않는 게 건강에 더 이롭다.

●○ 면역 시스템 강화

올바른 예방 접종 예방 접종은 외부의 병원균으로부터 우리 몸을 보호하는 역할을 한다. 즉 감염병의 발생을 예방하고 면역 시스템을 강화한다. 질병관리청에서 제시한 '표준예방접종일정표'를 확인하고 적절하게 예방접종을 하면 건강을 유지할 수 있다.

균형 잡힌 미생물 다양성 장내 미생물 다양성을 유지하고 프로바이오틱스를 섭취하여 면역 시스템을 지원한다.

●○ 피부 관리

자외선 차단제 사용 햇볕에 자주 혹은 오래 노출되면 피부 질환과 노화가 발생할 수 있다. 따라서 피부를 보호하고 노화를 늦추려면 차단제를 바르는 게 좋다.

적절한 보습 수분이 부족하면 피부가 건조해져 피부 질환이 생길 수 있다. 수분을 적절히 섭취하고 피부에 맞는 보습제를 바르자. 그러면 가려움증, 붉어짐, 습진 등과 피부 노화를 방지하고 건강을 유지할 수 있다.

●○ 정기적인 건강 검진

혈압, 혈당, 콜레스테롤 모니터링 만성 질환은 조기 발견과 관리가 무엇보다 중요하다. 정기적인 건강 검진은 이를 예방하는 데도 도움이 된다.

암 검진   우리나라 국민 사망원인 1위가 암이라 한다. 정부에서 국가암 조기검진 사업을 진행하여 암 조기 발견과 치료를 유도하고 있다. 암을 조기 발견하면 적절히 치료하여 사망률을 줄일 수 있기 때문이다.

●○ 항노화 치료와 연구

항노화 의약품   세계적으로 고령화 추세에 따른 노화 대응이 중요 이슈다. 이와 관련하여 항노화 치료제의 사회적 수요가 증가하는 가운데, 노화를 지연시켜 건강 수명을 연장하기 위한 항노화 의약품 개발이 활발해졌다.

세포 재생 연구   우리 몸에는 세포 재생을 촉진하는 다양한 치유 성분이 존재한다. 이를 잘 활용하면 손상된 조직을 회복시킬 수 있다. 유전자 치료와 줄기세포 활용 치료가 재활치료는 물론 항노화에 도움을 줄 수 있다.

●○ 심리적인 방법

긍정적인 마음가짐 유지   헬렌 켈러는 "모든 것들에는 나름의 경이로움은 물론 어둠과 침묵이 있다. 나는 어떤 상황에서도 그 속에서 만족하는 법을 배운다." 라고 말한 적이 있다. 사실 어떤 마음가짐을 지녔느냐가 삶의 방향을 결정할 때가 많다. 그런 만큼 자신을 긍정적으로 바라보고 행동하는 것이 중요하다. 헬렌 켈러처럼 새로운 경험을 즐기며 만족하는 법을 배운다면 더 건강하게 나이들 수 있다.

정서적인 안정과 관계 유지 가족이나 친구와 소통하며 정서적 지지를 받는다면 건강하게 사회생활을 할 수 있다. 새로운 관계를 형성하거나 취미 활동을 통해 사회적 네트워크를 확장할 수도 있다. 이때 "내가 하고 싶지 않은 일을 남에게 베풀지 말라." 기소불욕물시어인 [己所不欲勿施於人]던 공자의 말을 명심하자.

정신적 활동 및 도전 미국 철학자 윌리엄 제임스가 "사고가 바뀌면 행동이 바뀌고, 행동이 바뀌면 습관이 바뀌고, 습관이 바뀌면 인격이 바뀌고 인격이 바뀌면 운명이 바뀐다."라고 했다. 이처럼 생각과 행동을 긍정적으로 변화시켜 나가면 정신적인 자극을 유지하면서 도전적인 목표를 설정하고 활동할 수 있다. 마리 퀴리도 "오직 도전을 통해 자신이 무엇을 할 수 있는지 알 수 있다." 라고 말하지 않았는가.

스트레스 관리 기술 사용 미국 암 전문의 칼 사이먼튼 박사에 따르면 "어떤 치료든 과도한 스트레스를 줄이고, 신체를 튼튼하게 하며, 자신감과 적극적인 자세를 갖도록 격려하고 심리적 환경을 개선하도록 유도"하는 것이 중요하다. 사실 스트레스 해소법은, 심리학 박사 리처드 칼슨 말처럼 "스트레스를 만드는 것이 자기 자신임을 아는 데"에 있다. 스트레스 관리 기술을 익혀 정서적·심리적 안정을 유지하면 좋겠다.

심리적인 트레이닝 치료사나 상담사와 상담하여 정신적인 건강을 유지하고 스트레스나 불안을 해소하는 방법을 익혀 자기 마음을 챙길 수 있어야 한다.

●○ 목표 설정과 자기 계발

셰익스피어는 "학생으로 계속 남아야 한다. 배움을 포기하는 순간, 우리는 늙기 시작한다."라고 했다. 나이 들었다고 배움을 멈출 수는 없다. 새로운 경험과 도전을 향한 삶의 목표를 정하고 건강한 삶을 유지하도록 하자.

건강한 노화를 위해 첨단 의학의 도움을 받으며 자기 계발을 멈추지 말자.

- 나는 지금 어떤 습관이 내 미래 건강에 도움이 될 거라 생각하는가?
- 나만의 스트레스 관리법이 있다면?
- 앞으로의 나는 어떤 삶의 에너지를 지니고 있고 싶은가?

Q17 ──────────── 노화를 막을 방법이 있을까?

나이를 먹는 건 당연한데, 사람들은 대부분 젊음을 오래 유지하고 싶어한다. 얼마 전만 해도 노화는 막을 수 없는 '비가역적' 자연의 섭리라고 여겼다. 하지만 최근 과학기술의 발전으로 '저속노화', '항노화' 연구 성과들이 나오기 시작했다.

유전자를 조작하면 젊음을 되찾을 수 있다 유전자 편집 기술의 발전으로 특정 유전자의 활성화나 억제를 통해 노화를 늦추는 연구가 한창 진행 중이다. 특히 운동화 끈 끝의 캡처럼 염색체 끝에 붙어있는 텔로미어가 노화에 중요한 역할을 한다는 사실이 밝혀졌다. 염색체를 보호하는 텔로미어는 나이가 들수록 그 길이가 짧아지는데, 이에 따라 세포가 노화된다는 것이다. 이 텔로미어를 인공적으로 늘려서 세포 노화를 막는 방법이 최근에 활발히 연구되고 있다.

인체의 자연 치유 능력을 기르자 우리 몸에는 스스로 상처를 치유하고 건강을 유지하는 능력이 있다. 이 면역 시스템을 강화하면 노화에 따른 질병을 예방하여 건강한 몸을 유지할 수 있다. 면역 세포의 활성화로 신체의 자가 수리 능력을 촉진하는 방법 또한 연구 중이다.

세포 자기 재생 능력을 강화하자 줄기세포는 어떤 세포로든 변할 수 있는 능력을 지닌 만능세포다. 이 줄기세포를 이용하여 늙고 손상된 세포를 새롭고 건강한 세포로 바꾸는 연구가 진행 중이다. 오래된 건물을 리모델링하듯, 우리 몸도 줄기세포를 이용하여 새롭게 만들 수 있다. 영화 「데드풀」(2016년)의 주인공처럼, 조직 재생 기술을 통해 세포 자기 재생 능력을 강화하고 노화된 조직을 새롭게 형성하는 방법이 현실이 될지도 모른다.

약물로 젊어진다 항노화 약물이 한창 연구·개발되고 있다. 항산화 물질은 산화 스트레스를 줄이고 세포 손상을 예방하는 데 도움이 된다. 또, 영양제 복용으로 필수 영양소를 보완하고 세포와 조직의 건강을 유지할 수 있다.

규칙적으로 운동하고 생활 습관을 개선하자 규칙적인 운동은 혈액 순환, 근육 강화, 대사 활동을 촉진한다. 또, 금연을 하고 음주를 절제하는 생활 습관도 건강은 물론 노화를 늦추는 데도 큰 도움이 된다.

정신 건강에도 신경을 쓰자 스트레스 관리, 긍정적인 마음가짐, 정서적 안정은 정신 건강에 매우 유익하다. 명상이나 종교 및 취미 활동, 자기계발을 통해 정신적 활동과 지적 호기심을 유지한다면 노화를 늦출 수 있다.

노화를 늦추고 싶다면 건강한 생활습관을 유지하며 미래의 희망을 품고 살자!

- 만약 노화를 늦출 수 있다면 몇 살까지 살고 싶은가?
- 노화를 막는 기술이 발전하면 어떤 문제가 생길까?
- 젊음을 유지하는 것보다 더 중요한 가치는 무엇이라고 생각하는가?

Q18 — 인체의 신비, '뇌'에는 어떤 비밀이 숨어 있을까?

인체는 우리 지식으로 설명할 수 없는 신비를 지니고 있다. 요즘 대표 화두인 '인공지능(AI)'은 사람의 '뇌' 기능 일부인 지적 능력을 컴퓨터로 재현하여 작동케 한 시스템이다. 유사 이래로 '뇌'의 기능은 인체의 신비를 풀기 위한 의학과 과학 분야의 주요 연구 대상이 되어 왔다.

●○ 뇌의 신비

인간의 뇌 무게는 약 1.4kg(20대 성인 남성 평균)으로 전체 몸무게의 약 2%에 불과하다. 그러나 뇌는 약 1천억 개 이상의 세포로 구성되어 있고, 데이터 저장량으로 보면 2천만 권 이상의 책 정보를 수용할 수 있도록 설계되어 있다. 우리의 뇌에는 초당 약 1억 비트 이상의 정보가 인체의 여러 기관이나 장기로부터 쏟아져 들어온다. 하지만 걱정할 것은 없다. 뇌간에서 중요한 정보는 챙기고 불필요한 정보는 무시하며 자동제어 장치를 통해 엄청난 정보를 자연스럽게 처리하기 때문이다.

●○ 뇌의 작동 원리

뇌는 신경전달물질이나 호르몬을 통해 우리 기분이나 감정, 느낌을 조절한다. 이에 따라 우리 몸도 각기 다른 반응을 나타낸다. 즐겁고 기쁠 때는 좋은 호르몬 분비와 부교감신경이 활성화되어 몸이 건강해지고 면역력도 강화된다. 반면, 기분이 나쁘거나 슬프고, 우울하거나 화가 나면 몸에 해로운 호르몬이 분비되어 자율신경계의 기능이 떨어지거나 교감신경이 활성화된다. 그러면 우리 몸에 이상이 생기기 시작한다. 물론 한두 번 이런 상황을 겪었다고 문제가 생기는 것은 아니다. 그러나 나쁜 상황이 반복되거나 지속되면 인체에 심각한 문제가 일어날 수 있다.

●○ 부위별 뇌의 기능

대뇌 뇌 대부분을 차지하며 모든 정보를 종합·판단하고 기억하며 실행하는 일을 담당한다. 즉, 운동과 감각, 정서, 감정, 학습, 기억, 언어, 사고, 판단, 창의력 등의 정신 기능은 물론 자율신경계 조절, 호르몬 조절, 항상성 유지 기능을 수행한다.

소뇌 몸의 자세와 근육 긴장도를 바로잡아 운동과 균형 감각을 유지하게 한다.

간뇌 사람의 생존에 필요한 기능을 담당한다. 수분·체온· 내분비 기능·수면·혈당·식욕·감정 등을 조절한다.

뇌간 수많은 신경섬유로 구성되어 있는데, 의식 중추와 호흡 중추 그리고 각 신경의 통로를 연결한다. 뇌간에는 중뇌, 교뇌, 숨뇌가 포함되어 있다. 중뇌(중간뇌)는 몸의 균형을 유지하고 안구운동, 홍채 조절과 같은 시각반사와 청각반사에도 관여한다. 다리뇌(교뇌)는 중뇌와 연수 사이에서 소뇌와 대뇌 사이의 정보전달을 도우며 얼굴과 눈의 움직임에

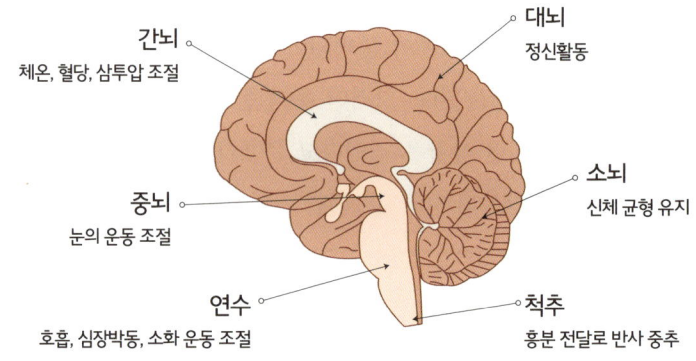

관여한다. 숨뇌(연수)는 교뇌(다리뇌)와 척수 사이에서 호흡과 순환운동을 조절한다. 즉 호흡과 심장박동, 혈압 조절 같은 생명 유지 기능을 하고 삼킴·기침·재채기 같은 반사 활동을 조절한다.

척수 숨뇌와 연결된 긴 신경으로 감각기관에서 받아들인 자극을 뇌로 전달한다. 즉, 뇌의 명령을 운동기관에 전달하는 통로다.

●○ 뇌의 놀라운 기능

정보 처리 뇌는 외부 자극을 받아들여 이를 분석하거나 해석하여 적절히 반응케 한다. 이러한 정보 처리 능력은 학습, 기억, 판단, 문제 해결 등의 기반이 된다.

감정 조절 뇌의 특정 영역(전두엽과 편도체 같은)에서 기쁨, 슬픔, 분노, 두려움 같은 다양한 감정을 발생시키거나 조절한다.

기억 저장 뇌는 우리의 경험과 지식을 저장한다. 이러한 기억은 우리의 정체성 형성, 미래 계획, 의사결정 등에 중요한 역할을 한다.

창의적 사고 뇌는 새로운 아이디어를 생성하고, 문제를 해결하는 창의력을 발휘하게 한다. 이는 예술, 과학, 기술 분야에서 혁신을 이끌어 내는 원동력이 된다.

인체의 가장 신비로운 영역인 뇌! 그 신비를 품은 우리 몸과 삶은 또 얼마나 놀라운가?

- 뇌가 하는 일 중 어떤 기능이 가장 놀랍다고 느끼는가?
- 내 기분이나 감정이 몸에 영향을 준 경험이 있었는가?
- 나는 평소 뇌 건강을 위해 어떤 습관을 유지하고 있는가?

Q19   어떻게 뇌 건강을 유지할 수 있을까?

뇌 건강을 위해서는 건강 관리가 중요하다. 뇌는 신체의 다른 어떤 기관보다도 많은 에너지를 소비하며, 섬세한 관리가 필요하다. 전문가들이 권장하는 방법을 알아보자.

●○ 건강한 식습관 유지

1. 균형 있는 식단으로 필수 영양분을 섭취한다. 특히 식이섬유와 오메가3 지방산, 항산화물질, 단백질, 비타민 B 섭취는 뇌 건강에 중요하다.
2. 수분은 충분히 섭취한다. 뇌는 약 75%가 물로 구성되어 있어 그만큼의 수분을 유지해야 뇌의 기능을 최적화할 수 있다. 체중 대비 1%의 수분 감소가 기억력, 기분, 정신 에너지, 집중력을 방해한다. 인지 능력이 떨어지지 않도록 수분 섭취에 신경을 쓰자.

●○ 정기적인 신체 활동

1. 유산소 운동은 혈류를 증가시키고 뇌에 산소와 영양분을 공급한다. 걷기, 조깅, 수영, 자전거 타기 등을 30분 이상 주 3회 이상 하면 기억력과 인지 기능을 활성화할 수 있다.
2. 근력 운동은 대사를 촉진하고 뇌에 영향을 미쳐 기억력과 학습 능력 향상에 도움이 된다. 하체의 탄력을 돕는 스쿼트, 몸의 균형과 중심

을 잡는 런지, 코어근육을 강화하는 플랭크 등이 있다.

●○ 충분한 수면

1. 규칙적인 수면 패턴을 유지하면 뇌 건강을 지키는 데 도움이 된다. 충분한 휴식이 뇌 기능과 정신 건강에 도움이 되기 때문이다. 휴대폰이나 컴퓨터 사용을 자제하면 수면 패턴을 규칙적으로 유지할 수 있다.
2. 피로 회복과 일상생활 유지에 적절한 수면 시간은 성인 기준으로 하루 7~8시간 정도다.

●○ 스트레스 관리

1. 정신적인 안정을 유지하기 위해 명상이나 요가, 근육 이완 운동을 권한다. 특히 명상을 통해 생각을 멈추고 머릿속을 비우면 심신 안정에 도움이 된다.
2. 가족이나 친구, 동료와 교류하면서 정신적 지지를 받으면 스트레스를 줄일 수 있다. 사회적 고립감이나 외로움은 정신 건강에 해롭다. 외로움과 소외감이 이성적 판단력이나 자기통제력을 마비시킬 수 있기 때문이다. 힘들수록 마음을 열고 대화한다면 정서적 안정과 실제 문제 해결에도 도움을 받을 수 있다.

●○ 정신 활동과 도전

1. 뇌를 사용하지 않으면 능력이 저하될 수 있다. 취미생활이나 학습으로 새로운 활동이나 도전을 지속하면서 지적 자극을 하는 게 중요하다.

이런 활동을 하면 뇌를 활성화하고 새로운 시냅스(Synapse)를 형성할 수 있다. 시냅스는 뉴런이나 신경세포들을 이어주어 신호를 전달하는 부위다.
2 새로운 것을 배우고 문제를 해결하는 과정에서 뇌가 신경 연결을 새롭게 하며 기존 연결을 강화한다. 따라서 지적 호기심을 유지하면서 학습을 지속하면 인지 능력 향상은 물론 인지적 감퇴를 늦출 수 있다. 지적 호기심은 토론이나 취미활동을 통해 사회적 상호작용을 지속시키며 새로운 대인관계와 사회적 네트워크를 확장하는 작용을 한다.

●○ 중독 피하기

1 알코올 중독이나 흡연은 도파민을 과다 분비시켜 자제력과 감정 조절을 담당하는 뇌의 전두엽 기능을 떨어뜨린다. 따라서 음주는 줄이고 담배는 끊는 것이 신체와 정신 건강을 유지하는 데 중요하다.
2 청소년기에 게임이나 도박에 중독되면 전두엽이 성장하지 못해 성인이 된 뒤 충동적 행동이나 다른 중독에 더 취약해진다. 따라서 게임중독이나 도박 증상이 있다면 조기 진단을 통해 적절한 치료를 받아야 한다.

●○ 뇌 훈련 게임과 활동

1 일상생활에서 뇌를 자극하는 활동을 꾸준히 하면 뇌 기능의 활성화로 인지 기능을 강화할 수 있다. 따라서 뇌 훈련 게임이나 어플리케이션을 활용하면 도움이 된다.
2 수학 문제나 퍼즐을 풀면서 집중력과 기억력을 기르는 인지 훈련을 꾸준히 하면 뇌 기능과 문제 해결력을 강화할 수 있다.

뇌 건강은 건강한 생활습관과 스트레스 관리가 결합된 종합선물 세트다.

- 나는 평소 뇌 건강을 위해 어떤 습관을 실천하고 있는가?
- 최근 스트레스가 내 집중력이나 기억력에 영향을 준 적은 없었는가?
- 지금 당장 바꾸고 싶은 뇌 건강 관련 습관이 있다면 무엇인가?

Q20   기억은 인체에 어떤 영향을 미칠까?

정상적인 뇌는 우리가 살아가면서 배우고 경험하고 느낀 것들을 기억한다. 이 기억에 대한 느낌이나 기분, 감정에 따라 인체의 반응도 달라진다. 특히 좋은 기억이나 느낌은 좋은 신경전달물질을 배출하고 부교감신경을 활성화한다. 또, 골수에 좋은 영향을 미쳐 건강한 피를 생산한다. 그러면 몸이 건강해지고 면역 체계도 강화된다.

●○ 신경전달물질의 변화

1. 좋은 기억과 경험은 도파민이나 세로토닌과 같이 긍정적인 신경전달물질을 생성한다. 보상을 받거나 즐거울 때 도파민이 주로 활동하고, 일상적인 행복과 안정감을 유지하는 데는 세로토닌이 작용한다.
2. 사회적 상호 작용과 긍정적인 경험은 사랑 호르몬인 옥시토신을 증가시켜 친밀감과 사회적 결속을 강화하는 데 좋은 영향을 준다.
3. 신경전달물질은 기쁨이나 만족감, 사랑 같이 긍정적인 감정을 느낄 때 잘 분비된다. 그러면 신경망이 강화되고 긍정적인 행동을 촉진하기도 한다.

●○ 면역 체계 강화

긍정적인 경험과 감정은 스트레스 호르몬인 코르티솔 분비를 줄이고, 골수에서 면역세포 생성을 촉진한다. 이로써 면역 체계를 강화할 수 있다.

●○ 생리적인 변화

긍정적인 기억과 감정은 혈액 순환을 증가시켜 몸 전체의 기능을 향상시킬 수 있다. 스트레스를 줄이고 혈압을 안정시키는 데도 영향을 미친다.

●○ 뇌 구조의 변화

긍정적인 경험과 행동이 뇌 속 신경망을 강화하여 학습 능력과 기억력을 높여준다. 또, 뇌가소성(neuroplasticity) 즉, 뇌의 유연성을 촉진하여 새로운 뉴런과 시냅스를 형성함으로써 뇌 기능을 활성화한다.

긍정적인 경험과 기억을 뇌에 저장하자. 그러면 몸과 마음에 활력이 지속되어 건강하게 살 수 있다.

- 나에게 가장 행복한 기억은 무엇인가?
- 행복한 기억이 나에게 어떤 긍정적인 영향을 주었는가?
- 뇌가소성을 활용하여 나쁜 기억을 좋은 기억으로 바꿀 수 있을까?

Q21 　　　　　　　　　　　행복하면 건강해질까?

뇌의 건강은 '행복'한 상태를 의미한다. 우리 삶을 행복하게 만드는 비결이 바로 건강에 있기 때문이다. 건강해지려면 뇌가 좋은 감정이나 즐거운 기분을 느낄 수 있도록 하는 게 중요하다. 따라서 건강에 관심을 두는 것보다 '어떻게 하면 즐겁고 행복하게 살까?'에 초점을 맞추는 게 더 현명한 일인지 모른다.

행복하고 긍정적인 감정이 건강에 미치는 영향　최근 여러 연구에서 행복하고 긍정적인 감정이 건강에 좋은 영향을 미친다고 강조한다. 행복감이 뇌와 신체의 다양한 생리적 기능에 긍정적인 영향을 미친다는 것이다. 행복하게 살아야 하는 이유가 여기에 있다. 행복하려면 우선 긍정적인 경험과 감정을 가져야 한다. 스트레스를 관리하고 건강한 생활 습관을 유지하는 것도 중요하다.

행복의 필수요소　'행복' 하면 어떤 이미지가 떠오르는가? 맛있는 음식, 즐거운 여행, 사랑하는 사람들과 함께하는 시간 등등. 이 모든 게 우리 뇌를 춤추게 하고, 몸을 건강하게 만든다는 사실을 기억하자. 건강한 식단과 규칙적인 운동, 그리고 충분한 수면은 필수다. 이런 일상을 살아가는 것이 행복이 아니겠는가.

우리 몸을 보호하는 신경전달물질　즐겁고 행복할 때는 우리 뇌에서 '도파민'이라는 신경전달물질이 분비된다. 도파민은 뇌 속 세포들을 깨워

준다. 그 덕분에 집중력이나 기억력이 좋아지고 창의적인 아이디어도 샘솟게 된다.

또, 행복이나 안정감은 '세로토닌'이라는 신경전달물질의 분비를 촉진한다. 세로토닌은 우리 마음을 편안하게 해주고, 불안과 우울을 낮춰주는 '마음의 안정제' 역할을 한다. 그 덕분에 스트레스를 잘 이겨내고, 긍정적인 마음으로 세상을 바라볼 수 있다.

행복은 우리 몸의 면역 체계를 강화하여 질병으로부터 우리를 보호한다.

- 행복은 어떻게 우리 뇌를 건강하게 만들까?
- 자신에게서 행복을 발견한 적이 있는가? 있다면 무엇이었는가?
- 일상 속 작은 행복으로 무엇이 있을까?

Q22 ──── 고령화 시대, '치매'를 제대로 알고 있는가?

최근 인구 고령화 속에서 '치매'가 심각한 사회문제로 대두되고 있다. 인구 구조의 변화와 더불어 급속히 증가하고 있는 추세이기 때문이다. 국립중앙의료원 중앙치매센터에 따르면 2023년 65세 이상 인구 946만 명 중 98만 4,601명(유병률 10.4%)이 치매인구로 추정된다. 치매는 노인에게 주로 발생하지만, 젊은 세대에서도 가끔 발병한다. 치매 예방과 관리가 중요한 이유가 여기에 있다.

치매는 주로 뇌의 기능 저하로 인해 발생하는데, 이에 관해 알아야 예방도 가능하다.

●○ 치매의 종류

알츠하이머병 가장 흔한 치매 형태다. 뇌에 아밀로이드 베타라는 이상 단백질이 쌓여 뇌세포의 손상과 죽음을 일으킨다. 기억력이나 사고력 저하, 행동 및 감정 제어 문제 등이 나타난다.

혈관성 치매 뇌혈관 질환에 의해 발병한다. 뇌혈관 질환에 의한 뇌 손상이나 혈액순환 문제가 발병 원인이다. 인지 및 운동 기능 저하가 나타날 수 있다.

루이바디 치매 뇌에 '루이소체'라는 이상 단백질이 쌓여서 발생하는 치매로, 운동 기능 저하와 정신적 문제가 나타난다.

기타 혼합형 치매   위에서 언급한 치매 외에 다양한 혼합형 치매가 있다. 여러 요인의 조합으로 치매가 발생할 수 있다는 말이다.

●○ 치매의 주요 원인

치매의 원인은 아직 명확하게 밝혀지지 않았다. 다만, 노화나 알츠하이머병과 같은 유전적 요인, 고혈압·당뇨병·고지혈증 같은 심혈관 질환, 흡연이나 과도한 음주, 불규칙한 생활 습관 등이 주요 원인으로 꼽힌다.

건강한 생활 습관, 규칙적인 운동, 균형 잡힌 식단, 충분한 수면, 정기적인 건강 검진, 뇌 훈련 등으로 치매를 예방하자.

- 치매에 대해 얼마나 알고 있는가?
- 뇌 건강을 지키는 자기만의 방법이 있다면 무엇인가?
- 치매 예방을 위해 내가 실천할 수 있는 작은 습관은 무엇일까?

Q23 — 치매 종류에 따른 치료 방법과 예방 방법은?

'치매극복의 날'은 WHO가 제정한 '세계알츠하이머의 날'과 같은 9월 21일이다. 「치매관리법」(2011년 제정)에 따라 치매 관리의 중요성을 널리 알리고 치매 극복에 대한 범국민적 공감대를 형성하고자 국가기념일로 지정했다. 치매 진단과 관리가 중요한만큼, 종류와 진행 상태에 따라 치료나 예방 방법도 다양하게 연구·개발되고 있다.

●○ 알츠하이머병에는 기억력 지킴이 '아세틸콜린'을

치료 알츠하이머병 환자에게는 기억력을 지켜주는 아세틸콜린이 부족하다. 아세틸콜린은 뇌세포 간의 신호 전달을 돕는 중요한 자율신경계 신경전달물질이다. 따라서 아세틸콜린 분해를 막는 약물을 사용하여 기억력 감퇴를 늦출 수 있다. 현재는 아세틸콜린 에스테라아제 억제제와 NMDA 수용체 억제제를 사용하여 증상을 관리한다.

예방 건강한 식습관 유지, 신체적·사회적·정신적 활동 촉진, 금연과 절주가 도움이 될 수 있다.

●○ 혈관성 치매에는 혈관 청소와 혈압·혈당 관리를

치료 뇌혈관이 막히거나 터져서 치매가 발생하기에 심혈관 질환 관리가 중요하다. 혈압, 혈당 및 콜레스테롤 수치를 정상 범위로 유지하고, 혈액 순환이 개선되도록 혈관 건강에 노력해야 한다. 때로는 혈소판응집억제제나 혈관확장제 등의 약물이 사용될 수 있다.

예방 건강한 식습관과 규칙적인 운동은 필수다. 금연과 절주, 적정한 수면을 유지하면서 스트레스를 관리하는 데도 도움이 된다.

●○ 루이바디 치매에 증상 완화를 위한 맞춤형 치료

치료 대부분 증상 관리에 초점을 맞춘다. 약물 치료와 심리적 지원이 주로 사용된다. 심각한 경우, 특정 증상을 완화하기 위해 약물이나 요양이 필요하다.

예방 루이바디 치매의 원인이 아직 명확히 밝혀지지 않아 예방법도 별다른 게 없다. 건강한 식습관과 정신적·사회적 활동이 뇌 건강 유지에 도움이 될 수 있다.

●○ 기타 혼합형 치매와 예방

증상에 따라 적절한 치료 방법이 적용된다. 보통은 알츠하이머병이나 혈관성 치매와 유사한 방법으로 관리한다. 건강한 생활 습관을 유지하고 신체적·정신적 활동을 늘리는 것이 중요하다.

치매 치료와 예방을 위해 해당 질환의 전문의나 치매 전문가와 상담하고 정기 검진을 받는 것이 중요하다.

- 나는 나이 들어갈수록 어떤 뇌 건강 습관을 더 강화해야 한다고 생각하는가?
- 치매를 예방하기 위해 지금부터 새롭게 시작할 수 있는 습관은 무엇인가?
- 치매 관련 정보를 어디에서, 어떻게 더 잘 얻을 수 있을까?

Q24 ───── 뇌 건강을 위한 활동으로 무엇이 있을까?

치매는 예방이 최선의 치료다. 치매를 예방하는 생활 습관이 뇌 건강을 위한 '백신'임을 잊지 말자. 그 실천은 젊은 나이부터 시작하는 것이 중요하다.

두뇌 자극 활동을 하자 독서, 퍼즐, 악기 연주, 외국어 학습 등 머리를 쓰는 활동은 뇌 기능을 활성화하고 치매 예방에 도움이 된다. 새로운 경험과 취미 활동을 하면 뇌가 자극을 받아 신경세포(뉴런)들을 연결하는 시냅스 생성에 도움이 된다.

규칙적인 운동을 하자 유산소 운동과 근력 운동을 병행하면 뇌 혈류를 개선하고 뇌세포를 보호할 수 있다. 정기적으로 걷기, 수영, 자전거 타기 등으로 신선한 공기를 불어넣으면 혈액순환이 원활해진다. 또, 체중 트레이닝, 요가, 필라테스 등으로 몸을 단련하면 근육을 강화하고 몸의 균형을 유지할 수 있다.

건강한 식습관을 유지하자 채소, 과일, 견과류 등 항산화 성분이 풍부한 음식을 섭취하면 뇌세포 손상을 예방할 수 있다. 식이섬유와 필수 영양소로 균형 잡힌 식사를 하는 게 중요하다. 몸무게의 2%밖에 안되면서도 에너지의 20%를 사용하는 뇌를 위해서는 건강한 식단이 필수적이다. 따라서 뇌세포를 보호하는 항산화 물질을 함유한 블루베리·브로콜리·토마토와 오메가-3 지방산을 함유한 견과류·연어·고등

어는 물론이고, 뇌 기능 활성화를 돕는 비타민 B군과 단백질이 풍부한 달걀·우유·육류도 충분히 먹어야 한다.

스트레스를 관리하자   스트레스에 취약한 사람일수록 치매 발병률이 높다(연세대 장성인 교수 연구팀 보고, 2002~2013년). 따라서 심신 안정을 통한 스트레스 관리가 중요한데, 명상, 요가, 호흡 운동이나 취미 활동을 꾸준히 하는 것이 도움이 된다.

사회적 상호작용을 지속하자   일상에서 사랑하는 사람들과 함께 시간을 보내면 스트레스가 줄어든다. 이는 행복 신경전달물질인 세로토닌이 분비되기 때문이다. 따라서 가족과 친구들과 활발히 교류하고, 새로운 사람들을 만나는 것이 뇌를 자극하고 사회적 고립을 예방해 준다. 취미 활동이나 봉사활동으로 사회적 연결성을 높이는 것도 좋다.

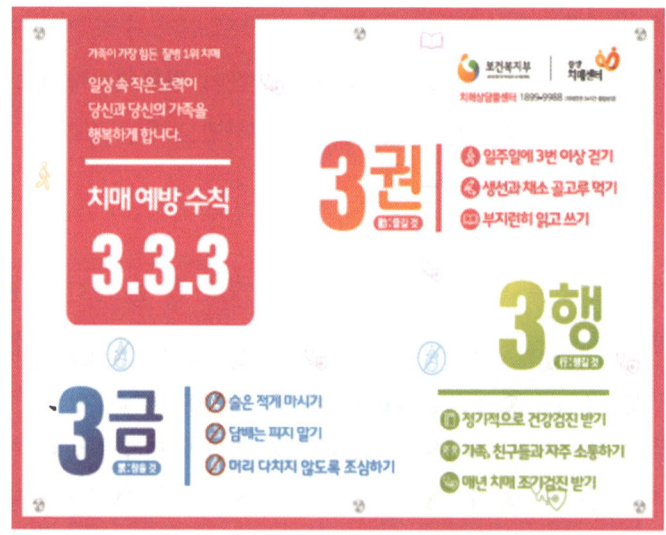

보건복지부가 권장하는 치매 예방 수칙

치매 예방은 선택이 아니라 필수다. 건강한 뇌, 행복한 삶을 위해 지금부터 치매 예방을 시작하자!

- 나는 지금, 치매 예방을 위한 실천을 충분히 하고 있다고 느끼는가?
- 지금부터 새롭게 실천해보고 싶은 뇌 건강 활동은 무엇인가?
- '건강한 뇌'와 '행복한 삶'은 어떻게 연결되어 있다고 생각하는가?

Q25 ─── 피아노를 배우면 저속노화에 도움이 될까?

베토벤의 피아노소나타 14번 '월광(달빛)' 연주를 듣다 보면, 달빛이 호수 위를 비추는 모습이 떠오른다. 자연의 아름다움을 피아노 연주로 표현하는 피아니스트의 손놀림도 상상이 간다. 또 피아노 소리가 우리 뇌를 일깨워 긍정적인 감정을 불러일으킨다.

피아노를 직접 연주한다고 생각해 보라. 우선 악보부터 읽으며 익힌다. 그리고 열 손가락을 섬세하게 움직이며 아름다운 선율을 만들어 내려고 연습한다. 익숙하건 아니건 악기를 연주하는 경험은 우리 뇌를 끊임없이 자극하고 활성화한다.

그래서 피아노 연주가 노화를 방지하는 데 도움이 된다. 퇴행성 질병 전문가 데일 브레든은 『알츠하이머의 종말』에서 피아노를 연주하는 치매 환자를 소개한 바 있다. 최근 연구에서도 피아노 연주의 치매 예방 가능성을 몇 가지 제시했다.

뇌가소성 증가   피아노 연주를 하려면 정확하고 미세한 손동작과 다양한 음악 요소를 동시에 처리해야 한다. 이는 뇌의 다양한 영역 간의 연결성을 촉진하고 뇌가소성을 증가시킬 수 있다. 여기서 뇌가소성이란 뇌가 학습과 경험에 대응하여 구조와 기능을 조절하는 능력을 말한다.

기억력 강화   피아노 연주는 악보를 외우고, 손가락을 정확하게 움직이는 과정을 통해 기억력을 향상시킬 수 있다. 새로운 정보를 차곡차곡

쌓아가듯, 꾸준히 피아노를 연주하면 치매를 예방할 수 있다.

스트레스 감소　피아노를 연주하면 정서적 안정감과 편안함을 느낄 수 있다. 이는 스트레스 지수를 낮추고, 도파민과 세로토닌 분비를 촉진하는 데 도움이 된다. 이러한 긍정적인 반응은 뇌 건강에도 좋은 영향을 준다.

운동 기능 향상　피아노 연주는 손가락으로 하기 때문에 손가락은 물론 손과 팔의 다양한 근육을 사용하는 운동이 된다. 섬세한 손놀림은 소근육 발달을 돕고, 뇌와 근육의 연결을 강화하여 운동 능력을 높여 준다. 따라서 지속적인 피아노 연주는 노화로 인한 근육 감소와 운동 능력의 저하를 예방하는 데 도움을 줄 수 있다.

자기만족과 삶의 질 향상　피아노를 비롯한 악기 연주는 자기만족과 삶의 질을 높이는 활동이다. 아름다운 선율을 만드는 과정은 성취감과 자신감을 높여 삶의 활력을 불어넣는다. 따라서 스트레스 감소와 건강한 뇌 유지에 도움이 된다.

뇌 건강과 행복을 위해 피아노 연주와 같이 뇌를 깨우는 활동을 시작해 보자.

- 피아노 연주를 통해 어떤 긍정적인 변화를 경험하고 싶은가?
- 피아노 연주 외에 뇌 건강을 위해 어떤 활동을 할 수 있을까?
- 피아노 연주와 같은 활동을 하면 뇌 건강 외에 어떤 효과가 있을까?

Q26 — 외국어를 배우면 어떤 이익이 있을까?

캐나다 토론토 요크대의 비알리스톡 박사 연구팀은 2개 이상의 언어를 구사하는 사람의 뇌 기능이 활성화되어 치매 예방에 도움이 된다고 설명했다. 그러면서 중년이 되어 제2외국어를 학습하는 것도 도움이 된다고 했다. 이처럼 노화와 치매 예방을 위한 새로운 방법으로 '외국어 학습'을 많이 추천한다.

인도 선교사였던 벤자민 리리에는 은퇴 후 신약성경을 원어로 읽기 위해 헬라어를, 80세부터는 히브리어를 공부했고, 90세가 되어서 자유롭게 성서를 원어로 읽을 수 있게 되었다고 한다. 그와 같이 목적을 가지고 새로운 언어를 배운다면 뇌 곳곳에 숨어 있는 근육을 단련시키고 뇌세포를 활성화할 수 있다.

물론 '외국어 학습'하면 낯선 문법, 복잡한 단어, 외국인과 나누는 어색한 회화를 연상할 수 있다. 그러나 외국어 학습이 새로운 세상의 문을 여는 열쇠가 되는 동시에 우리 뇌를 젊고 건강하게 유지하는 비밀 무기가 될 수 있다.

뇌 활동 증진 및 신경망 강화   새로운 언어 체계와 문법을 이해하고 기억하는 데에 뇌가 활발하게 작동한다. 그러면서 뇌 속에 새로운 신경망이 형성된다. 탐험가가 미지의 땅을 개척하듯, 뇌의 신경망이 활성화되고 새로운 연결성을 형성한다. 이 과정에서 뇌가소성이 증진되어 뇌 기능 감소를 예방한다.

인지 능력 향상　2개 이상의 외국어를 구사하는 사람들은 자유자재로 다른 나라사람들과 소통할 수 있다. 즉 언어 간 전환 능력이 높아지는데, 이때 뇌가 자극을 받아 문제 해결 능력과 창의력을 발휘할 수 있다. 즉, 다중언어 사용이 인지 능력을 촉진하고 뇌 기능의 손상을 막아 치매를 예방해 준다.

기억력 개선　새로운 단어와 문법을 암기하는 과정에서 기억력이 향상된다. 꾸준히 외국어를 공부하면 뇌 기능이 활성화되어 젊고 건강한 뇌를 유지할 수 있다.

문화적 이해와 새로운 경험　외국어에는 그 나라의 문화와 역사가 담겨있다. 그런만큼 외국어를 배우면서 새로운 문화를 접하고 다른 시각으로 세상을 바라보는 경험도 할 수 있다. 이와 함께 뇌 기능이 활성화되고 정서적인 면도 풍요로워진다.

자아 개발과 사회적 연결　외국어를 배우면서 다양한 문화와 배경을 가진 사람들과 직간접적으로 교류하며 견문을 넓히고, 사회적 연결성을 강화할 수 있다. 다양한 친구를 사귀는 경험을 통해 사회적 고립을 예방할 수 있다.

자기 도전과 성취감　외국어 학습이라는 새로운 목표를 가지고 도전하는 과정에서 꾸준히 노력하여 얻는 성취감을 맛볼 수 있다. 이는 노화로 인한 우울증을 예방하고 건강한 뇌를 유지하는 데 도움을 준다.

지금부터 외국어라는 새로운 세상으로 떠나보자. 외국어 배우기가 세상을 넓혀주는 마법의 열쇠가 된다.

- 어떤 외국어를 배우고 싶은가? 그 이유는 무엇인가?
- 외국어 학습을 통해 어떤 긍정적인 변화를 기대하는가?
- 외국어 실력 향상을 위해 어떤 노력을 할 수 있을까?

Q27 — 독서나 글쓰기가 노화나 치매 예방에 도움이 될까?

읽고 쓰기가 치매에 도움이 된다는 연구 결과가 나왔다. 호주 모나시대 연구팀은 호주의 70세 이상 성인 대상으로 문학과 정신 활동이 치매 발병에 미치는 영향을 10년간 관찰했다. 그 결과 읽고 쓰기를 한 사람이 그렇지 않은 사람보다 치매 발병률이 11% 낮았다. 카드놀이나 체스, 퍼즐 놀이도 치매 위험을 9% 감소시켰다. 목공, 그림, 신문 읽기와 음악 듣기도 치매 발병률을 7% 줄였다.(미국 의학협회 저널 네트워크 오픈에 2023년 게재)

치매 예방에도 뇌를 깨우는 데는 글(펜)이 강했다. 글을 쓸 때 자신이 알거나 읽은 것에 관한 생각을 정리하고, 문장을 만들면서 이야기를 펼쳐나가야 한다. 이 과정이 우리 뇌를 끊임없이 자극하고 활성화한다.

언어 처리 및 표현 능력 향상 글쓰기는 다양한 단어와 문장을 사용하여 생각을 표현하는 과정이다. 마법사가 주문을 외우듯, 글쓰기를 통해 우리 뇌는 언어 능력을 키우고 풍부한 어휘력을 발휘할 수 있다. 수많은 단어와 문장 구조를 활용하면서 두뇌는 언어적인 미로를 탐험하고 처리하는 기능을 활성화한다.

창의성과 상상력 촉진 글쓰기는 창의력을 키우는 활동이다. 비행기처럼 넓은 하늘을 자유롭게 날아다니듯, 주제를 찾아 상상의 날개를 펴고 문제를 창의적으로 해결하는 경험을 할 수 있다. 이 과정에서 두뇌가 아이디어를 생성하고 처리하는 능력을 발휘하며 활성화된다.

기억력 및 학습 능력 강화 글을 쓰려면 생각을 정리하고 기록하는 과정을 거쳐야 한다. 그러면서 중요한 정보를 잘 이해하고 오래 기억할 수 있는 학습 능력도 키울 수 있다.

문제 해결 능력 향상 글을 쓰면서 논리적인 사고와 문제 해결 능력을 키울 수 있다. 셜록 홈즈가 사건을 해결하듯, 글쓰기로 문제의 원인을 분석하고, 해결책을 찾는 연습도 하게 된다.

정서 조절 및 스트레스 감소 글쓰기로 감정을 표현한다면 스트레스를 해소하는 효과도 볼 수 있다. 마음 일기를 쓰듯 속마음을 털어놓으며, 부정적인 감정을 털어버리고 마음의 평화를 되찾을 수 있다.

자기 인식과 목표 설정 글쓰기는 자기를 돌아보고, 자기 생각과 감정을 객관적으로 바라볼 수 있는 기회를 제공한다. 이를 통해 자신을 더 잘 이해하며, 삶의 목표를 세우고 긍정적인 자기 인식을 유지할 수 있다.

사회적 연결과 공유 글쓰기는 자신의 생각과 경험을 다른 사람과 공유할 수 있는 활동이다. 이를 통해 사회적 상호작용을 촉진하며 뇌 기능의 노화를 늦추고 삶의 활기도 유지할 수 있다.

지금 펜을 들고 뇌를 깨우는 시간을 갖자. 독서 경험을 살려 자기 생각을 글로 표현해도 좋고 일기나 편지를 써도 좋다.

- 독서를 통해 경험한 긍정적인 효과는 무엇인가?
- 글쓰기를 통해 어떤 긍정적인 변화를 경험하고 싶나?
- 어떤 주제로 글을 쓰면 뇌 건강에 더 도움이 될까?

Q28 호흡이란 무엇인가?

호흡은 곧 생명이다. 숨을 멈추는 순간, 우리의 생명이 꺼지기 때문이다. 이토록 중요한 호흡에 대해 우리는 얼마나 아는가?

●○ 호흡은 생명 유지의 핵심이다

생명체는 공기 중의 산소 흡입과 이산화탄소 배출이라는 가스 교환을 한다. 이를 통해서 유기물을 분해하여 생활에 필요한 에너지를 만들 수 있기 때문이다. 우리는 이것을 '호흡'이라 한다. 산소는 세포의 에너지 생산에 필요하고, 이산화탄소는 신진대사에서 발생하는 노폐물이므로 몸속에서 빼내야 한다. 호흡으로 에너지 생산과 노폐물 제거를 동시에

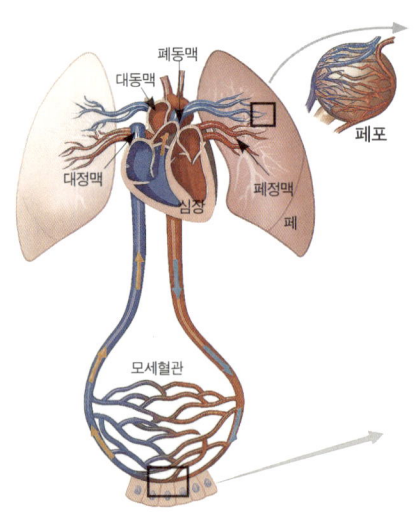
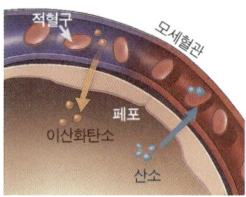

| 외호흡: 폐포에서의 기체 교환

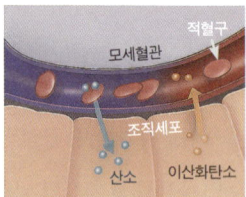

| 내호흡: 조직세포에서의 기체 교환

해야 생명이 잘 유지될 수 있다.

●○ 호흡의 형태는 세포호흡과 외부호흡으로 나뉜다.

세포 속 작은 발전소, '세포호흡' 세포 내에서 일어나는 호흡이다. 폐(폐포)에서 산소를 받아들이면, 혈액 속 적혈구의 헤모글로빈이 이 산소를 세포 내 미토콘드리아로 운반한다. 미토콘드리아에서는 산소를 이용하여 포도당과 같은 영양분을 분해하여 에너지를 만든다. 이 작용으로 이산화탄소와 물이 생성된다.

생명의 숨결을 나누는 폐의 '외부호흡' 인간의 호흡은 주로 폐에서 일어난다. 우리가 숨을 들이마실 때마다 폐는 스펀지처럼 산소를 흡수하여 혈액에 전달한다. 혈액은 산소를 온몸 구석구석까지 운반하여 세포에 공급한다. 동시에 세포에서 발생한 이산화탄소는 혈액을 타고 폐로 돌아와 숨을 내쉴 때 몸 밖으로 배출된다. 폐는 생명의 숨결을 나누는 징검다리 역할을 한다.

자, 천천히 숨을 들이쉬고 내쉬어 보자. 우리 생명을 지켜주는 호흡을 몸으로 느끼면서.

- 현대 사회의 환경 오염이 우리 호흡에 어떤 영향을 미칠까?
- 세포 호흡 과정에서 발생하는 에너지는 어떻게 우리 몸의 다양한 활동을 가능하게 할까?
- 명상, 요가 등으로 호흡 조절을 하면 심신 안정을 도모할 수 있을까?

Q29 호흡은 어떻게 이루어질까?

전설의 테너 엔리코 카루소는 "호흡을 이해하는 자만이 노래를 이해한다." 라는 명언을 남겼다. 호흡을 이해하지 못하면 노래를 이해하지 못하기 때문에 제대로 노래할 수 없다는 말로 들린다. 우리가 호흡하는 이유가 생명의 에너지를 얻고 노폐물을 배출하는 데만 있는 게 아닐 수 있다. 호흡을 잘 알고 잘하면 노래도 잘하고 다른 활동도 잘할 수 있으며, 건강하게 살 수 있다는 말이 된다.

그런데 호흡은 우리가 의식하지 않아도 끊임없이 이루어진다. 심장이 자동으로 뛰듯, 호흡도 우리 몸속의 자동 시스템에 의해 움직인다. 이 놀라운 시스템을 이해해야만 카루소 말처럼 노래도 이해할 수 있다.

호흡은 주로 호흡 기관과 호흡근육에 의해 조절된다. 이때 다양한 생리학적·해부학적인 단계를 거쳐야 한다.

호흡 기관에서 이루어지는 공기의 여정 숨을 들이마시는 순간, 공기는 코를 통해 몸속으로 들어온다. 코는 단순히 공기 통로만이 아니라 냄새를 맡고 공기를 따뜻하게 데우는 역할도 한다. 코로 들어간 공기는 인두와 후두를 거쳐 기도로 들어간다. 기도는 튼튼한 연골로 둘러싸여 있어 숨 쉴 때마다 납작하게 눌리지 않는다. 그리고 공기는 기관지를 통해 폐에 도착한다. 폐는 수많은 작은 폐포(공기주머니)로 가득 차 있다. 이곳에서 혈액과 산소 교환이 이루어진다.

호흡근육은 숨결을 조율하는 마법사 호흡할 때 사용하는 중요한 근육이 바로 횡격막이다. 복강과 흉강 사이의 횡격막과 갈비뼈 사이사이의 근육이 움직여야 숨을 들이마시고 내쉴 수 있다. 숨을 들이마실 때 횡격막이 아래로 내려가고 갈비뼈가 넓어지면서 흉강을 확장한다. 반대로 숨을 내쉴 때는 이 근육들이 이완하면서 흉강을 줄여 공기를 밖으로 내보낸다.

호흡중추는 숨결의 리듬을 만드는 지휘자 호흡은 뇌간의 특정 부위에 있는 호흡중추에 의해 자동 조절된다. 호흡 중추가 혈액 속 산소와 이산화탄소 농도를 감지하여 호흡근육에 신호를 보낸다. 만약 산소 농도가 낮거나 이산화탄소 농도가 높으면 호흡중추는 호흡근육을 더 강하게 자극하여 호흡을 빠르고 깊게 만든다. 운동할 때 숨이 가빠지거나, 잠잘 때 숨이 느려지는 것도 모두 호흡중추의 제동제어 덕분이다.

폐포에서 이루어지는 가스 교환 폐포는 혈액과 공기가 만나는 곳이다. 폐포 벽은 매우 얇아서 산소와 이산화탄소가 쉽게 통과할 수 있다. 숨을 들이마시면 폐포 속 산소가 혈액 속으로 들어간다. 그리고 혈액 속 이산화탄소가 폐포로 이동하여 숨을 내쉴 때 몸 밖으로 배출된다. 이 과정을 '가스 교환'이라고 한다.

> 호흡은 우리 몸속 자동 시스템이 조율하는 생존 필수기능이다.

- 의식적인 호흡 조절이 우리 몸에 어떤 영향을 미칠까?
- 호흡을 조절하는 호흡중추가 만약에 손상되면 어떤 문제가 생길까?
- 흡연과 감염 등으로 폐포가 손상되면 어떤 질병이 발생할까?

Q30 — 비자발적 호흡과 자발적 호흡은 어떻게 가능할까?

우리 몸속 자율신경계는 잠을 잘 때나 음식을 먹을 때, 아무 생각 없이 활동할 때도 자동으로 숨 쉬게 한다. 이렇게 비자발적으로 호흡이 이루어지지만, 의식적으로 호흡을 조절할 수도 있다.

●○ 의식적인 호흡 조절 효과

숨을 깊게 들이마시고 천천히 내쉬는 심호흡은 긴장을 완화하고 스트레스를 줄여주는 효과가 있다. 요가나 명상처럼 호흡에 집중하는 활동으로 마음을 안정시키고 집중력을 높이기도 한다. 이처럼 의식적인 호흡 조절은 몸과 마음의 건강에 강력한 도구가 될 수 있다. 비자발적인 호흡은 뇌간의 호흡중추에 의해 조절되는데, 혈액 내 이산화탄소 농도와 산소 농도에 따라 호흡 속도와 깊이를 조절할 수 있다. 의식적으로 호흡에 집중하고 조절하면 심리적 안정과 신체적 건강을 유지할 수 있다. 이러한 자발적인 호흡은 스트레스 감소, 불안 완화, 집중력 향상 등에 도움이 된다.

●○ 건강한 호흡 패턴을 위한 다양한 방법

깊은 횡격막 호흡 횡격막을 사용하여 깊게 숨을 들이쉬고 내쉬는 훈련을 한다. 그러면 스트레스를 줄이고 신경계를 안정시킬 수 있다.

균형 호흡 들이마시는 시간과 내쉬는 시간을 균형 있게 맞추는 호흡 훈련이다. 심리적 안정감을 주고 스트레스 감소에도 효과적이다.

프라나야마 호흡 임상적 효과가 있는 요가 호흡법으로 알려져 있다. 호흡기관을 규칙적으로 강도 높게 움직이고 팽창시킨다. 들숨과 숨 멈춤, 날숨을 의도적으로 조절하여 신체 온도를 낮추면 심리적 안정을 얻을 수 있다.

주의력 기반의 명상과 마음챙김 기법 호흡에 집중하면서 지금 이 순간에 집중하는 명상이나 마음챙김(Mindfulness) 기법은 스트레스를 완화하여 심리적 안정감을 준다.

심리 상담과 행동 요법 스트레스, 불안, 우울 관련 문제가 있다면 상담을 받는 것이 좋다. 학습이론을 신경증적 행동이나 부적응 행동에 적용하여 행동변화를 치료하는 행동요법 중에서 호흡과 감정의 연관성을 이해하고, 건강한 심리적 상태를 유지하는 치료법이 심신 안정에 도움이 된다.

●○ 종교적인 방법

종교마다 특정 기도 방식이나 명상이 있다. 이는 각 종교의 신념체계에 따른 것으로, 내면의 평화와 안정감을 찾도록 돕는다.

숨만 잘 쉬어도 건강해질 수 있다. 자신의 상황에 맞는 호흡법을 찾아보자.

- 의식적인 호흡 조절이 몸과 마음의 건강에 미치는 영향은 무엇일까?
- 자율신경계와 호흡의 관계를 더 깊이 이해하면 어떤 이익이 있을까?
- 스트레스와 불안으로 호흡곤란을 겪은 적이 있는가? 이유가 무엇인가?

Q31 ─ 자발적 호흡이 인체에 미치는 영향은 무엇일까?

숨을 쉬는 방법을 바꾸는 것만으로도 놀라운 몸의 변화를 경험할 수 있다. 명상이나 요가 혹은 종교적 수행에서 강조하는 자발적 호흡(Voluntary Breathing)을 해 본 적 있는가? 단순한 호흡 운동을 넘어 몸과 마음을 치유하는 효과도 지니고 있다. 이와 관련하여 자발호흡 보조 의료기기도 개발 중이라 한다. 이제 자발적 호흡의 효과에 대해 알아보자.

●○ 의학적 효과 : 스트레스, 불안, 우울감을 날려버리는 숨

깊고 느린 호흡은 마음을 편안하게 하고 스트레스를 줄여준다. 숨을 깊게 들이마시면 몸이 이완되고, 스트레스 호르몬인 코르티솔 분비는 감소한다. 동시에 행복 호르몬인 엔도르핀 분비가 증가하여 기분이 좋아지고 불안감도 줄어든다. 규칙적인 호흡을 하면 면역세포 활동을 촉진하여 면역력을 강화하는 효과도 있다.

●○ 생리학적 효과 : 몸의 균형을 되찾는 숨

자발적 호흡은 혈압과 심박수를 안정시키는 데 도움을 준다. 깊은 호흡은 혈관을 넓혀주어 혈압을 낮춘다. 또, 심장 박동을 느리게 하여 심장에 가해지는 부담을 줄여준다. 폐 기능을 도와 산소 공급을 원활하게 하고, 노폐물 배출을 촉진하여 몸의 균형을 되찾아준다.

●○ 생화학적 효과 : 세포를 건강하게 만드는 숨

깊은 호흡은 산소 공급을 늘려 세포 활동을 활발하게 하고, 에너지 생산을 촉진한다. 또, 항산화 작용을 통해 세포 손상을 유발하는 활성 산소를 제거하고, 염증 반응을 억제하여 세포를 건강하게 만든다. 호흡 조절이 잘 되면 스트레스 호르몬인 코르티솔은 줄어들고 엔도르핀 분비가 늘어난다. 그뿐만 아니라 인슐린 감도를 개선하여 혈당을 조절하고, 소화기 기능을 개선해 주기도 한다.

자발적 호흡을 적절히 하여 심리적 안정과 건강을 지키자!

- 자발적 호흡이 만성 질환 관리에 미치는 영향은 무엇일까?
- 자기 건강을 위해 자발적 호흡법을 어떻게 익히면 좋을까?
- 자발적 호흡과 관련된 디지털 치료제나 웨어러블 기기 개발이 미래 의료에 어떤 영향을 미칠까?

Q32   –   자발적 호흡을 하면 몸에 어떤 변화가 일어날까?

자율신경계는 혈압, 호흡수, 소화나 대사 등의 신체 작용을 자동 조절하는 시스템이다. 의식적 노력 없이 호흡할 수 있는 것도 그 덕분이다. 그런데도 왜 자발적 호흡을 해야 할까? 그 이유는 호흡을 통해 부교감신경이 활성화되면 심혈관 기관을 안정시켜 심신을 안정시키는 효과가 나타나기 때문이다.

호흡과 부교감신경의 상호작용   호흡을 깊게 천천히 하면 부교감신경이 활성화되어 심신이 안정된다. 또한 심박수와 혈압을 낮춰 심혈관 시스템을 안정시킬 수도 있다.

호흡의 부교감신경 활성화   깊게 그리고 천천히 하는 자발적 호흡은 호흡근육 활동을 촉진한다. 그 영향으로 뇌간을 통해 부교감신경이 활성화된다. 부교감신경은 신경전달물질인 아세틸콜린을 사용해 신호를 전달한다. 자발적 호흡을 하면 아세틸콜린 분비가 증가하여 심혈관 시스템 안정화를 돕는다. 호흡 패턴이나 깊이의 변화는 감각신경을 통해 뇌에 전달되어 부교감신경을 조절한다.

뇌 시스템의 호흡 조절   호흡은 뇌 시스템에서 조절되고 부교감신경의 활성화를 촉진한다. 따라서 호흡 수련을 하면 뇌 시스템의 조절 능력이 향상된다.

심신 안정을 위해 자발적 호흡, 즉 깊게 그리고 천천히 하는 호흡을 꾸준히 하자!

- 부교감신경을 활성화하려면 어떻게 호흡하라는 것일까?
- 자발적 호흡이 부교감신경에 미치는 영향은 무엇일까?
- 호흡 훈련이 스트레스 관리와 정신 건강 증진에 어떤 영향을 미칠까?

Q33 ─ 현재까지 알려진 호흡법으로 어떤 것이 있을까?

『호흡의 기술』(제임스 네스터)이라는 책이 있을 정도로 건강을 위한 숨쉬기가 의료 차원에서 권장된다. 그런만큼 호흡하는 방법도 가지각색이다. 일상적인 호흡에서부터 명상이나 요가, 각종 수련법과 종교적 실천으로 사용하는 방법도 있다.

●○ 일반 호흡법

규칙적인 호흡 규칙적이고 일정한 패턴으로 숨을 들이마시고 내쉬는 방법이다. 주로 스트레스 감소와 집중력 향상을 위해 사용한다.

깊은 횡격막 호흡 횡격막을 사용하여 숨을 깊게 들이마시고, 천천히 내쉰다. 심호흡과 더불어 심신 안정에 도움이 된다.

●○ 명상적 호흡법

명상 호흡 지금 이 순간에 집중하면서 깊게 그리고 천천히 숨을 들이마셨다가 내쉰다. 명상이나 마음챙김 기법에서 활용한다.

수행 호흡 요가의 한 부분이다. 다양한 호흡 기법과 함께 신체와 정신, 정서적 조절을 위해 사용한다.

●○ 육체적인 수련을 위한 호흡법

요가 호흡 신체를 풀고 강화하기 위해 다양한 호흡 기법을 사용한다. 주로 아사나(요가 자세)와 함께 수행한다.

태극권 호흡 호흡을 중요시하는 태극권에서 사용한다. 각 동작에 맞추어 천천히 호흡을 하면서 운동을 조화롭게 진행한다. 그러면 신체의 에너지가 활성화된다.

●○ 종교 및 신화적인 호흡법

기도와 명상 호흡 다양한 종교 및 신화적인 전통에서 사용하는 호흡 기법이다. 명상이나 기도 중에 신성한 경험을 강조할 때 사용한다.

지복 호흡 더없이 참된 행복이란 뜻의 '블리스(Blissful, 至福)'와 호흡(Breath)을 더한 것으로, 일부 종교적 실천에서 사용된다. 신체와 정신의 '지복'을 경험하기 위한 특별 호흡법이다.

●○ 호흡 훈련과 기법

호흡 훈련 호흡근육 강화와 폐활량 증대 같은 신체적 효과를 위해 다양한 호흡법을 사용한다. 흉식·복식·전호흡·부분호흡이나 맨손체조, 체위요법 등으로 진행한다. 호흡기관 이상이나 장애가 없는 경우 노인성 질환인 정체성 폐렴 예방을 위해 할 수 있다.

박스 호흡 천천히 심호흡을 할 때 사용하는 규칙적인 호흡 패턴으로, 스트레스 해소에 도움이 된다.

호흡의 힘을 느껴보자. 호흡으로 자신을 발견하고 변화를 끌어내 보라.

- 살면서 심호흡을 가다듬어야 할 때가 언제였는가?
- 다양한 호흡법 중에서 지금 실천하고 있는 것은 무엇인가?
- 건강과 자기 관리를 위해 실천하고 싶은 호흡법은 무엇인가?

Q34 ─── 흉식호흡을 하면 몸에 어떤 변화가 생길까?

우리는 갓 태어나서 아기 때까지 복식호흡을 한다. 그러다가 성장하면서 차차 흉식호흡을 하게 된다. 그렇게 어른이 되면서 흉식호흡만 하니 호흡이 얕아질 수밖에 없다. 그래서인지 건강에 좋다는 복식호흡 같은 심호흡을 하기가 어렵다. 그 이유는 무엇일까? 흉식호흡을 하면서 우리 몸에 어떤 변화가 일어났을까?

●○ 흉식호흡으로 바뀐 이유

일상적인 습관 및 생활양식　아기 때는 눕거나 엎드려 생활하기 때문에 수평자세를 유지한다. 그래서 복식호흡이 편하다. 그런데 자라면서 걷거나 앉는 자세를 더 많이 하기에 자세도 수평에서 수직으로 바뀐다. 점차 흉식호흡이 늘어난다.

정서적인 영향　스트레스나 긴장, 압박감을 겪는 상황이 늘면서 호흡이 더 얕아지고 빨라지게 된다.

생활 환경 및 활동량　좌식 위주의 생활과 스마트폰이나 컴퓨터 사용량 증가 등으로 우리 생활 환경이 변하면서 얕은 호흡이 증가했다. 또, 활동량이 줄어들면 호흡근육이 덜 발달하므로 얕은 호흡이 늘어나기 쉽다.

●○ 흉식호흡의 영향

산소 공급 감소 흉식호흡은 폐의 하단 부분을 활용하지 않기 때문에 산소 공급이 충분하지 않을 수 있다. 그러면 혈액 산소 포화도가 감소하고, 전반적인 기능도 저하될 수 있다.

호흡근육의 약화 흉식호흡은 주로 상부 가슴의 근육만 사용한다. 이로 인해 하부 호흡근육인 횡격막이 충분히 발달하지 않을 수 있다. 그러면 호흡근육이 약해지고, 호흡 효율이 저하될 수 있다.

스트레스 반응 증가 얕은 호흡이 신경망의 스트레스 반응을 활성화할 수 있다. 흉식호흡은 스트레스 지수를 높이고, 정서에도 영향을 미칠 수 있다.

폐 건강에 미치는 부정적 영향 흉식호흡은 폐를 충분히 사용하지 않기 때문에, 폐 기능을 떨어뜨릴 수 있다. 폐 기능이 감소하면 호흡곤란과 같은 문제가 발생한다.

●○ 복식호흡을 하면 좋은 점

효과적인 산소 공급 복식호흡은 폐의 하단까지 확장되어 산소의 효과적인 공급을 도와준다. 이는 혈액의 산소 포화도를 높일 수 있다.

호흡근육 강화 복식호흡은 횡격막과 하부 호흡근육을 강화하여 호흡 효율성을 높인다. 호흡근육의 강화는 폐 확장을 촉진하고 호흡 용량을 늘린다.

스트레스 감소　복식호흡은 심호흡을 하기 때문에 전신의 긴장을 완화시켜 스트레스를 줄여준다. 이처럼 호흡과 심리적 안정은 긴밀하게 연결되어 있다.

정서적인 안정감 증진　복식호흡은 정서적인 안정감과 심리적인 편안함을 갖게 한다. 따라서 심호흡으로 불안이나 스트레스에 대응할 수 있다.

복식호흡만 잘해도 심신건강을 지킬 수 있다. 이제부터라도 복식호흡을 시작하자.

- 지금 어떻게 호흡하는가? 혹시 얕고 빠른 흉식호흡에 익숙해져 있지 않은가? 지금 잠시 멈춰 자신의 호흡을 관찰해 보자.
- 최근 내가 스트레스를 받았을 때 호흡은 어떻게 변했는가?
- 복식호흡을 실천하기 위해 내가 지금 바꿀 수 있는 점은 무엇인가?

Q35 느린 호흡이 왜 유익할까?

최대한 천천히, 될 수 있으면 깊이 그리고 규칙적으로 하는 것이 중요하다고 알려져 있다. 건강을 위한 호흡법이 바로 그것이다. 이런 호흡을 하면 왜 우리 인체에 유익할까? 그리고 인체에 어떤 변화가 오는 것일까?

의학적 효과 천천히 깊은 호흡을 하면 부교감신경을 활성화하여 심박수를 낮춘다. 그러면 혈관이 이완되어 혈압을 안정시킬 수 있다.

생리학적 효과 깊은 호흡은 횡격막을 강화하여 폐 확장을 촉진하고 호흡량을 늘릴 수 있게 돕는다. 이때 폐의 기능이 최적화되어 산소와 이산화탄소의 교환을 효과적으로 지원한다. 그러면 혈액의 산소 포화도를 높일 수 있다. 혈액 속에서 헤모글로빈과 결합한 산소량이 적으면 저산소증으로 신체에 이상이 생길 수 있다.

생화학적 효과 깊은 호흡은 스트레스 상태에서 분비되는 코르티솔과 같은 스트레스 호르몬을 줄인다. 그러면 신체의 스트레스 반응이 줄어들 수 있다. 이와 동시에 쾌락 호르몬인 엔도르핀의 분비를 촉진하여 긍정적인 감정과 기분을 갖게 한다. 또, 항산화 작용을 하여 활성산소(자유 라디칼) 생성을 감소시켜 산화 스트레스를 줄일 수 있다. 여기서 산화 스트레스는 산화와 항산화 사이의 불균형으로 일어나는 스트레스 상태를 뜻한다.

심리적 효과   천천히 심호흡을 하면 자율신경계가 안정되어 스트레스를 줄일 수 있다. 그러면 정서적 안정과 평화로운 상태를 만들 수 있다. 또, 더 많은 산소를 제공하여 뇌 기능을 최적화한다. 이는 집중력과 인지 능력 향상뿐만 아니라 불안과 우울증 완화에도 도움이 된다. 호흡 조절만 잘해도 뇌 활동이 안정되고, 감정을 조절하는 신경전달물질의 균형이 유지되어 심신의 안정을 도모할 수 있다.

건강 유지와 스트레스 관리를 하고 싶은가? 그렇다면 천천히 그리고 깊게 호흡을 해 보라.

- 의식적으로 깊고 느린 호흡을 연습해 본 경험이 있는가?
- 깊게 호흡을 해보자. 스트레스 해소, 집중력 향상, 심리적 안정 등 어떤 긍정적인 변화를 느꼈는가?
- 사회생활에서 겪는 스트레스와 어려움을 극복하기 위해 심호흡을 어떻게 활용할 수 있을까? 구체적인 상황을 떠올리며 실천 계획을 세워보자.

Q36 — 코로 호흡하면 우리 몸에 어떤 효과가 나타날까?

산드라 칸 박사는 『얼굴 습관의 힘』에서 턱 운동과 코 호흡만으로도 얼굴 구조가 달라진다고 강조한다. 사실 바쁜 일상 속에서 코와 같은 호흡 기관을 충분히 이용하지 못하고 소화기관인 입으로만 호흡을 얕고 짧게 하는 경우가 많다. 입으로 숨을 쉬면 정화되지 않은 공기가 폐로 바로 들어가기 쉽다. 하지만 코로 숨을 쉬면 공기가 정화되고 그 온도와 습도도 높아진다. 이런 공기가 폐로 들어가야 기관지가 자극받지 않고 숨을 편히 쉴 수 있다. 코로 호흡을 하면 몸 안에서 일어나는 유익한 효과는 무엇일까?

●○ 의학적 효과

1. 코로 호흡하면 콧속에 있는 근육, 그리고 '폐의 아령'이라는 횡격막의 기능을 원활히 하여 호흡을 적절히 조절할 수 있다. 그러나 코 입구가 좁거나 막히면 호흡이 어렵고 코막힘이나 코골이, 비염에 걸리기 쉽다. 따라서 이런 문제가 있다면 진단 후 치료를 받아야 코로 원활히 숨을 쉴 수 있다.
2. 코는 공기를 선별하여 먼지, 세균, 알레르기 물질 등을 걸러내는 필터 역할을 한다. 따라서 입이 아닌 코로 숨을 쉬어야 미세먼지를 덜 흡입할 수 있다.

●○ 생리학적 효과

1. 코로 호흡하기 위해 횡격막을 효과적으로 사용할 수 있는 복식호흡을 하면 좋다. 이 호흡을 하면 횡격막이 늘어나고 배가 팽창하면서 폐까지 공기가 채워진다. 이 과정에서 폐활량이 늘어나고 호흡 용량도 증가하여 폐 건강에 도움이 된다.
2. 코호흡은 안면근육, 특히 턱관절의 상악근을 활성화하여 안면 비대칭을 방지해준다. 미소나 다양한 표정을 자주 지어주면 더 효과가 있다.

●○ 생화학적 효과

1. 천천히 코로 숨을 쉬면 콧속의 기도에서 일산화질소(NO)가 많이 생성된다. 일산화질소는 혈관을 이완하고 확장하는 물질이다. 이것이 혈관 내에 부족하면 혈관 수축과 심장에 무리를 주어 혈압을 높인다.
2. 코의 점막에서 생성되는 라이소자임(Lysozyme), 락토페린(Lactoferrin), 면역글로불린 A(Ig A), 인터페론(Interferon) 같은 화합물이 공기 중의 세균을 소독하고 면역 시스템을 지원하는 역할을 한다.
3. 코로 호흡하면 폐 기능의 활성화로 산소와 이산화탄소의 교환도 활발해진다.

코로 천천히 숨을 쉬자. 그러면 건강을 지킬 수 있다.

- 평소에 숨을 쉴 때 코와 입 중 어떤 곳을 사용하는가? 그 이유는 무엇일까?
- 코 호흡이 건강에 미치는 긍정적인 영향 중 나에게 가장 필요한 효과는?
- 오늘부터 코 호흡을 습관화하기 위해 어떤 방법이 있을까?

Q37 — 들숨과 날숨의 비율을 어떻게 해야 몸에 좋을까?

'호흡'은 '숨을 내쉴 호(呼)'와 '숨을 들이쉴 흡(吸)'이라는 한자로 이루어져 있다. 보통 숨은 코로 들이쉰 다음에 다시 코로 내쉰다. 그런데 두 한자의 결합 순서는 내쉬고 들이쉬는 것이다. 숨을 내쉬는 것이 더 중요하다는 뜻이 아닐까?

들숨과 날숨의 비율은 인체에 따라 다르지만, 일반적으로 깊고 천천히 들숨과 날숨을 조화롭게 하면 건강에 좋다고 알려져 있다. 이런 호흡법이 호흡 기능을 최적화하여 혈액의 산소와 이산화탄소 순환을 원활하게 해주기 때문이다.

●○ 들숨과 날숨의 황금비율을 알자

4:4 비율 들숨과 날숨을 각각 4초씩 규칙적으로 반복한다. 일상생활에서 이 호흡을 유지하면 심신 안정을 가져올 수 있다.

6:6 비율 들숨과 날숨을 각각 6초씩 규칙적으로 반복한다. 심호흡을 통한 명상이나 정신을 맑게 하는 운동을 할 때 많이 활용된다.

●○ 들숨과 날숨의 균형이 건강에 좋다

1 들숨과 날숨을 균형 있게 하면 폐를 효과적으로 사용할 수 있다. 혈액 내의 산소를 흡수하고 이산화탄소를 방출하는 교환이 원활해

지기 때문이다. 혈액 내의 산소와 이산화탄소 농도를 적절하게 유지해야 건강을 지킬 수 있다.

2 호흡근육은 숨을 깊고 길게 쉴 수 있게 돕는다. 따라서 호흡근육을 기르는 것이 중요하다. 의식적으로라도 들숨과 날숨의 비율을 고려하여 천천히 깊고 길게 호흡하면, 횡격막과 같은 호흡근육이 강화되어 호흡용량도 늘어날 수 있다.

3 호흡의 균형으로 자율신경계를 안정시킬 수 있다. 그러면 스트레스가 줄어들어 심신 안정에 도움이 된다.

4 들숨과 날숨의 균형으로 이산화탄소 농도를 일정하게 유지할 수 있다. 우리 몸은 정상적으로 호흡할 때 동맥 속 혈액의 이산화탄소 농도를 37~43mmHg 범위로 유지한다. 이산화탄소의 농도가 적절해야 혈관 확장이 잘되어 혈압 조절과 혈액 내 산소 운반이 원활해진다.

5 호흡의 균형은 혈액순환을 개선하여 심혈관 시스템에 긍정적인 영향을 준다. 혈액순환이 원활하면 기관에 산소 공급이 충분히 이루어져 건강에도 이롭다.

나만의 호흡 패턴을 찾아보자. 그리고 휴식 시간이나 긴장되는 순간에 잠깐만이라도 천천히, 그리고 균형 있게 들숨과 날숨을 반복하자.

- 평소 나의 들숨과 날숨의 비율은 어떠한가?
- 4:4 호흡과 6:6 호흡 중 어떤 호흡법이 나에게 더 편안하게 느껴지는가? 각각의 호흡법을 시도해 보고, 어떤 상황에서 어떤 호흡법이 더 효과적인지 비교해 보자.
- 균형 있는 호흡을 통해 어떤 긍정적인 변화를 경험하고 싶은가?

Q38 호흡만 잘해도 활력이 생길까?

"숨만 잘 쉬어도~ 병원에 안 간다, 뱃살이 빠진다." 라고 전문가들이 확신하는 이유는 무엇일까? 평소에 호흡을 잘하는 사람은 대부분 활기를 쉽게 잃지 않는다. 그러나 바쁜 일상에서 우리는 쉽게 활기를 잃는다. 의학 전문가들은 그 이유가 적절한 호흡을 하지 못하기 때문이라고 말한다. 그렇다면 어떻게 해야 호흡을 잘하여 활기차게 살아갈 수 있을까?

1. 의식적인 심호흡 연습을 정기적으로 하면서 호흡량을 늘린다. 들숨과 날숨을 천천히 길게 하면서 폐의 전체 용량을 사용하도록 노력하자.
2. 복식호흡은 효과적인 호흡법 중의 하나다. 코로 들숨을 하여 복부를 팽창시키고 다시 코로 천천히 날숨을 하면서 복부를 수축한다. 이렇게 하면 횡격막을 효과적으로 사용하여 호흡근육을 강화할 수 있다.
3. 요가 및 명상은 호흡과 정신적 안정을 결합한 방법이다. 의식적인 호흡 기술을 익혀서 습관화하면 몸과 마음을 연결하고 편안함을 찾을 수 있다.
4. 정기적인 운동과 유산소 활동으로 호흡 기능을 향상시키고 폐활량을 증가시킬 수 있다. 걷기나 달리기, 수영을 꾸준히 하면 호흡 기능이 개선된다.
5. 올바른 자세는 호흡에 영향을 미친다. 앉은 자세나 서 있는 자세에서 척추를 일직선으로 유지하고, 편안한 자세에서 호흡하도록 노력한다.
6. 스트레스를 받을 때 깊게 숨 쉬는 연습(심호흡)을 하면 긴장을 완화하고 안정감을 찾을 수 있다. 일상에서 자주 사용할 수 있는 호흡법이다.

7 산과 들, 공원이나 산책로, 해변 등의 자연환경에서 신선한 공기를 마음껏 마시는 것도 좋다. 그러면 상쾌하고 활기찬 기운을 얻을 수 있다.

8 음악을 들으면서 호흡 연습을 하거나 호흡하면서 몸을 움직이는 활동으로 건강을 증진할 수 있다.

9 최대한 코로 호흡하여 산소의 흡수를 늘린다. 코호흡은 폐를 통해 산소를 효과적으로 활용하도록 돕는다.

10 만약 호흡에 관한 특별한 문제가 있다면 의료 전문가와 상담한다. 호흡 장애, 천식 등의 상황에서는 전문의의 도움이 중요하다.

나에게 맞는 호흡법을 최대한 활용하여 건강하고 활기차게 생활하자.

- 평소 숨을 쉴 때 어떤 점을 가장 의식하지 못했나? 혹시 무의식적으로 얕고 빠른 호흡을 하고 있지는 않은가?
- 10가지 호흡법 중에서 가장 쉽게 실천할 수 있는 방법은 무엇일까? 또, 어떤 방법이 나에게 가장 큰 변화를 가져다 줄 것이라고 생각하는가?
- 호흡을 통해 삶의 활력을 되찾고 건강하게 살기 위해 어떤 노력을 기울일 수 있을까? 구체적인 목표를 설정하고 실천 계획을 세워 보자.

Q39   위기 상황에서 왜 심호흡을 해야 할까?

최근 챗GPT에게 "아아아! 후후후"하고 소리를 내자 "진정하고 심호흡 하세요."라고 했다(〈매일경제〉 2024.5.15)는 기사를 본 적이 있다. AI까지 알 정도로, 위기 상황에서 심호흡을 사용하면 신체적·심리적으로 효과를 볼 수 있다. 왜 그럴까?

1. 깊은 호흡 즉, 심호흡(深呼吸)은 의식적으로 허파 속에 공기가 많이 드나들도록 숨 쉬는 호흡법이다. 심호흡을 하면 자율신경계의 교감 신경과 부교감 신경이 균형을 이루어 안정감을 찾을 수 있다. 스트레스 상황에서 심박수가 자동으로 활성화되는데, 이때 심호흡이 이를 조절하여 긴장을 풀어주기 때문이다. 교감 신경은 긴장 상태에서, 부교감 신경은 휴식(잠) 상태에서 활성화하는데, 심호흡이 이 두 신경의 균형을 돕는다. 이와 함께 세로토닌 분비가 촉진되어 심신 안정 효과를 가져온다.
2. 심호흡은 근육의 긴장을 해소하고 이완시키는 데 도움이 된다. 흔히 어려운 상황에서는 근육이 긴장될 수 있다. 이때 심호흡을 하면 근육이 완화되면서 다시 편안한 상태로 돌아갈 수 있다.
3. 스트레스 상황에서 코르티솔과 같은 스트레스 호르몬이 증가한다. 이때 심호흡을 하면 그 수준이 감소하면서 정서적인 안정감을 되찾을 수 있다.
4. 심호흡은 혈압을 안정시켜 주어, 고혈압과 같은 심혈관계 질환을 예방하고 개선하는 데 도움이 된다. 혈압이 안정되면 전반적으로

건강에 유익하다.

5 심호흡하여 산소 공급을 늘리면 뇌와 기타 장기의 기능이 활성화된다. 그러면 뇌 기능이 최적화되어 집중력은 물론 창의적 사고력도 높아질 수 있다.

6 위기 상황에서 심호흡하면 자기조절능력이 향상된다. 따라서 감정 조절이 원활하여 객관적인 판단도 내릴 수 있다. 자기조절능력은 문제 해결과 상황 대처에 도움이 된다.

7 심호흡으로 스트레스를 관리하면 면역 시스템도 강화할 수 있다. 이는 신체의 전반적인 기능을 도와 건강을 유지하게 한다.

8 심호흡할 때 내면에 주의를 기울이면 주의력을 회복할 수 있다. 그러면 스트레스 상황을 더 명확하게 인식하고 효과적으로 대응하는 데 도움이 된다.

심호흡, 작은 습관이 만드는 큰 변화를 지금 느껴보자. 이러한 자기 조절기술로 스트레스를 날려버리자.

- 지금까지 어려움이나 위기 상황에 직면했을 때, 심호흡을 통해 문제를 해결 하거나 감정을 조절한 경험이 있는가? 있다면 어떤 효과를 보았나?
- 스트레스 마주하거나 어려운 결정을 내려야 할 때, 심호흡이 어떤 도움을 줄 수 있을까? 구체적으로 상상해 보자.
- 심호흡 외에도 스트레스와 불안을 관리하는 나만의 방법이 있는가? 있다면 어떤 방법이며, 심호흡과 함께 활용하면 어떤 시너지 효과를 낼 수 있을까?

Q40　　　호흡으로 면역력을 키울 수 있을까?

호흡으로 암 예방도 가능하다고 알려져 있다. 암이 발생하는 이유로 체액의 산성화를 들 수 있다. 우리가 음식물을 섭취하여, 소화하고 에너지화하는 과정에서 체액이 산성화된다. 피와 체액은 pH(수소이온 농도지수) 7.4로 약알칼리성을 유지한다. 하지만 위액은 음식물을 소화하기 위해 산성이고, 소변은 몸 밖으로 배출하기 위해서 산성을 유지한다. 이 산성도(pH)가 높으면 면역성이 약해져 각종 질병에 노출되기 쉽다. 장기나 기관에 이상이 생겨 암이 발생할 수도 있다. 정상적인 체액을 유지하려면 충분한 산소와 영양 균형이 이루어져야 한다. 과연 호흡을 통해 몸속 산성 체액을 알칼리 체액으로 바꿀 수 있을까?

깊은 횡격막 호흡　최대한 깊게 들이쉬면서 배를 최대한 멀리 밀어낸다. 그래야 폐의 아랫부분의 횡격막이 늘어나고 폐에 공기가 들어오고 복부 장기도 압박을 덜 받는다. 그다음 숨을 천천히 길게 내뱉으면서 배가 제자리로 돌아오게 한다. 이때 어깨는 움직이지 않도록 한다. 이 과정에서 산소가 더 많이 흡수되고 이산화탄소가 배출되어 혈액의 pH를 조절할 수 있다.

코호흡　입으로 호흡하는 것보다 코로 호흡하면 산소를 더 많이 공급하고 혈액의 pH를 안정시킬 수 있다. 특히 코호흡은 미세한 먼지나 물질을 걸러내어 체액의 순도를 유지하는 데 도움이 된다.

의식적인 호흡 연습 깊게 들이마시고 천천히 내쉬는 호흡 연습을 통해 긴장을 풀고 심신의 안정을 찾을 수 있다.

유산소 운동과 함께 하는 호흡 연습 걷기나 조깅, 자전거 타기, 수영, 줄넘기, 맨손체조 등을 하면서 호흡연습을 하면 그 효과가 더 좋다. 호흡량 증가, 폐의 기능 향상, 혈액순환과 가스 교환의 촉진에도 도움이 된다.

미간 호흡법 요가의 일부인 미간 호흡법(Pranayama)은 호흡을 통제하고 에너지 흐름을 균형 있게 조절하는 데 도움이 된다. 이를 통해 몸의 산소 공급을 증가시키고 혈액의 pH를 조절할 수 있다.

충분한 수분 섭취 우리 몸에 필요한 하루 수분 섭취량은 2.5리터 정도다. 그래서 하루에 7~10컵 정도의 물을 수시로 마시는 게 좋다고 의료계에서 권한다. 그러면 우리 몸의 신진대사가 원활해지고 체액의 pH를 안정시키며 독소를 배출하는 데 도움이 되기 때문이다. 물은 가공식품이나 음료로 인해 증가하는 산성 물질을 희석해 준다.

식이 조절 과일, 채소, 견과류 등의 알칼리성 식품을 균형 있게 먹어야 한다. 그리고 고지방, 고단백 식품, 담배, 과도한 음주는 피하는 것이 좋다. 식이 조절을 잘하면 체액의 산성화를 방지하고 체액의 pH를 유지할 수 있다.

스트레스 관리 스트레스가 체액의 산성화를 촉진한다. 호흡과 함께 걷기, 명상, 요가와 같은 스트레스 관리 기술을 활용하면 체액의 산성화를 방지하고 체액의 pH를 조절할 수 있다.

규칙적인 걷기나 명상 일상에서 쉽게 실천할 수 있는 운동이 바로 걷기다. 이를 기본 운동으로 하면서 호흡법을 활용하면 건강 관리를 잘할 수 있다. 또, 마음을 챙기는 명상도 호흡을 조절하고 심신을 안정시키는 데 도움이 된다. 따라서 규칙적으로 걷기나 명상을 하면서 호흡 연습을 하면, 스트레스를 줄이고 체액의 pH를 유지하는 데 도움을 받을 수 있다.

올바른 호흡연습으로 정상 체액을 유지하자. 그야말로 일거양득— 암 예방과 심신 건강을 위해!

- 평소 숨 쉴 때 코와 입 중 어떤 곳을 더 많이 사용하는가?
- 호흡이 암 예방에 도움이 된다는 사실을 아는가? 호흡 외에도 암 예방을 위해 어떤 노력을 하는가?
- 오늘부터 올바른 호흡을 위해 어떤 노력을 하겠는가? 구체적인 계획을 세우고 실천해 보자.

Q41 ── 호흡의 속도와 간격이 수명에 영향을 줄까?

고대 인도에서는 사람이 태어날 때 호흡의 개수를 가지고 나온다고 믿었다. 이러한 믿음이 인도의 명상과 호흡의 연결성을 이해하게 한다. 거북이나 코끼리는 호흡이 느려 오래 살고, 쥐와 개 같이 호흡이 빠른 동물은 그 수명이 짧다. 이는 동물 수명에 관한 각종 연구에서 증명하고 있다. 그러나 호흡과 수명 간의 직접적인 인과 관계는 현대 의학에서 명확하게 입증하지 못했다. 호흡 속도와 수명 사이의 인과 관계를 정확히 파악하려면 여러 요인을 연결해야 하는데, 그 과정이 복잡하기 때문이다.

호흡과 생명 연결의 역사적 관점 고대 인도의 관점은 생명의 에너지를 호흡과 직접적으로 연결 지었다. 이러한 생각은 명상과 정신적인 수행에 근거한다.

현대 의학의 관점 현대 의학에서는 호흡 속도가 수명에 직접적으로 영향을 미치는 것은 아니라는 입장이다. 수명은 유전적인 요소, 환경, 건강 상태, 생활 방식 및 기타 여러 복합적인 요소에 영향을 받기 때문이다.

호흡과 건강의 관련성 천천히 심호흡하면 폐 기능 향상, 혈액순환 촉진, 산소와 이산화탄소의 원활한 교환은 물론이고 스트레스 감소, 심혈관 체계 안정화에 도움을 받을 수 있다. 일부 연구에서는 심호흡이 심혈관 질환 및 스트레스 관리에 효과가 있다고 주장한다.

천천히 심호흡을 하자. 호흡 속도와 수명 간의 직접적인 인과 관계는 불분명하지만, 심호흡이 건강에 유익하다는 사실만은 명백하다.

- 고대 인도의 관점처럼, 숨을 아껴 쓴다고 해서 정말 수명이 늘어날까?
- 깊고 느린 호흡이 주는 건강상의 이점은 무엇이라고 생각하는가?
- 바쁜 일상에서 깊고 느린 호흡을 유지하기 위한 나만의 방법은 있는가?

Q42 — 호흡만 잘해도 장수와 활력있는 삶이 가능할까?

호흡은 사람의 생명을 유지하는 데 매우 중요하다. 그런데도 사람들은 호흡에 관해 잘 알지 못할 뿐만 아니라 관심도 없는 것 같다. 최천웅 박사는 『호흡이 10년을 더 살게 한다』(메이드마인드, 2017)에서 호흡이 편안하면 수명뿐만 아니라 건강수명과 행복수명도 늘릴 수 있다고 강조한다. 호흡을 잘 알고 그 방법을 잘 실천하면 우리 모두 건강하고 활기차게 오래 살 수 있지 않을까?

호흡이 건강과 장수에 얼마나 유익한지를 알아보자.

1. 깊게 제대로 숨을 쉬면 스트레스를 감소시킬 수 있다. 깊게 들이마시고 천천히 내쉬기를 규칙적으로 반복하는 가운데, 심신이 안정되고 긴장감도 풀리기 때문이다.
2. 호흡을 잘하면 몸속에 산소가 충분히 공급되어 세포가 정상적으로 기능하고 면역체계도 잘 작동하게 된다.
3. 천천히 그리고 깊게 들숨과 날숨을 하면 혈압을 낮출 수 있고 심장과 혈관을 건강하게 유지할 수 있다.
4. 올바른 호흡 기술을 연습하면 스트레스 관리와 감정 조절을 할 수 있다. 이는 정신적·정서적 건강을 개선하는 데도 도움이 된다.
5. 천천히 깊게 호흡하면 수면의 질을 높일 수 있다. 균형잡힌 호흡은 몸과 마음을 안정시켜 잠들기 쉽게 하기 때문이다.

숨 쉬는 습관을 바로잡아 건강한 삶을 디자인하자.

- 내가 평소 호흡을 제대로 하고 있는지 점검해 본 적이 있는가?
- 호흡 습관을 개선하기 위해 내가 가장 먼저 해야 할 일은 무엇인가?
- 호흡을 잘하면 내 삶에 어떤 변화가 생길 것이라 생각하는가?

Q43 좋은 수면이란 무엇일까?

"잠이 보약이다."라는 옛말이 아직도 유효하다. 2016년 WHO는 삶의 질을 저하하는 수면 장애와 수면 부족을 선진국 유행병으로 선언한 바 있다. 그러면서 수면 문제가 집중력, 스트레스, 우울증 등 신체적, 정신적 건강에 영향을 주고, 다양한 질병의 원인이 될 수 있다고 했다. 그만큼 좋은 수면은 건강과 삶의 질에 중요하다.

좋은 수면을 어떻게 유지해야 할까? 소위 꿀잠을 위한 비법을 알아보자.

규칙적인 수면 패턴 유지 매일 같은 시간에 일어나고 잠들어 규칙적인 수면 패턴을 유지한다. 하루에 한 시간 정도 햇볕을 쬐며 걷는 것도 피로를 풀어주어 수면 패턴을 조절하는 데 도움이 된다.

수면 전 휴식 루틴 적용 수면 한두 시간 전에는 활동적이고 긴장을 유발하는 활동을 피한다. 그 대신 안정적인 루틴을 만든다. 예를 들어 따뜻한 목욕이나 독서, 명상 등을 하면 수면을 촉진할 수 있다.

수면 전용 환경 조성 침실은 편안하고 조용한 공간이어야 한다. 침실에서 수면 이외의 활동은 하지 말자. 따라서 밝은 조명이나 전자기기는 피한다. 수면 1시간 전에는 스마트폰, 태블릿 같이 블루 라이트를 방출하는 전자기기 사용은 자제한다. 암막 커튼이나 조용한 가습기를 활용하면 편안한 수면 환경을 조성할 수 있다. 우리 뇌가 침실과 수면을 연결하게끔 훈련시키면 좋은 수면 습관을 유지할 수 있다.

식사 및 음료 관리 저녁 식사는 가볍게 하고, 잠자기 2~3시간 전에는 간식을 피한다. 카페인과 담배는 물론이고, 알코올은 수면 4~6시간 전에는 섭취하지 않는 것이 좋다. 알코올은 초기에는 수면을 촉진하지만, 그 질을 저하하므로 좋은 수면을 위해 알코올은 자제한다.

운동 습관 정기적인 운동은 수면에 도움이 되지만 수면 직전에는 피하는 것이 좋다. 잠자기 3~4시간 전까지 운동은 마무리한다.

스트레스 관리 스트레스는 수면을 방해하므로 관리해야 한다. 명상이나 심호흡을 통해 마음을 안정시키면 좋다.

수면 장애에 대한 불안 해소 수면에 대한 불안이나 걱정이 있다면 방치하지 말고 적극적으로 대처해야 한다. 나이 들수록 수면 시간이 짧아지면서 숙면에 대한 갈망이 생기기 쉽다. 이는 불면증을 유발하거나 악화시키는 원인이 된다. 따라서 전문가와 상담하는 것이 좋다.

좋은 수면을 원하는가? 그렇다면 이제부터 꿀잠을 위한 습관부터 들이자.

- 평소 나의 수면 시간은 얼마나 되는가? 혹시 잠이 부족하거나 불규칙한 수면 패턴으로 인해 어려움을 겪고 있는가?
- 일곱 가지 꿀잠 비법 중에서 가장 쉽게 실천할 수 있는 것은 무엇인가?
- 어떤 방법이 나의 수면 질을 가장 향상시켜줄 것이라고 생각하는가?

Q44 — 전문가가 말하는 '호흡의 힘'은 과연 무엇일까?

호흡은 단순한 생리 현상이 아닌 삶의 예술이다. 필라테스를 대중화한 조셉 필라테스는 "올바르게 호흡하는 것을 먼저 배워야 한다. 호흡이란 인생의 첫 번째 행동이고, 그리고 마지막 행동이다."라고 했다. 그만큼 숨을 쉬는 매 순간을 소중히 여기고, 깊고 의식적인 호흡을 하면 삶의 활력을 유지할 수 있다.

호흡에 관심을 가진 전문가들이 많다. 이들은 한결같이 호흡의 중요성을 강조하고, 올바른 호흡 기술을 배우라고 한다. 호흡이 건강과 행복에 중요하기 때문이다. 그 예를 몇 가지 살펴보자.

요가 지도자의 지혜　요가는 호흡과 몸을 조절하여 신체와 마음의 균형을 찾는 데 초점을 맞추는 전통적인 실천 방법이다. 요가 전문가들은 호흡의 중요성을 강조한다. 깊은 호흡과 정확한 호흡 패턴이 심신의 안정과 건강을 유지하는 방법이라고 가르친다.

명상가의 지혜　명상은 호흡을 통해 지금 이 순간에 집중하며 내면의 평화를 찾는 방법이다. 명상가들은 호흡을 통해 자아를 깨닫고 평온으로 이끄는 힘을 경험하도록 지도한다. 그러면 마음이 안정되고 스트레스를 관리할 수 있다는 것이다.

환기 전문가의 지혜　호흡은 실내 환경에도 매우 중요하다. 환기 전문가들은 깨끗하고 신선한 공기를 마실 수 있는 환경 조성을 강조한다. 그래서 적절한 환기와 공기 청정을 통해 호흡 기능을 개선하고 건강한 실내 환경을 유지하는 방법을 가르친다.

건강 전문가의 지혜   호흡은 생명 유지는 물론 건강 관리에 매우 중요하다. 의사, 치료사, 생리학자 같은 건강 전문가들은 심호흡과 올바른 호흡 기술이 건강에 미치는 효과를 강조한다. 그래서 호흡을 통해 스트레스를 줄이고 면역력을 키우는 방법을 안내한다.

깊고 의식적인 호흡으로 삶의 활력을 유지하자.

- 호흡이 자기 건강과 삶의 질에 어떤 영향을 미친다고 생각하는가?
- 전문가들의 호흡에 대한 지혜 중에서 가장 와닿는 것은 무엇인가?
- 자기 건강과 삶의 활력을 위해 어떤 호흡법을 적용하고 싶은가?

Q45 — 건강에 유익하면서도 간단한 호흡법은 무엇일까?

'4-7-8 호흡법'을 아는가? 대체의학 분야 권위자인 앤드류 웨일 박사가 불면증 극복을 위해 적극 권하는 호흡법이다. 이 호흡법은 폐에 산소를 더 많이 공급해 부교감신경을 안정시켜 불면증 극복을 돕는 것으로 알려져 있다. 생각보다 간단하니 따라 해보면 좋겠다.

●○ 4-7-8 호흡법이란?

횡경막 호흡(Diaphragmatic Breathing) 혹은 배(복부)호흡이라고도 혹은 배(복부)호흡이라고도 부른다. 이 호흡은 방법이 단순하지만, 꿀잠에 가장 효과적인 것으로 알려져 있다. 코로 들이마시는 시간을 정확히 조절하여 몸을 편안하게 만든다. 4초 동안 코로 숨을 들이마시고 7초 동안 숨을 참았다가 8초 동안 입으로 천천히 내쉰다.

●○ 수행 방법

1. 편안한 자세로 앉거나 누운 다음, 눈을 감는다.
2. 혀끝을 앞니 뒤쪽 잇몸에 가볍게 댄다.
3. 입을 다물고 코로 4초 동안 천천히 숨을 들이마신다.
4. 7초 동안 숨을 참는다.
5. 입으로 "후~" 소리를 내며 8초 동안 천천히 숨을 내쉰다.

6   이 호흡법을 5~10회 반복하면 몸의 긴장이 풀어지고 마음도 차분해진다. 그러면 달콤한 잠을 잘 수 있다. 식사 직후나 허기가 느껴지는 시간은 피하는 게 좋다.

●○ 4-7-8 호흡법의 효과

스트레스 감소   천천히 규칙적으로 하는 호흡은 비교적 긴 숨을 내쉬는 단계에서 실현된다. 그러면 심박수가 조절되면서 체내 스트레스 호르몬인 코르티솔의 생성이 줄어든다.

뇌의 진정 효과   중추 신경계를 조절하고 뇌를 진정시키는 효과가 있다. 특히 감정을 조절하고 스트레스와 불안을 줄이는 데 도움이 된다.

숙면 촉진   심신의 안정과 함께 숙면에 도움을 준다. 규칙적인 호흡과 깊은 숨을 통해 긴장을 풀 수 있는데, 이를 통해 자연스럽게 수면 질을 향상시킬 수 있다.

면역 강화   규칙적이고 깊은 호흡은 폐 기능을 개선하고 산소 공급을 원활하게 한다. 따라서 면역체계를 강화하여 감염 대응력을 높일 수 있다.

에너지 향상   규칙적이고 깊은 호흡은 혈액순환을 활성화하여 에너지 수준을 좋게 만든다.

지금 당장 딱 1분만 투자하여 4-7-8 호흡을 해보자. 몸과 마음이 편안해지는 것을 느낄 수 있다.

- 스트레스를 받거나 불안할 때, 습관적으로 하는 행동이 있는가?
- 4-7-8 호흡으로 그 습관을 대체해 볼 수 있을까?
- 4-7-8 호흡을 꾸준히 실천하여 어떤 긍정적인 변화를 경험하고 싶은가?

마음이란 무엇일까?

사랑과 연민은 사치품이 아니라 필수다. - 달라이 라마

Q46 — 물질적 풍요가 정신 건강을 해칠 수 있는 이유는?

옛말에 '부자는 3대 가기 어렵다.[장자삼대(長者三代)]'라고 했다. 아버지가 고생하여 모은 재산을 아들은 지키지만, 손자가 탕진하기 쉽다는 말이다. 손자는 할아버지의 노고는 모른 채 풍요로움만 누렸기에 그 가치를 가벼이 여길 수 있다.

어쩌면 물질적 풍요가 정신적 풍요로 이어지기가 어려운 것 같다. 더욱이 물질에 대한 과도한 집착이 정신적 공허함과 불안감을 주기도 한다. 맛있는 음식을 너무 많이 먹으면 소화불량에 걸리듯이, 물질에만 가치를 두면 정신 건강을 해칠 수 있다.

물질과 정신의 관계를 종교나 철학에서 다양하게 해석한다. 그와 관련된 몇 관점들을 살펴보자.

●○ 불교의 열반과 신자의 삶

1. 불교에서는 세속적인 욕망과 소유를 큰 문제로 삼는다. 인간의 모든 경제활동과 욕망이 고통을 만든다는 것이다. 따라서 번뇌의 불을 끄고 여기서 떠나야 정신적인 평화를 얻을 수 있다고 가르친다. 이런 해탈의 경지를 불교에서 열반(涅槃)이라 하고, 불교 실천의 궁극적인 목적으로 삼는다.
2. 불교 신자들은 물질적인 풍요가 정신을 방해할 수 있기에, 이런 갈애(渴愛)를 극복하려고 수행한다. '갈애'란 끊임없이 더 많은 것을 원하고

그것에 집착하는 마음으로, 삶에서는 고통의 근원이 된다. 따라서 물욕을 버리고 정신적 수행을 함으로써 마음의 평화를 얻을 수 있다.

●○ 소비사회 비판(소비주의 비판)

1. 현대 소비사회를 비판한 프랑크푸르트학파와 『소비의 사회』 저자 장 보들리야르 같은 사상가들은 물질적 풍요가 정신적 고통을 일으킨다고 주장한다. 근대 이후 자본주의와 함께 소비와 소유에 집착하는 문화가 형성되면서 사람들은 점차 정신적 만족을 잃어갔다는 것이다. 데이빗 핀처 감독도 영화 「파이트 클럽」(1999)은 현대의 소비 지향적인 면모를 날카롭게 비판하며, 그 속에서 잃어버린 인간의 정체성과 정신적 공허함을 탐구한다.
2. 현대 사회는 소비주의가 만연하면서 물질적 풍요를 행복의 척도로 여기게 되었다. 그러나 부와 물질적 소비를 추구해도 밑 빠진 독에 물을 붓듯, 채워지지 않는 욕망은 어찌할 도리가 없다.

●○ 심리학적 관점에서 본 행복과 정신적 풍요

1. 수많은 심리학 연구에서 물질적 풍요가 행복과 관련이 별로 없으며 오히려 낮은 자존감, 높은 우울감과 불안감, 낮은 긍정과 연결된다는 사실을 입증해 왔다. 몸에 좋은 약도 과다 복용하면 부작용이 생기듯, 물질적 풍요가 적절한 수준을 넘어서면 오히려 해가 될 수 있다.
2. 정신적 풍요를 추구하는 것이 행복과 만족감을 높인다는 것이다. 물질적 풍요에만 치중하기보다 명상이나 독서, 예술 관련 여가 활동, 사회적 상호작용, 그리고 삶의 목적을 찾는 것이 더 중요하다고 강조한다.

'물질과 정신 중 어느 것이 더 중요한가?' 보다 물질적 풍요와 정신 건강의 조화를 위해 무엇을 할 것인가를 생각하고, 이를 실천해 나가자.

- 나는 물질적인 풍요와 정신적인 풍요 중 어느 것에 더 치중하고 있는가?
- 물질적인 풍요는 나에게 어떤 의미를 갖는가?
- 진정으로 풍요로운 삶이란 무엇인가?

Q47 　　　　　　　　　　　　　　'마음'이란 무엇일까?

국어사전에서 마음을 '사람이 본래부터 지닌 성격이나 품성'이라고 일차적으로 정의한다. 실제로 마음은 우리의 생각, 감정, 행동을 결정하는 중요한 요소지만, 그 실체가 모호하고 복잡하다. "그건 내 마음이야." "몸은 멀리 있어도 마음만은~" "안 좋은 일은 마음에 두지 않는 게 상책이다." 이렇게 '마음'은 조금씩 뜻을 달리하며 자주 사용된다.

여러 관점에서 '마음'이 어떻게 형성되고, 우리 삶에 어떤 영향을 미치는지를 알아보자.

●○ 뇌 기능이 관련된 정신 활동

심리학에서는 마음을 주로 감정, 인식, 기억 등의 뇌 기능과 관련지어 정의한다. 우리가 보고 듣고 느끼는 모든 것이 마음의 작용이며, 이는 유전자, 환경, 경험 등 다양한 요인에 의해 형성된다는 것이다.

1. 행동주의 심리학에서는 경험과 환경이 행동을 결정하듯, 마음도 외부요인 특히 환경에 의해 형성된다고 본다.
2. 인지 심리학에서는 정보의 수용, 처리, 저장 등이 개인의 행동을 결정한다며, 이것이 개인의 마음을 형성하는 과정이라고 설명한다.
3. 심리 분석학에서는 무의식적인 요인 즉, 지나친 감정 충동, 내면의 충돌이 마음을 형성하는 데 영향을 끼친다고 주장한다.

●○ 영적인 것

종교에서 마음은 영적인 영역에 속한다. 종교마다 약간 차이가 있지만, 신과의 관계, 영적 성장이나 도덕적 선택 등과 관련짓는다. 그래서 마음을 다스림으로써 삶의 의미와 가치를 찾고, 영적으로 성장한다고 믿는다.

1. 불교에서 마음은 정신적인 평화와 깨달음을 얻기 위한 수행의 대상이다.
2. 기독교에서 마음은 영혼과 관련이 깊으며, 신앙과 사랑의 근원이라 할 수 있다.

●○ 진리 탐구의 대상

철학에서 마음은 의식, 의지, 정서, 생각 등을 아우르는 복합적인 개념으로 다루어진다. 마음의 본질과 기능에 대해 근본적인 질문을 던짐으로써 삶의 지혜를 얻고자 한다.

1. 인식론에선 마음이 어떻게 세상을 인식하고 이해하는지 탐구한다.
2. 윤리학은 마음의 결정과 도덕적 선택의 상호작용을 고찰한다.

마음을 들여다보자. 그것이 자신을 이해하고 삶의 의미와 가치를 찾는 길이다.

- 심리학, 종교, 철학 중 어떤 관점이 마음을 이해하는 데 가장 도움이 된다고 생각하는가?
- 자기 마음은 주로 어떤 요인에 의해 형성되었다고 생각하는가?
- 마음을 이해하고 다스리는 것은 왜 중요할까?

Q48 ─────── 우리가 추구해야 할 올바른 가치관이란?

자기계발서의 바이블로 알려진 『네 안에 잠든 거인을 깨워라』(토니 로빈스)를 읽어본 적 있는가? 이 책의 제15장 제목이 바로 '가치관, 인생의 나침반'이다. 말 그대로 가치관이 내 삶의 방향을 가리키는 나침반이 된다는 뜻이다.

개인마다 경험이 다르고 생각이 다르듯, 가치관도 개인과 문화, 사회에 따라 다양하게 형성된다. 따라서 공통으로 올바른 가치관을 찾고 일반화하기는 어렵다. 하지만 수많은 가치관 중 대다수가 인정하고 따르는 가치관을 안다면, 삶의 방향을 잃고 헤매지 않을 수 있다. 이에 관해 같이 생각해보자.

모든 사람은 소중하다 모든 사람은 존엄하며 평등하게 대우받아야 한다. 피부색, 성별, 종교, 국적 등 어떤 이유로도 차별받아서는 안 된다.

공정하고 정의롭게 누구에게나 공평한 기회가 주어져야 하고, 자기 잘못은 책임질 줄 알아야 한다. 스포츠 경기에서 공정한 판정이 중요하듯, 사회도 공정하고 정의로운 원칙에 따라 운영되어야 한다.

내 생각은 내가 정한다 우리는 누구나 자유롭게 생각하고 표현할 권리가 있다. 새가 자유롭게 하늘을 날듯, 우리도 다른 사람의 간섭 없이 자유롭게 생각하고 표현할 수 있어야 한다.

내 행동에 내가 책임진다　내가 쓴 글에 대한 책임은 내가 지듯, 우리는 각자의 행동에 책임을 져야 한다. 옳은 일을 하기 위해서 노력하는 것도 당연하다.

따뜻한 마음으로 서로를 배려하자　사랑과 이해, 공감은 인간관계의 기본이다. 친구가 힘들 때 위로하는 게 당연하듯이, 우리는 서로를 배려하고 도와주면서 함께 살아가야 한다.

지구는 우리가 지킨다　지구는 우리는 물론 후손이 살아야 하는 소중한 집이다. 집을 깨끗하게 청소하고 관리는 것처럼, 우리는 지구를 아끼고 보호해야 한다. 환경 오염을 줄이고, 자원을 아껴 쓰는 습관으로 지속 가능한 미래를 만들어가자.

배우고 또 나누자　배움에는 끝이 없다. 게임에서 레벨업을 계속하듯, 우리는 끊임없이 배우고 성장해야 한다. 독서와 학습, 새로운 경험과 세상을 이해하려는 노력으로 더 나은 미래를 만들어갈 수 있다.

평화롭게 함께 살아가자　전쟁이나 갈등은 아무런 도움이 되지 않는다. 퍼즐 조각을 서로 맞추어 그림을 완성하듯, 우리는 서로 협력하며 평화롭게 공존해야 한다.

건강하고 행복하게　건강은 행복의 기본 조건이다. 행복하게 살기 위해서는 건강한 몸과 마음이 필요하다. 규칙적인 운동, 건강한 식단, 충분한 수면 등을 통해 건강을 관리하자. 긍정적인 마음을 유지하면서 각자의 삶을 존중한다면 행복할 수 있다.

올바른 가치관을 인생 나침반으로 삼자. 그러면 건강하고 행복한 삶으로 나아갈 수 있다.

- 당신의 가치관은 무엇인가?
- 올바른 가치관을 가지고 살아가는 것이 왜 중요할까?
- 자신의 가치관을 실천하기 위해 어떤 노력을 할 수 있을까?

Q49 — 생각의 전환이나 창의적 사고를 실현하는 방법은?

세상이 너무 빠르게 변해서 따라가기 벅차다는 생각이 들 때가 있다. 하루가 다르게 새로운 기술이 등장하고, 트렌드가 바뀌는 세상에서 뒤처지면 어쩌나 하는 두려움도 느낀다. 이럴 때일수록 세상을 관찰하면서 새로운 것을 발견하고 생각을 바꾸는 연습을 하자. 그러면 '창의력'도 키울 수 있다. 창의력은 마법 지팡이처럼 세상을 바꿀 수 있는 힘을 지녔다. 스마트폰, 인터넷, 인공지능처럼 우리 삶을 완전히 바꿔놓은 것도 모두 창의적 사고에서 시작되었다. 어떻게 하면 창의력을 기를 수 있을까?

다양한 관점을 수용하고 타인의 의견을 듣는다 서로 다른 배경, 직업, 경험을 가진 사람들과 대화하며 새로운 시각을 이해하고 이를 종합해 본다. 그리고 이를 바탕으로 세상을 바라보는 연습을 하자. 여러 가지 색깔로 새로운 색을 만들어내듯이, 다른 생각들을 모으다 보면 새로운 아이디어도 만들 수 있다.

생각을 자유롭게 표현하고 기록한다 아이디어가 생각나는 대로 즉시 메모하는 습관을 들인다. 떠오르는 생각들을 놓치지 않고 기록하는 게 중요하다. 그중에서 적절한 것을 골라 멋진 아이디어로 발전시킨다면 네 안에 숨겨진 창의력도 발견할 수 있다.

문제를 정의하고 재정의한다 문제가 있으면 그것을 다양한 각도에서 정의해 보자. 그렇게 탐구하다 보면 새로운 관점의 해결책을 찾아낼 수 있다.

상상 연습을 한다 상상력은 창의력의 원천이다. 영화나 소설, 만화 등 다양한 콘텐츠를 접하면서 상상의 나래를 펼쳐보자. 그러다 보면 미래의 가능성이나 새로운 아이디어를 찾아낼 수 있다.

동기부여와 열정을 유지 동기부여와 열정은 창조적인 생각을 촉진하는 원동력이다. 자신의 관심사나 열정에 대해 꾸준히 탐구하면서 공부해보자.

공모와 협업 아이디어를 공유하고 다양한 분야의 전문가들과 협력한다. 팀원들과 아이디어를 주고받으며, 다양한 전문 지식을 결합하여 혁신적인 결과물을 얻을 수 있다.

불완전한 아이디어에 집중한다 작은 아이디어라도 그 기반이 되는 핵심 개념을 파악하는 데에 집중하자. 그러면 아이디어를 구체적으로 만들어 발전시킬 수 있다.

외부 자극을 수용한다 예술, 문학, 과학 등 다양한 분야에서 영감을 받아본다. 다른 도메인에서 온 아이디어를 결합하거나 변형하여 새로운 창조적인 아이디어를 찾을 수 있다.

최신 기술을 활용하여 창의적 사고를 만들어낸다 디지털 툴, 혁신적인 소프트웨어, 가상 현실 등을 이용하면서 아이디어를 시각화하고 실험할 수 있다.

새로운 환경에서 다양한 경험을 해본다　변화하는 환경에 자주 노출되다 보면 다양한 경험과 자극을 받을 수 있다. 여행, 다양한 문화 활동, 새로운 사람들과의 만남 등이 이에 해당된다.

끊임없이 배우고 또 도전하자. 빠르게 변하는 세상, 창의력으로 승부할 수 있다.

- 창의적인 생각이 왜 중요하다고 생각하는가?
- 어떤 사람이 창의적인가? 그 이유는?
- 창의력을 키우기 위해 어떤 노력을 할 수 있을까?

Q50   삶을 낙관적으로 바꾸는 길은 무엇일까?

종종 걱정 때문에 잠을 설칠 때가 있다. 시험 기간에는 "이번에 망치면 어떡하지?", 과제 마감일이 다가오면 "이번에도 제출 못 하면 큰일인데."라며 불안감에 시달린다. 하지만 마법의 주문처럼 긍정적인 마음을 꺼내기 시작하면 이런 불안에서 벗어날 수 있다. 심리학적으로 '낙관성'은 '좋은 일은 최대로' 그리고 '안 좋은 일은 최소로' 일어나게 생각을 조직하면서 동시에 이를 행동으로 옮기는 것이다. 이는 학습을 통해서 형성되는데, 이때 지혜가 필요하다.

그렇다면 낙관적인 삶으로 바꾸는 방법으로 어떤 것이 있을까?

●○ 낙관적인 사람들은 어떻게 생각할까?

낙관성을 지닌 긍정적인 사람들은 좋은 일은 최대한 일어날 거라고 믿고, 안 좋은 일은 최소한으로 일어날 거로 생각한다. 유리잔에 물이 반쯤 남았을 때, '반이나 남았네.'라고 생각하는 것과 같이. 이런 긍정적인 생각은 우리를 힘든 상황에서도 좌절하지 않고, 희망을 품고 앞으로 나아갈 수 있게 돕는다.

긍정심리학의 원리   낙관성을 강화하기 위해 긍정적인 경험과 감정 그리고 감사와 같은 요소에 주목한다. 성공한 사람들의 특징과 성취, 그리고 감정 관리를 학습하게 하여 낙관적 사고를 유도한다.

심리적 유연성 향상 이는 어려움에 유연하게 대처하는 능력을 나타낸다. 낙관적 사고를 강화하려면 문제 해결 능력과 적응력을 키우는 훈련이 중요하다.

나만의 긍정 주문 만들기 "나는 할 수 있다!", "나는 소중하다!", "오늘 하루도 최선을 다하자!"처럼 나에게 힘을 주는 긍정적인 문장을 만들어서 매일 아침 외쳐본다. 응원가를 부르듯, 긍정적인 주문을 외면 용기가 생기고 자신감도 북돋울 수 있다.

●○ 종교 활동으로 긍정적인 마음을 키워보는 건 어떨까?

명상이나 요가 배우기 이를 통해 마음은 차분하게 만들고 스트레스는 줄일 수 있다. 명상을 통해 마음의 평화를 찾고 긍정적인 에너지를 얻기도 한다. 학교 동아리나 문화센터에서 명상이나 요가를 배우는 것도 좋은 방법이다.

기독교의 희망과 기대 기독교에서 믿음과 희망은 중요한 가치다. 어려운 시기에도 믿음을 갖고 더 나은 미래를 기대하면서 낙관적 사고를 키울 수 있다.

불교의 마음 평정과 수행 불교에서 마음의 평정과 수행을 통해 어려움을 인식하고 수용하라고 가르친다. 마음 훈련과 명상은 감정을 조절하고 낙관적인 사고를 촉진하는 역할을 한다.

●○ 육체적·정신적 고통에서 벗어나려면 어떻게 해야 할까?

에피쿠로스주의   모든 육체적·정신적 고통에서부터의 해방을 추구한다. 심리적 안녕을 추구하며, 필요한 것만을 중시하고 풍요로운 삶을 위해 노력한다. 이런 철학적 노력이 불필요한 욕망을 피하고 삶의 만족감을 찾는 방법이 될 수 있다.

스토아주의   외부적 상황에 대한 통제가 어렵다면 내면의 통제에 집중한다. 삶의 목적과 가치에 대해 생각하며 낙관적인 사고를 발전시킨다. 감정에 사로잡히지 않고 쾌락과 고통에 동요하지 않으면서 의연한 자세로 운명을 받아들이려고 한다.

●○ 긍정적인 에너지는 전염된다고 하지 않는가?

긍정적인 사람과 어울리기   긍정적인 친구들과 함께 시간을 보내면 자연스럽게 즐겁고 긍정적인 생각을 하게 된다. 즐거운 파티에 가면 나도 모르게 흥이 나듯이, 긍정적인 사람들과 어울리면서 나도 긍정적인 에너지로 가득 차게 된다.

사회적 지지와 관계 강화   사회적 지지는 낙관성을 강화하는 데에 중요하다. 가족, 친구, 커뮤니티와의 깊은 관계를 통해 긍정적인 사고를 유지하면서 어려움을 이겨나갈 수 있다.

●○ 낙관적인 성품, 어떻게 만들 수 있을까?

긍정심리학 배우기 행복, 낙관, 감사 등 긍정적인 감정에 초점을 맞춘 심리학 분야에 관심을 갖는다. 행복 비타민을 먹는 것처럼, 긍정심리학을 배우면 긍정적인 생각과 감정을 키울 수 있다. 학교에서 긍정심리학 강의를 듣거나, 관련 책을 읽어보는 것도 좋은 방법이다.

종교 활동 참여하기 종교는 믿음과 희망을 통해 우리에게 긍정적인 에너지를 줄 수 있다. 친구가 힘들 때 위로해 주듯이, 종교는 우리에게 힘든 순간을 이겨낼 수 있는 힘을 준다.

긍정 주문을 외우자. '잘될 거야.' '다음에 또 하면 돼'

- 나만의 긍정 주문을 만들어 볼까?
- 긍정적인 생각이 삶에 어떤 변화를 가져올까?
- 힘든 일이 있을 때 긍정적인 마음을 유지하기 위해 어떤 노력을 해야 할까?

Q51 ── 인간관계의 문제를 어떻게 해결할 수 있을까?

'적응하기 어려운 환경에 처할 때 느끼는 심리적·신체적 긴장 상태'로서, '장기적으로 지속되면 심장병, 위궤양, 고혈압 따위의 신체적 질환을 일으키기도 하고 불면증, 신경증, 우울증 따위의 심리적 부적응을 나타내기도 한다.'

위 내용은 무엇에 관한 설명일까? 이것은 국어사전에서 풀이한 '스트레스' 내용이다. 우리가 살아가는 사회환경은 다양한 방면에서 인간관계를 요구한다. 그래서 이로 인한 정신적 스트레스를 호소하는 사람도 늘고 있다. 각종 의학 연구에서도 스트레스의 주원인으로 인간관계를 꼽는다. 친구와의 다툼, 연인과의 갈등, 가족 간의 오해 등으로 스트레스가 발생하는데, 이것이 우리 뇌를 공격하고 몸을 병들게 한다는 것이다.

●○ 스트레스를 일으키는 인간관계의 문제는 무엇인지 알아보자.

의사소통 문제   이는 각자의 경험과 언어적 차이에서 비롯된다. 따라서 이런 차이를 인정하고 상호작용하려는 노력을 해야 한다. 마르틴 하이데거의 언어 이론에 따르면, 개인의 존재와 의미를 다른 이들과 공유하고자 하는 노력이 의사소통의 핵심이다. 건강한 인간관계를 위해서는 감정적인 지능과 대인관계 기술을 강화하는 의사소통 훈련이 중요하다.

갈등과 분쟁 헤겔은 갈등이 정신의 진전과 역동성을 가져온다고 주장했다. 그에 따르면 갈등은 새로운 관점과 가치를 형성하는 계기가 될 수 있다. 따라서 갈등 해결을 위해 공정과 평등을 강조하면서 중재와 대화를 지속해야 한다.

신뢰 부족 인간은 상호 의존적 존재이므로, 상호 신뢰는 관계의 기반이 된다. 그런데 말이나 행동, 도덕적 가치 등에서 신뢰가 깨지면 관계 지속이 어렵다. 몇몇 종교에서는 신뢰와 용서를 강조하며, 그릇된 행동에 대한 용서와 자기반성을 통한 신뢰 회복을 제안한다.

고립과 외로움 이는 정서적 안정감을 해친다. 따라서 대화, 취미, 사회 활동 등으로 자기를 표현하는 게 중요하다. 사회적 지원체계와 커뮤니티 참여도 이를 극복하는 데 도움이 된다.

감정적인 어려움 감정적 지능은 자기와 타인의 감정을 이해하고 관리하는 데 도움이 된다. 상담이나 심리치료를 통해 감정 문제에 효과적으로 대처하는 방법을 배울 수 있다.

문화적 차이와 갈등 문학과 예술, 인문학적 소양을 키워 다양한 문화를 이해하려고 노력해야 한다. 다문화주의 정책과 교육이 문화 간 이해와 존중을 증진하는 데 기여할 수 있다.

●○ **스트레스를 날려버리는 처방을 5단계로 같이 살펴보자.**

1단계 마음의 청진기로 상대방의 마음을 들어보자. '내가 너라면 어떤 기분일까?'라고 질문하며 상대방의 마음을 헤아리는 연습을 해본다.

2단계   솔직함이라는 약을 쓰자. 상대방을 직접 비난하거나 공격하는 말은 오히려 상처를 줄 수 있으니 주의한다. 그 대신 "나는 네가 이렇게 말해서 속상했어."라고 '나'를 주어로 자기 감정을 솔직히 표현한다.

3단계   경청이라는 진통제를 투여하자. 상대방의 이야기를 주의 깊게 듣고 공감하는 것이 갈등 해결의 첫걸음이다. 상대방의 말을 끊거나 반박하지 말고, 끝까지 경청하며 그 입장을 이해하려고 노력해 본다.

4단계   용서라는 치료제로 마음의 상처를 치유하자. 누구나 실수를 할 수 있다. 상대방의 잘못을 용서하고, 새로운 시작을 위해 상대방에게 기회를 주는 것은 관계 회복에 중요하다. 용서하면 상대방은 물론 나에게도 평화를 줄 수 있다.

5단계   소통이라는 비타민으로 관계를 튼튼히 하자. 정기적인 소통은 건강한 관계를 유지하는 필수 영양소이다. 서로의 생각과 감정을 솔직하게 나누고, 함께 시간을 보내며 유대감을 쌓아간다.

> 기억하자, 건강한 관계는 행복의 원천이자 스트레스 해소의 지름길임을.
>
> - 대인관계 건강한 관계를 유지하기 위해 어떤 노력을 해야 할까?
> - 내가 가장 스트레스를 많이 받는 관계는 무엇이며, 그 이유는 무엇인가?
> - 관계 속에서 생기는 갈등을 해결하기 위해 어떤 노력을 해왔는가?

Q52 ─────── 사랑이 관계를 바꿀 수 있을까?

'사랑'하면 떠오르는 것은 무엇인가? 심장이 두근거리는 설렘, 따뜻한 포옹, 달콤한 속삭임……. 사랑은 우리를 행복하게 만들고, 삶의 활력을 불어넣는 마법 같은 힘을 가졌다. 이런 사랑은 돋보기가 되어 상대방을 들여다보게 한다. 그의 장점이 더 크게 보이고, 단점은 작아 보이지 않는가? 또, 사랑을 통해 '마음의 귀'가 열린다. 상대방의 이야기에 귀 기울이고 그의 마음을 이해할 수 있게 된다. 그래서 사랑을 '만병통치약'이라고 부르는지도 모르겠다. 그렇다면 인간관계로 겪는 문제를 사랑으로 해결할 수 있지 않을까? 이와 관련된 관점 몇 가지를 살펴보자.

에마뉘엘 레비나스의 '타인에 대한 책임' 이론 레비나스는 '타인에 대한 책임'을 강조하며, 다른 이를 존중하고 돌보는 것이 중요하다고 주장한다. 이는 상대방의 고유성을 인정하고 이를 존중하는 데 중점을 둔다.

알버트 슈바이처의 '사랑의 언어' 이론 슈바이처는 사랑의 표현이 다양하다고 본다. 개인은 각자에게 가장 중요한 '사랑의 언어'를 가지고 있다는 것이다. 이는 서비스, 언어, 선물, 접촉, 시간 등 다양한 방식으로 나타난다. 상대방의 언어를 이해하고 활용하면 서로 더 긴밀한 관계를 맺을 수 있다.

명상과 마음의 평정 명상은 자기 인식과 내적 안정성을 촉진한다. 따라서 '마음챙김' 명상을 하면 감정을 조절하고 관계에서 발생하는 갈등을 완화할 수 있다. 이 명상은 '마음의 거울'로 우리 내면을 솔직하게 비춰보며 타인의 마음을 더 잘 이해할 수 있도록 돕는다.

자기-인식과 상대방의 관점 이해 '자기-인식'이란 자신의 가치관과 감정, 행동을 이해하는 것이다. 이와 함께 상대방의 관점을 이해하고 공감하는 연습은 상호 존중과 이해력을 높여준다.

성장 마인드셋 채택 성장 마인드셋은 변화와 학습에 열려 있다는 믿음이다. 누구나 변화하고 성장할 수 있다는 믿음을 가져보자. 씨앗이 자라 나무가 되듯, 사람도 끊임없이 배우며 발전할 수 있다고 믿고 응원하자.

존재적 상담 및 대화 기술 습득 존재적 상담은 상대방의 말에 귀 기울이고 그 감정에 공감하며 진심으로 대화하는 방법이다. 이러한 효과적인 대화 기술을 익히면 의사소통을 원활히 할 수 있다.

사회적 지원 체계 구축 건강한 인간관계를 형성하려면 사회적 지원체계를 구축하는 것이 중요하다. 이로써 가족, 친구, 동료들과 상호 작용하며 감정적 지지와 사랑을 나누는 시간을 가질 수 있다.

사랑하자. 그러면 나와 상대방을 이해하고 상호작용하는 건강한 인간관계를 만들어 갈 수 있다.

- 어떤 방식으로 사랑을 표현하고, 또 사랑받고 싶은가?
- 사랑이 아픈 사람에게 어떤 긍정적인 영향을 줄 수 있을까?
- 사람을 사랑하고 존중하며 살아가기 위해 어떤 노력을 해야할까?

Q53   사랑이 무엇일까?

사랑의 사전적 정의는 '어떤 사람이나 존재를 몹시 아끼고 귀중히 여기는 마음이나 그런 일'이다. 여기에 '남을 이해하고 돕는 마음이나 그런 일'도 포함된다. 이렇게 국어사전에서는 '사랑'을 쉽게 정의 내린다. 그런데 역사 속에서 수많은 사람이 이에 질문을 던지고 그 해답을 찾으려고 애쓰는 이유는 무엇일까? 이와 관련된 몇 가지 대표적인 시각을 살펴보자.

●○ 철학적 시각

플라톤 그는 '반지성적인 이상형'에 관한 개념을 통해 사랑을 이해했다. 그는 실제로는 물질적이지만, 그 뒤에 더 높은 아이디어와 형태를 지닌 이상형에 대한 사랑, 즉 플라토닉 러브를 강조했다.

아리스토텔레스 그는 우정과 애정을 탐구하며, '스토르게(Storge)', '필리아(Philia)', '에로스(Eros)', '아가페(Agape)' 등의 다양한 사랑의 형태를 제시했다.

●○ 종교적 시각

기독교 유일신의 사랑과 인간 간의 사랑을 강조한다. 예수 그리스도의 가르침 중 하나인 "이웃을 사랑하라."는 '아가페'라는 사랑의 형태로 이해할 수 있다.

불교 무조건적인 자비와 연민을 중시한다. 모든 존재를 사랑하고 이해하면서 고통을 해소하고 자아를 깨우치라고 강조한다.

●○ 중국 선인의 시각

중국의 선비 문화 중국의 선비들은 사랑을 교양과 덕, 미덕의 향유로 이해했다. 따라서 두 사람 간의 정서적·지적인 교류를 사랑의 중요한 부분으로 간주했다.

사랑을 정의해 보자. 공통적인 삶의 가치와 감정이 담긴 사랑의 언어로 표현하면 더 좋다.

- 사랑에 관한 시각 중에서 공감이 가는 것은 무엇인가?
- 자신이 생각하는 사랑의 의미는 무엇인가? 이를 표현해 보자.
- 역사 속에서 많은 사람이 '사랑'의 의미를 밝히거나 정의한 이유는 무엇일까?

Q54 ─ 사랑에 대한 두려움을 어떻게 넘을 수 있을까?

"사랑은 삶의 정수이며, 모든 감정 중 가장 고귀하다." 라는 셰익스피어의 이 말에 공감하는가? '사랑'이라는 단어가 빛바랜 듯한 요즘, 다시 사랑을 이야기하고 싶다. 사랑이 중요한 줄은 알면서도 사랑하는 방법을 잘 모르거나 아예 무관심한 척하는 사람이 많아 안타깝기 때문이다.

사랑은 인류가 발견한 가치 중에서 가장 강력하고 아름다운 것이다. 사랑은 우리 마음을 따뜻하게 채워주고, 세상을 더 살만한 곳으로 만들어주는 마법 같은 힘을 지녔다. 그런 사랑을 어려워하고, 때로는 잊어버리기까지 하다니……:

사랑이 너무 어렵고 복잡하다고 느껴지는가? 사실 사랑에 '정답'이 없다는 게 문제다. 그래서 각자의 방식으로 사랑을 표현하고, 사랑을 받으면 되는 건지도 모른다. 의사가 환자에게 맞는 처방을 찾으려 애쓰듯, 사랑도 각자에게 맞는 방법을 찾아가는 것이 중요하겠다. 이를 위해 참고할 만한 철학적·심리학적·사회학적 견해를 살펴보자.

●○ 철학적 사랑, 관계의 문제다

사랑의 유형   철학에서 중요시하는 사랑 유형 중 에로스(Eros)와 필리아(Philia), 필라우티아(Filautia), 스토르게(Storge)를 예로 들어보자.
- 에로스는 루두스(Ludus, 놀이 같은 사랑), 아가페(Agape, 아낌없는 사랑) 같은 유형과 구별되는 정열적 사랑이다.

- 필리아는 우정이나 친밀한 관계를 강조하는 사랑으로, 상호 존중과 신뢰를 기반으로 한다.
- 필리우티아는 자기애 혹은 자아도취라 할 수 있지만, 자기 존중감을 타인에게 돌리면 긍정적일 수 있다.
- 스토르게는 가족이나 친족에 대한 자연스러운 사랑으로, 시간이 지날수록 형성된다. 이는 주로 부모와 자녀 사이에서 본능적으로 우러나오는데, 강한 친밀함과 유대감, 의존성을 보인다.

사랑의 실천 방법
- 불안정성 극복 : 사랑은 불안정한 것일 수 있다. 따라서 상호이해가 중요하다. 인내심을 갖고 대하되, 자신의 감정을 솔직하게 표현하자.
- 상호 존중과 신뢰 : 상호 존중과 신뢰는 어떤 유형의 사랑이든 기본으로 삼아야 한다. 서로의 존재 가치를 인정하고 신뢰할 때 건강한 사랑을 할 수 있다.

●○ 종교적 사랑, 책임이 따른다

기독교의 사랑 기독교에서 중요한 사랑 개념은 우애(필레오, Phileo)와 아가페다. 필레오는 그리스어로 '필리아'에 해당한다. 형제간의 우정과 서로에 대한 관심을 뜻하는데, 이는 기독교의 공동체 의식의 바탕이 된다. 또, 아가페는 거룩하고 무조건적인 사랑으로, 기독교에서는 유일신의 사랑이자 인간이 지향해야 할 사랑이다. 상대방을 이해하고 용서하는 것이 중요하다. 그러기 위해서 자비로운 태도를 취해야 한다.

불교의 사랑 불교에서 '사랑'은 감각적인 것으로, 애욕에 치우쳐 이기적으로 흐르기 쉽다. 그래서 '자비(慈悲)'를 강조한다. 나와 남을 구분해서 사랑하기보다 나와 남이 본래 둘이 아님을 깨닫는 것이 중요하다. 여기서 모든 중생을 평등하게 사랑하는 불교식 사랑 즉, '자비'가 가능하다. 그래야 자신을 기꺼이 희생하면서 남을 돕고 사랑할 수 있기 때문이다.

사랑의 목적 사랑은 종교적으로 상호이해와 용서, 희생과 자비에 바탕을 둔다. 이는 도덕적 책임감과 인간적 가치를 높이는 데에도 이바지한다.

사랑의 실천 방법
- 고정관념 극복과 이해 : 아가페는 자기희생과 무조건적인 관심을 포함하므로, 고정관념에서 벗어나야 한다. 그래야 상대방을 이해하고 관심을 가질 수 있다.
- 커뮤니티 참여 : 종교적 사랑은 공동체나 사회에 대한 책임을 내포한다. 이를 위해 자기희생과 자선을 실천하는 봉사활동에 참여하는 것이 중요하다.

●○ 사회적 사랑, 다양성을 존중한다

사랑의 정의 사회적 사랑(Social Love)은 타인과의 상호 작용, 공동체 참여, 협동 등을 포함한다. 따라서 사회적 관계의 연결성을 강조한다. 공동체 활동이나 다양한 그룹 참여로 협력과 연대를 형성할 수 있다. 이는 문화적 가치와 사회적 행동이나 사회적 정의 실현에도 큰 영향을 미친다.

사랑의 실천 방법
- 다양한 사회활동 : 다양한 커뮤니티나 봉사활동에 참여하며 다양성

을 경험하고, 사회적 상호작용을 계속해 나가는 것이 중요하다.
- 평등과 정의 : 평등과 정의에 바탕을 둔 사회적 사랑을 실천하기 위해서는 다양성을 존중하고 사회적 불평등에 대항해 나가야 한다.

●○ 심리학적 사랑, 자기를 이해하고 사랑한다

사랑의 정의 자기를 이해하고 존중하는 자기애(Self-Love)가 중요하다. 이를 바탕에 두어야 자존감이 형성되고 다른 사람을 이해하고 사랑할 수 있다. 자기애를 바탕으로 타인과 공감하는 능력을 키운다면 상호 이해 관계를 개선할 수 있다.

사랑의 실천 방법
- 자기 돌봄 : 자기를 돌보고 존중해야 자기 사랑이 향상된다. 휴식이나 명상, 취미생활을 통해 감정적 안정을 찾는 것이 무엇보다 중요하다.
- 타인과의 상호작용 강화 : 자기사랑은 타인과 상호작용하는 데도 중요하다. 다양한 관계에서 자신을 표현하고 이해할 수 있어야 사람들과 긍정적인 상호작용을 할 수 있다.

●○ 사랑은 배움과 실천이다

사랑부터 하자 무지개처럼 다채로운 사랑의 색깔을 발견하고, 그 아름다움에 감탄하자.

사랑의 언어를 배우자 단순히 "사랑해"라는 말로만 표현되는 것이 아니다. 따뜻한 포옹, 진심 어린 칭찬, 함께 시간을 보내는 것, 작은 선물

등 다양한 방식으로 사랑을 표현할 수 있다. 의사가 환자의 상태에 따라 처방하는 것처럼, 상대방에게 필요한 사랑의 언어를 찾아 전달해 보자.

사랑의 온기를 나누자 사랑은 받는 것보다 주는 것이 더 행복하다. 작은 친절, 따뜻한 말 한마디, 진심 어린 격려는 상대방에게 큰 힘이 될 수 있다. 의사가 환자에게 희망을 주는 마음으로, 주변 사람에게 사랑의 온기를 나눠주자.

사랑의 상처를 치유하자 사랑이 상처를 남길 때도 있다. 하지만 상처는 치유될 수 있고, 더 성숙한 사랑으로 나아가는 발판이 될 수 있다. 의사가 환자의 상처를 치료하듯, 우리도 사랑의 상처를 보듬고 치유하는 법을 배우자.

사랑의 씨앗을 뿌리자 사랑은 씨앗과 같아서, 꾸준히 관심과 사랑을 주면 아름다운 꽃을 피운다. 주변 사람들에게 먼저 다가가 손을 내밀고, 진심으로 대해 보자.

사랑하자. 사랑의 다양한 얼굴을 만나보며 나와 다른 사람을 존중하자. 사랑은 우리 삶을 건강하게 하고 세상을 아름답게 변화시키는 힘이다.

- 당신이 생각하는 사랑의 진정한 의미는 무엇인가?
- 사랑을 통해 세상에 어떤 긍정적인 변화를 가져올 수 있을까?
- 앞으로 사랑을 실천하기 위해 어떤 노력을 할 수 있을까?

Q55 ─ 사랑은 왜 직접 경험해야만 이해할 수 있을까?

"사랑은 언제나~"하며 시작하는 노래를 아는가? 사실 '사랑'에 관한 노래는 수없이 많다. 또 사랑에 관한 이야기나 책, 강연도 셀 수 없이 많으며, 지금도 계속 만들어진다. 그걸 다 보고 읽으면 사랑을 완벽히 이해할 수 있을까? 그게 불가능하니까 사랑 관련 콘텐츠가 계속 만들어지는 것이다. 사랑은 단순하지 않다.

사랑은 매우 주관적이며 개인 경험에 따라 달리 이해되고 그 영향력도 천차만별이다. 사랑에 관한 다양한 이론이나 경험담은 사랑의 다양성을 설명하고 이해하는 데 도움은 된다. 하지만 사랑은 마법 같아서 직접 체험하지 않고서는 그 일부도 이해하기 어렵다.

예를 들어 한 대학생이 인체를 이해하기 위해 해부학책을 열심히 읽고 공부했다고 하자. 그렇다 해도 실제로 시신을 해부해 본 의대생과는 이해 수준이나 지식 활용도가 다를 것이다. 아무리 사랑의 이론을 공부해도, 실제로 사랑에 빠져 가슴 뛰는 설렘, 애틋한 그리움, 혹은 이별의 아픔을 느껴보지 않고서는 사랑의 진정한 의미를 안다고 할 수 없다. 그래서 '사랑은 머리로 하는 게 아니라 가슴으로 하는 거'라 했나보다.

사랑은 감정·정서·심리적 상태·행동의 복합적인 현상으로, 개인별 혹은 관계별로 각각의 고유한 형태를 나타낸다. 사랑을 이해하려면 다양한 경험이 필요하다. 가족, 친구, 연인, 동료 등과 다양한 관계를 맺으면서 사랑의 의미를 체득할 수 있다.

사랑, 그것은 변화무쌍한 카멜레온 사랑은 상황이나 사람, 시간에 따라 그 모습을 달리한다. 어린 시절에는 부모의 사랑이 따뜻한 울타리가 되고, 성장기에는 친구와의 우정이 삶의 활력소가 된다. 첫사랑의 풋풋함은 시간이 지나면서 성숙한 사랑을 키울 수 있는 자양분이 된다. 시간이 지남에 따라 서로 다른 상황과 인간관계를 경험하기 때문에 사랑의 모습도 변화하기 마련이다. 이러한 다양성과 동적인 특성은 사랑이 단순한 정의나 이론으로 한정 지어 설명하기 어려움을 나타낸다.

사랑, 그것은 끊임없는 배움의 여정 사랑은 마치 끝없이 펼쳐진 미지의 세계와 같다. 그러니 두려워하지 말고 사랑에 뛰어들어 보자. 때로는 상처받고 아파할 수도 있다. 하지만 그 과정에서 진정한 사랑의 의미를 발견하고 더욱 성숙한 사람으로 성장할 수 있다. 사랑을 이해하는 데에 개인적인 경험과 탐구, 타인과의 소통, 상호작용 등이 필요하다. 그 결과로 얻은 경험과 지식은 사랑을 더 깊이 이해할 수 있게 도와준다.

사랑을 머리가 아닌 뜨거운 가슴으로 하자. 그런 사랑을 실천할 때, 세상을 더 따뜻하게 만들어 나갈 수 있다.

- 대인관계에서 사랑을 실천하기 위해 어떤 노력을 할 수 있을까?
- 사랑의 다양한 형태와 변화무쌍한 모습을 이해하기 위해 어떤 경험을 쌓고, 어떤 사람들과 교류하며 배워야 할까?
- 사랑의 상처와 아픔을 어떻게 극복하고 사랑의 가치를 지켜나갈 수 있을까?

Q56 ──── 사랑에 깊이 빠지면 어떤 변화가 나타날까?

'지행일치(知行一致)'라는 사자성어가 있다. 아는 것과 행하는 것이 같아야 한다. 즉 말만 앞세우지 않고 아는 만큼 실천해야 한다는 뜻이다. 사랑도 마찬가지다. 안다고만 하지 말고, 직접 해봐야 사랑의 '실체'를 알게 된다.

심장이 쿵쾅거리고, 세상이 온통 핑크빛으로 물드는 그 황홀한 경험을 해 본 적이 있는가. 사랑은 우리의 생각과 행동을 송두리째 바꿔놓는 힘을 지녔다. 사랑에 깊이 빠지면 평소와 다른 행동을 하게 된다. 생각의 관점, 상대방을 대하는 태도나 행동, 나의 관심사가 달라진다.

갑자기 슈퍼 영웅이 된 기분이랄까? 사랑하는 사람을 위해서라면 뭐든지 할 수 있을 것 같은 용기가 솟아난다. 평소에 귀찮아하거나 등한시하던 책도 보게 되고, 사랑하는 사람을 위해서라면 밤샘 공부도 불사한다. 또, 사랑에 빠지면 세상이 갑자기 아름다워 보인다. 벚꽃이 더 화사하게, 빗소리는 더 감미롭게 들린다. 심지어 해부학 실습실의 포르말린 냄새도 향기롭게 느껴질지 모른다.

자신도 몰랐던 자기 모습을 발견할 수도 있다. 사랑하는 사람을 위해 요리를 배우고, 악기를 연주하며, 새로운 취미에 도전한다. 평소에는 몰랐던 자신의 숨겨진 재능도 발견하게 된다. 사랑은 우리를 더 나은 사람으로 성장시키는 원동력이 된다.

사랑이 행동을 통해 더 이해되고 체험된다는 주장은 심리학과 철학에서 지지하고 있다. 사랑이 개인의 생각이나 감정, 행동에 어떤 영향을 미치는지를 알아보자.

●○ 생각의 관점 변화, 그것은 나를 성장시키는 힘

사랑은 단순한 감정을 넘어 삶을 변화시키는 강력한 힘을 지녔다. 사랑하는 사람을 통해 세상을 새롭게 바라보고, 자신을 더욱 발전시키며, 삶의 의미를 찾아가게 된다.

자기 개념의 확장 사랑은 자기 개념을 넓혀 자기와 대상 간의 경계를 무너뜨리기도 한다. 자신의 가치와 목표, 욕망이 상대방과 연결되면서 더 큰 의미를 갖게 된다.

타인의 관점 이해 사랑에 빠지면 상대방의 감정과 생각, 욕망을 더 깊이 이해하고 싶어진다. 그래서 상대방의 시각으로 세상을 보려는 노력도 한다.

●○ 상대방을 대하는 행동의 변화, 그것은 삶의 강력한 무기

사랑하는 마음은 상대방을 대하는 태도에 변화를 일으킨다. 그러면 관계가 달라지고 자기 자신은 물론 상대방을 변화시키는 힘도 발휘할 수 있다. 의사라면 사랑하는 마음으로 환자의 아픔에 공감하고, 그들의 마음을 헤아리려고 애쓴다. 그것이 어떤 약보다도 강력한 치유 효과를 발휘할 수 있기 때문이다.

섬세한 배려와 관심 사랑하면 대상에 대해 관심을 갖고 더 섬세하게 배려하게 된다. 상대방의 취향, 필요, 욕망에 민감하게 반응하며 그에 맞춰 행동하게 된다.

희생과 헌신 사랑은 종종 희생과 헌신을 동반한다. 자신의 이익보다 상대방의 행복과 안녕을 중시하며, 서로를 위해 신중하게 행동한다.

●○ 자기 관심사의 변화, 그것은 자기 성장의 계기

우선순위 재조정 사랑하게 되면 자기중심의 우선순위와 가치관에 변화가 일어난다. 상대방과의 관계를 위해 자신의 가치와 목표를 재평가하는 경우가 많다.

자기 개선의 동기부여 사랑은 종종 자기 자신을 더 나은 사람으로 만드는 원동력이 된다. 상대방에게 더 나은 자기 모습을 보여주려는 욕망이 자아 개선의 동기부여가 되어 자기 성장을 이끌어준다.

●○ 감정적 변화, 그것은 긍정의 힘

애정과 안정감: 사랑을 하면 안정감과 안락함을 얻기도 하지만, 그리움이 동반된 애정을 강력하게 느낄 수 있다. 이러한 감정을 긍정의 힘으로 이용하면, 상대방에 대한 감사와 안정감을 얻어 행복한 삶을 만들 수 있다.

> 사랑에 빠지자. 그로 인한 변화를 긍정의 힘으로 이용하자. 그러면 더 성장하고 행복해질 수 있다.

- 대인관계에서 상대방을 사랑하는 마음을 어떻게 표현하면 좋을까?
- 사랑은 희생과 헌신을 요구한다. 이런 어려움을 어떻게 극복할까?
- 대인관계와 봉사활동에서 사랑을 실천하며 나를 어떻게 성장시킬 수 있을까?

Q57 　　　　　　　　　　사랑은 왜 지속하기 어려울까?

체코 프라하의 카를교와 남산타워 난간의 공통점은? 바로 다리와 난간에 수없이 걸려있는 열쇠다. 일명 '사랑의 자물쇠'. 연인들이 영원한 사랑을 약속하며 걸어놓은 것들이다. 빛바랜 것부터 윤택이 나는 것까지 시간의 차이를 보이지만, 그 사랑만은 견고해 보인다.

이렇게 자물쇠를 걸면서 약속한 사랑이 정작 지속되기 어렵다고들 한다. 다리 아래 혹은 산 밑으로 던져버린 열쇠처럼 사랑도 얼마든지 버릴 수 있다는 말인가? 실제로 사랑을 해본 사람들이 그런 말을 한다니, 그 이유가 자못 궁금하다. 그 이유를 설명하는 견해들을 살펴보자.

●○ 뇌 활동과 화학적 변화

사랑은 뇌의 활동과 화학적인 변화에 큰 영향을 미친다. 사랑 초기에는 호르몬의 분비가 활성화되어 '사랑의 화학'이 강력해진다. 그러나 시간이 지날수록 이 화학적 변화가 감소할 수 있다. 초기의 강렬한 사랑 감정이 사라질 무렵, 사랑을 방해하는 일상적인 도전과 고난이 등장하게 된다.

●○ 상호이해의 중요성

심리학적으로 보면, '로맨틱한 사랑'과 동반자 간의 '친밀한 연결성'이 중요하다. 그런데 로맨틱한 사랑의 감정이 시간이 지날수록 변하거나 사라질 수 있다. 이때 상호이해가 더 중요해진다. 또, 각자의 상황이나 인간관계가 변수가 되어 갈등을 일으킬 수 있다. 따라서 갈등에 대처하는 효과적인 방법을 배우고 적용하는 것이 중요하다. 갈등이 지속되면 불만이 쌓이고, 이 불만이 사랑을 지속하는 데 장애가 될 수 있다.

●○ 사랑의 본질과 자기 계발의 관련성

철학에서는 사랑의 본질을 이해하지 못하면 이를 지속하기 어렵다고 본다. 어떠한 상황에서도 변치 않는 사랑은 불가능하다. 서로에게 관련된 일상적인 도전이나 변화를 명확히 인식하거나 이해하지 못하면 사랑을 무기력하게 느낄 수 있다. 일부 철학자들은 이러한 도전과 변화를 지속하며 자기 계발과 성장을 추구할 때 더 깊은 사랑을 할 수 있다고 주장한다. 즉, 자기 자신을 이해하고 발전시킬 때 동반자와의 관계도 깊어질 수 있다.

●○ 종교적 사랑의 실천

기독교와 불교는 용서와 자비를 실천하라고 강조한다. 그럴 때 사랑 관계에서 일어나는 갈등을 해소하고 지속적인 사랑을 유지할 수 있다는 것이다. 그리고 봉사와 관용을 통해 사랑을 실천하기를 권장한다. 그 과정에서 상대방을 배려하고 협력하게 되므로 사랑도 유지할 수 있게 된다.

●○ 사랑을 지속하는 비결

사랑을 지속하기 위해서는 서로에 대한 믿음과 이해, 그리고 끊임없는 노력이 필요하다.

솔직하게 대화하자 어려움이 있다면 솔직하게 이야기하고, 함께 해결책을 찾아나가는 것이 중요하다.

작은 것에 감사하자 함께 밥을 먹거나 잠깐 산책하는 등의 소소한 경험을 나누며 서로에게 감사하는 마음을 표현해 보자.

서로를 존중하고 배려하자 상대방의 꿈과 목표를 존중하고, 서로의 시간을 배려하도록 노력하자. 그러면서 서로에게 힘이 되어주자.

서로에게 힘이 되어주자. 자기 성장을 서로 응원하며 진심을 나눌 때 사랑도 지속할 수 있다.

- 자기 일과 사랑을 병행하며 균형을 유지하기 위해 어떤 노력을 해야 할까? 시간 관리, 우선순위 설정, 그리고 서로에 대한 이해와 배려는 어떻게 실천해야 할까?
- 사랑하는 사람과 갈등하게 된다면 어떻게 해결할 수 있을까?
- 서로 감정을 솔직하게 표현하고, 상대방을 생각하며, 함께 해결책을 찾아가는 과정을 어떻게 이룰 수 있을까?

Q58 — 사랑의 정점에서 왜 사랑을 제대로 보지 못할까?

짝사랑하던 사람과 썸을 타거나, 알콩달콩 연애하게 되면 우리는 사랑에 대한 환상과 기대감에 부풀어 오른다. 그러나 시간이 지날수록 현실적인 문제와 부딪힌다. 그럴 때마다 '이게 정말 사랑일까?'라는 의문이 들기 시작한다. '나만 좋아하는 건 아닐까?'하는 불안감에 사로잡혀 상대방의 마음을 확신하지 못한 채 혼자 애를 태운다.

이처럼 사랑은 우리에게 기쁨과 설렘을 주지만, 동시에 불안과 걱정도 안겨준다. 특히 사랑이 가장 뜨거울 때, 사랑의 본질은 잊고 불안감에 휩싸이기 쉽다. 마치 너무 밝은 빛 때문에 눈이 부셔서 앞이 잘 보이지 않는 것처럼.

사람들은 사랑을 하기 위해 늘 사랑에 대해 많은 생각들을 한다. 즉, 사랑을 '인식'하며 산다고 봐도 무방하다. 그런데 왜 사랑의 정점에서 사랑이 보이지 않고, 사랑을 하지 않을 때 더 사랑을 의식하고 바라게 되는 것일까? 이러한 현상을 설명해 주는 몇 가지 견해를 살펴보자.

●○ 인지 부조화 이론

이 이론에 따르면, 사람들은 내적인 생각과 행동 간의 부조화를 해소하기 위해 노력한다. 사랑이 절정에 이르면 연인들은 이상적인 이미지와 실제 경험 간에서 부조화를 느낀다. 이를 해소하기 위해서는 서로가 인식하는 사랑을 이해하려고 노력해야 한다.

●○ 사랑은 미지의 영역

몇몇 철학자들은 사랑이 미지의 영역에 속해있다고 주장한다. 사랑을 객관화하기 어렵기 때문에 그 본질을 정확하게 규정할 수도 없다는 것이다. 그래서 사랑의 정점에서 사랑을 볼 수 없기 때문에, 그 본질을 간접적으로 탐구하는 수밖에 없다.

●○ 상호 작용에 의한 사랑 인식

사회적 기대와 규범 사회적으로 사랑이 강조되고, 사랑을 향한 기대감과 관련 규범도 존재한다. 이에 따라 사랑을 예상하거나 주변에서 어떻게 이해하고 평가하는지를 생각하게 되었다. 이는 인간의 의식을 형성하는 요인 중의 하나다.

자기 인식과 타인과의 상호작용 사랑은 자기 인식과 밀접하게 연결되어 있다. 다른 사람과의 관계에서 자기를 발견하고, 상호작용을 통해 자기 개념을 형성한다. 이 과정에서 개개인이 사랑을 의식적으로 탐구하게 된다.

사랑 인식의 지속성 사랑이 보이지 않는 것은 본질적으로 이해하기 어렵고, 추상적인 무형태의 성격을 지녔기 때문이다. 감정, 정서, 행동, 생각 등이 복합적으로 얽혀 있는 복잡한 현상이지만, 그 실체를 눈으로 보기 어렵다. 그래서 사람들은 사랑에 대해 끊임없이 생각하고 이를 인식하며 살아갈 수밖에 없다.

사랑을 통해 끊임없이 배우고 성장하자. 사랑하기 힘들 때는 잠시 멈춰 서서 사랑의 본질에 대해 생각해 보는 시간을 가져보자.

- 사랑의 정점에서 사랑이 보이지 않는다는 것은 어떤 의미일까?
- 사랑에 대한 불안감과 걱정이 사랑의 본질을 가리는 이유는 무엇일까?
- 사랑하는 사람과 함께한 경험과 성찰은 대인관계에 어떤 영향을 미칠까?

Q59   사랑은 내면을 보는 데서 시작할까?

『변신 이야기』 속 '피그말리온'처럼 자기가 원하는 형상대로 사랑하는 사람을 만들 수 있다면 얼마나 좋을까? 그래서 첫눈에 반할 만한 상대를 찾기도 한다. 물론 잘생기거나 예쁜 외모에 마음이 끌리는 것은 당연하다. 처음에는 겉으로 드러난 형상을 보고 사랑하지만, 사랑 속에 깊이 빠져들수록 그 실체를 대할 수밖에 없다. 진정한 사랑이란 상대방의 외모 너머에 있는 내면을 깊이 이해하고 공감하는 것이다. 마치 엑스레이(X-ray)로 사람의 뼛속까지 들여다보고 건강 상태를 확인하는 것처럼.

   그렇다면 진정한 사랑을 하려면 내면의 시각으로 사람을 바라봐야만 하는 것일까? 이러한 의미는 동양적 사고의 전통에서 찾아볼 수 있다. 이에 따르면 형상 너머에 있는 실체나 현실을 파악해야만 그 대상이나 존재를 더 깊이 이해하고 내적 평화를 이룰 수 있다는 것이다. 그 의미를 더 자세히 알아보자.

형상에서 내면으로 변화   처음에는 외모, 스타일, 매력적인 미소에 반할지도 모른다. 하지만 사랑이 깊어질수록 상대방의 내면, 즉 가치관, 성격, 꿈, 아픔 등에 관심을 둔다. 상대방의 내면을 들여다보고 이해하려는 노력이 진정한 사랑의 시작이다.

내면의 시각으로 만나는 심연   점차 외적인 조건을 넘어 서로의 영혼을 만나게 된다. 일과를 마친 뒤 지친 마음을 위로해 주는 따뜻한 말 한마디, 미래에 대한 불안감을 함께 나누는 진술한 대화 등. 이런 순간들이 쌓여 서로의 영혼을 연결하고, 진정한 사랑을 이루게 이끈다.

내면의 성장과 평화로운 상태 사랑을 통해서 연인들은 자기 성장과 발전을 꾀할 수 있다. 사랑이 깊어질수록 상호이해도가 깊어진다면, 서로를 지지하면서 내면의 강화와 성장을 이룰 수 있다. 이러한 내면적인 연결이 사랑의 실체를 이해하고, 내적인 만족과 평화로운 상태를 이루도록 돕는다.

서로 내면을 들여다보자. 외모나 행동만이 아니라 서로의 실체에 주목하면서 내면의 성장과 평화를 지지해 주자.

- 외적인 조건을 넘어 서로의 내면을 깊이 공감하려면 어떻게 해야 할까?
- 대인관계에서 상대방의 내면을 이해하고 공감하는 것이 왜 중요할까?
- 사랑하는 사람과의 감정 경험은 사회생활에 어떤 영향을 미칠까?

Q60 ──── 왜 사랑에 빠지게 되면 어린아이가 될까?

"사랑에 빠지면 어린아이가 된다." 라고 말한다. 사랑을 할 때 나타나는 감정을 비유적으로 표현한 말이다. 사랑에 빠지면 뇌에서 도파민, 옥시토신 같은 행복 호르몬이 분비되어 마치 어린이처럼 순수하고 긍정적인 감정을 느끼게 된다는 과학적 설명이 있다. 또, 사랑하는 사람과 함께 있으면 어린 시절 부모의 사랑을 받은 것처럼 편안함을 느껴 어린아이처럼 행동하게 된다는 심리학적 설명도 있다. 이러한 변화에 관해 좀 더 살펴보자.

어린이의 마음   어린이처럼 순수하고 호기심 가득한 마음은 어른이 되어서도 필요한 자질이다. 예를 들어 의사의 경우, 환자를 어린아이처럼 따뜻하게 보살피고, 질병에 대한 호기심을 잃지 않고 연구하는 자세는 훌륭한 의사가 되기 위한 필수 조건이다.

뇌 활동과 화학적 변화   사랑은 뇌의 활동과 호르몬 수준에 영향을 미친다. 사랑에 빠지면 도파민과 옥시토신 같은 신경전달물질의 분비가 증가할 수 있다. 도파민은 행복한 감정을, 옥시토신은 사랑과 신뢰라는 감정을 불러일으킨다. 그래서 어린아이처럼 순수하고 솔직한 감정 표현은 물론 유대감 형성도 할 수 있다.

순수성과 존재에 대한 경이   철학에서는 어린아이가 가지는 순수성, 경이, 그리고 세상에 대한 놀라움과 같은 감정을 사랑이 극대화시킨다고 주장한다. 사랑은 복잡한 사회적 기대와 규범을 넘어서 순수한 존재로 회귀시키는 역할을 할 수 있다.

무의식과 기억의 연관   어린아이와 같은 감정은 종종 무의식적인 수준에서 기억과 관련되어 있다. 사랑의 경험은 과거에 대한 기억과 연결되어 어린 시절의 순수하고 감정적인 경험을 상기시키기도 한다.

순수성과 영적 경험   일부 종교는 순수한 마음과 사랑에 중점을 둔다. 사랑은 종교에서 영적인 경험의 일부로 여겨진다. 이는 어린아이처럼 순수하고 순전한 마음으로 세상을 바라보는 것과도 연결된다.

자아 재생과 심리적 회귀   사랑에 빠질 때, 어린아이처럼 순수하고 무던한 감정을 경험함으로써 자아를 재생하고 심리적으로 회귀하는 경향이 있다. 이는 일시적으로 과거의 순수한 상태로 돌아가는 것과 관련이 있어 보인다.

의학적, 철학적, 심리학적, 종교적인 측면을 함께 고려할 때 사랑이 어린아이와 같은 순수하고 감정적인 측면을 부각시키는 경험임을 이해할 수 있다.

- 사랑에 빠졌을 때, 내가 어린아이처럼 느껴졌던 순간은 언제였는가?
- 사랑은 나에게 어떤 감정적 변화를 가져왔는가?
- 순수한 마음이 인간관계에 어떤 영향을 줄 수 있을까?

Q61 ─── 사랑의 신비를 어떻게 설명할 수 있을까?

사람은 오직 사랑할 때만 진정으로 타인의 존재에 닿을 수 있다고 한다. 사랑을 통해 서로 하나가 되고, '존재의 심연'을 마주하게 된다. 세상 모든 것이 신비지만, 사랑은 그 신비의 가장 깊은 본질처럼 느껴진다.

그리스 선각자들은 사랑과 신비에 대한 고찰을 수행하면서 다양한 이론과 견해를 제시했다. 그 중 대표적인 그리스 선각자들의 주요 이론과 견해를 잠시 살펴보자.

플라톤, 이상형의 사랑   플라톤(Plato)은 '이상형의 사랑(Platonic Love)'이라고 불리는 개념을 제시했다. 이는 신체적인 아름다움이 아닌, 영적이고 이상적인 아름다움을 추구하는 사랑으로 해석된다. 플라톤은 '마이아'와 '에로스'라는 두 종류의 사랑에 대해 논의했는데, 이상적인 형태의 사랑은 에로스의 높아진 형태로 볼 수 있다.

아리스토텔레스, 우정과 사랑의 유형   아리스토텔레스(Aristotle)는 사랑을 다양한 유형으로 나누었다. 그 중에서도 가장 유명한 것은 '합리적인 우정' 이라고 할 수 있는 '합리적인 사랑'이다. 서로의 미덕과 선량함을 중요시하며, 서로의 성장과 행복을 증진시키는 사랑을 의미한다.

에로스, 사랑의 신비와 열정   에로스(Eros)는 그리스 신화에서 사랑과 열정의 신으로 등장한다. 그는 깊은 열망과 존재의 근원을 향한 연결을 상징하며, 그 의미 속에서 사랑의 신비로움이 더욱 도드라진다.

하디스, 즉흥적인 즐거움과 사랑　하디스(Hedys)는 즉흥적이고 즐거운 사랑에 주목했다. 즐거움과 기쁨을 추구하며, 즉각적인 쾌락을 중요시하는 측면을 강조했다. 그러나 이러한 즐거움은 일시적이기에 정신적인 성장과 연결하기 어려울 수 있다.

스토아주의자, 애정의 제어와 평정함　스토아주의자(Stoics)들은 애정과 감정을 제어하고 평정함을 추구하는 방향으로 신비한 측면을 다뤘다. 이들은 감정을 통제하고 이성적인 행동을 통해 더 깊은 내면의 평화와 현명함을 찾아가는 것이 중요하다고 봤다.

이러한 그리스 선각자들의 이론들은 사랑의 다양한 측면을 다루면서도, 그들 각자의 문맥과 목적에 따라 다르게 해석할 수 있다. 종교적이든 철학적이든, 그리스 선각자들은 사랑에 대한 심오한 이해를 통해 인간의 내면과 연결, 성장, 행복에 대한 사유를 제시했다.

사랑하자. 그렇게 그 신비를 체험한다면 사람을 더 잘 이해하고 사랑할 수 있다

- 사랑의 신비는 무엇일까?
- 사랑은 왜 우리에게 기쁨과 슬픔, 행복과 고통을 동시에 안겨주는 걸까?
- 나이팅게일과 슈바이처처럼 숭고한 사랑을 실천하는 삶은 어떤 의미일까?

Q62 – '사랑은 스스로 존재하는 것'이라고 하는 이유는?

'사랑하면 바보가 된다.' 라는 말이 있다. 실제로 사랑만큼 어리석은 행동도 없다. 이해하기 어렵고 설명하기도 힘들어, 미친 것같이 보일 때도 있다. 그런데도 바보같고 미친 것 같은 사랑이 우리 삶을 더욱 풍요롭고 의미 있게 만들어준다니…….
사랑은 어떤 이유나 목적도 갖지 않는다. 그냥 스스로 존재할 뿐이다. 그러한 사랑이 어떻게 존재하게 된 것일까?

●○ 정신적인 무엇인가를 찾는 욕망

몇몇 철학자나 신비주의자는 정신적 이해나 깨달음을 얻기 위해 사랑이나 연애를 강조한다. 사랑을 통해 더 큰 의미나 존재 이면에 접근하려는 욕망을 표현할 수 있다는 것이다.

사랑, 그것은 이성을 뛰어넘는 힘 사랑은 이성적인 판단으로 해석이 안 되는 부분이 많다. 그만큼 강력한 힘을 지녔다.

자기도 모르게 끌리고 사랑에 빠지면 상대방의 외모나 성격, 능력을 따지기보다 그냥 끌리게 된다. 강력한 자석에 이끌리듯, 자기도 모르게 사랑에 빠져든다.

모든 것을 희생할 수 있다 사랑하는 사람을 위해서라면 무엇이든 할 수 있을 것 같은 용기가 생긴다. 마치 슈퍼 영웅이 된 듯이 밤샘 공부도 힘든 노동도, 사랑을 위해서라면 기꺼이 감수할 수 있다.

세상이 아름다워 보인다 사랑하면 세상 모든 것이 아름답게만 보인다. 회색빛 세상조차 컬러 필터를 씌운 것처럼. 평범한 일상도 특별한 의미로 다가온다.

●○ 자아 완성과 삶의 원동력

철학자들은 사랑이 자아 완성과 깨달음을 찾는 과정이라고 설명한다. 사랑하는 사람과 함께하며 자기를 이해하고 성장시킬 수 있다는 것이다. 한편, 심리학자들은 사랑이 인간의 가장 기본적인 욕구이며, 이를 통해 행복과 편안함을 느낀다고 설명한다. 그뿐만 아니라 사랑은 우리에게 삶의 원동력을 제공한다. 사랑하는 사람을 위해 더 나은 사람이 되고 싶다. 또, 사랑하는 사람과 함께 행복한 미래를 꿈꾸게 된다. 사랑은 이렇게 우리를 더욱 발전시키고 성장시키는 힘이 된다.

●○ 감정적인 이기주의

사랑이 감정적 이기주의를 낳는다는 주장이 있다. 자기만족만을 추구하는 사랑은 그럴 수 있다. 사랑을 자신의 감정을 정당화하는 수단으로 사용하면, 관계의 균형이 무너질 수 있다. 진정한 사랑은 상대방을 이해하고 배려하는 마음에서 시작된다.

●○ 인간관계와 사회적 기능

사랑은 인간관계와 사회적 상호작용에 중요한 기능을 한다. 따라서 상호 의존적인 관계를 이루며 사회적 안정과 풍요로운 커뮤니티를 형성하는 데 도움이 될 수 있다.

●○ 본능적 욕구

일부 생물학적 관점에서는 사랑이 생존과 번식을 위한 본능적인 욕구의 결과물로 등장했다고 주장한다. 이에 따르면 사랑은 종의 생존과 번식에 필수적인 역할을 한다.

바보가 되어도 좋다. 사랑의 힘을 믿자. 그 힘으로 세상을 더욱 따뜻하게 만들 수 있으니까.

- 사랑이 왜 비이성적이고 미친 짓처럼 느껴질까?
- 우리는 왜 사랑에 빠지면 이성적인 판단보다 감정에 휩쓸리게 될까?
- 사랑은 왜 우리에게 삶의 원동력을 제공할까?

Q63   '사랑은 우주로 들어가는 문'일까?

사랑에 푹 빠지면 우주를 여행하는 듯한 신비함을 느낄 때가 있다. 사랑하는 사람과 함께 있는 이 순간, 이 공간이 온통 둘만의 작은 우주로 느껴진다. 욕망이 없어지고, 사랑하는 사람을 위해 뭐든 할 수 있을 것만 같다. 사랑하는 사람의 취향에 맞춰 새로운 음식을 맛보고, 함께 새로운 곳을 여행하며, 서로의 꿈과 미래를 함께 그려 나가는 과정이 우주를 탐험하는 기분을 느끼게 한다.

이처럼 사랑을 통해 둘만의 우주로 들어가게 된다. 그래서 '사랑은 우주로 들어가는 문'이라고 하는 것일까? 이 표현은 철학적·심리학적 견해에서 찾은 것이다. 그 의미를 좀 더 알아보자.

사랑과 욕망의 관계   일부 철학적 전통에서는 욕망이 사랑을 방해하는 걸림돌이라고 여긴다. 그러나 사랑을 통해서 욕망을 조절하고 순화할 수 있다. 즉, 사랑에 빠지면 물질적인 욕망이 감소하는 대신 상대방을 향한 관심이 높아진다.

헌신과 사랑의 결합   사랑은 헌신과 연관될 때가 있다. 사랑하는 사람을 위해 행동하게 되면 자아 중심적인 욕망이 줄어들어, 상대방의 행복과 이익을 위해 헌신할 수 있다.

우주로 들어가는 문   이 표현은 신비주의적인 관점에서 나온 것으로 보인다. 우주로 들어가는 문은 일종의 정신적 혹은 영적 전이를 나타낸다.

사랑을 통해 얻은 깊은 이해와 평화 혹은 영적 성장이 우주적인 의미를 지닌다는 것이다. 사랑이라는 체험이 신비주의적인 체험으로 해석될 때, 우주적 존재나 의식과 연결될 수 있다. 종교나 철학에 따라 인간은 자신의 존재를 초월하여 더 큰 의미의 세상인 우주와 연결되고 싶은 욕구를 가질 수 있다.

사랑을 통해 사랑하는 사람과 둘만의 우주를 만들어 보자. 서로의 꿈과 미래를 그리면서 더 큰 사랑도 만들 수 있다.

- 사랑하는 사람과 함께 성장하는 일은 왜 우주를 탐험하는 것과 닮았을까?
- 사랑하는 사람과 함께 밤하늘을 바라보는 순간이 왜 특별하게 느껴질까?
- 사랑하는 사람과 함께 자연을 마주할 때, 어떤 삶의 의미를 깨닫게 될까?

Q64 사랑은 소유하면 사라질까?

사랑하는 사람과 24시간 꼭 붙어 다니고 싶은 마음이 들 때가 있다. 사랑하는 마음도 중요하지만, 지나친 집착은 오히려 사랑을 망칠 수 있다. 싱싱한 과일을 좋아한다고 손에 쥐고 다니면 짓물러 맛볼 수 없게 되듯이.

사랑을 소유하거나 통제하는 순간, 그 사랑은 사라지거나 변질될 수 있다. 왜 그럴까? 관계의 행동적 변화나 감정적인 상태에 영향을 미치는 요인이 무엇인지 알아보자.

자유와 독립성의 손실 사랑이 집착이 되면 상대방은 올가미에 갇힌 새가 되어 버린다. 물론, 사랑에 빠지면 상대방에게 온전히 집중하고 싶은 마음이 든다. 그러나 그 마음이 지나치면 집착과 구속으로 변질될 수 있다. 그럴 때 사랑이 서서히 식어간다. 사랑은 서로의 자유와 독립성을 존중하고 지지하는 데에 있다고 말한다. 하지만 소유욕이 강해지거나 통제가 심해지면, 상대방은 자유로운 존재로서 지닌 공간과 독립성을 잃을 수 있다. 이 때문에 상호 존중과 자유로운 발전이 제한되어 사랑의 진정성이 손상될 수 있다.

불안과 불신의 증가 "어디야? 누구랑 있어? 뭐 해?" 이렇게 끊임없이 연락하고 위치를 확인하는 것은 상대방을 믿지 못한다는 표현이다. 마치 해부학 실습이나 인체 데생 시간에 조교가 우리 손을 꽁꽁 묶어놓고 해부나 스케치를 하라고 하는 것과 같다. 상대방의 자유를 억압하는 행동은 사랑을 질식시킨다. 또, 상대방을 소유하려는 욕구에는 불안과 불신이 뒤따른다. 상대방에 대한 지나친 통제나 소유욕은 상호 신뢰를 훼손하고 갈등을 일으킬 수 있다.

자아 정체성의 위협 상대방을 소유하려는 욕구는 자아 정체성까지 불안하게 만든다. 자신이나 상대방이 각자의 독립된 정체성을 유지할 수 없게 되면, 각자의 개별성이 훼손되고 둘 사이의 독립성이 축소될 수 있다.

사랑의 본질과 충돌 친구들과의 만남, 동아리 활동, 심지어 가족과의 시간까지 간섭하는 것은 상대방의 삶을 존중하지 않는 행동이다. 상대방의 선택을 제한하는 것은 사랑이 아니다. 사랑은 서로를 이해하고 받아들이는 과정이다. 소유욕이나 통제는 상대방을 이해하고 받아들이기 어렵게 만든다. 또, 감정적인 연결과 깊은 이해가 부족하다는 것을 의미한다.

관계의 부담과 압박 상대방을 의존하게 만들고, 자기 없이는 아무것도 할 수 없게 만드는 것은 건강한 사랑이 아니다. 상대방을 불안하게 만드는 것은 사랑을 망치는 지름길이다. 상대방을 소유하려는 노력은 둘의 관계에 부담감만 줄 수 있다. 서로에게 약속과 책임을 너무 강조하면, 관계를 더 무겁게 만들 수 있다. 따라서 사랑의 자연스러운 흐름을 방해하거나 변질시킬 수 있다. 건강하고 지속 가능한 관계를 유지하려면 상대방의 독립성과 자유, 그리고 서로의 공간을 존중하는 것이 중요하다.

사랑한다면 존중하자 진정한 사랑은 상대방을 소유하는 것이 아니라,

존중하고 자유롭게 날아오르도록 격려하고 지지하는 것이다.
- 믿음 : 사랑하는 사람을 믿고 존중하는 마음은 건강한 사랑의 밑거름이 된다.
- 존중 : 상대방의 개성과 자유를 존중하고, 서로의 삶을 응원하는 것이 중요하다.
- 배려 : 상대방의 감정을 헤아리고, 서로의 시간을 존중하면서 힘이 되어주자.

사랑한다면 날개를 달아주자. 진정한 사랑은 함께 성장하고 발전하는 날개가 되어주는 것이다.

- 사랑하는 사람에 대한 집착과 구속은 왜 사랑을 망치는 것일까?
- 건강한 사랑을 위해서는 어떤 마음가짐이 필요할까?
- 서로의 자유와 독립성을 존중하면서도 사랑을 지속하는 방법은 무엇일까?

Q65   사랑과 선물의 공통점은 무엇일까?

사랑하는 사람에게 선물을 받으면 하늘을 날 듯 행복하다. 한편, 내가 준비한 선물을 받고 친구가 기뻐하는 모습을 보면 행복하다. 사실 사랑과 선물은 공통점이 꽤 많다. 둘 다에는 상대방을 생각하는 마음이 담겨 있고, 기쁨과 행복을 전달하는 힘이 있다. 따라서 사랑 관계를 유지하려면 사랑과 선물을 주고 시간을 투자하는 것이 매우 중요하다. 사랑이 담긴 선물은 상대방에게 큰 기쁨과 만족을 줄 수 있다. 이런 노력이 더 나은 관계와 결속을 형성해 준다. 이쯤해서 사랑과 선물의 공통점 네 가지를 살펴보자.

받기보다 줄 때 더 행복하다   선물을 받는 것도 좋지만 줄 때 더 행복하다. 받아본 경험이 있으면 더 그렇다. 상대방이 어떤 선물을 좋아할지 생각하며 선물을 고를 때, 그리고 상대방이 선물을 받고 기뻐할 때 주는 사람이 더 행복하다. 윈스턴 처칠은 말했다. "우리는 가진 것을 통해서 인생을 살아가고, 주는 것을 통해서 인생의 의미를 알게 된다."라고. 사랑과 선물도 마찬가지다. 우리는 가족이나 친구, 연인 간에 사랑과 지지를 표현하기 위해 선물을 준비하여 전한다. 그런 행동이 소중한 추억이 되어 삶의 의미로 남는다.

주려면 노력이 필요하다   사랑과 선물을 주는 데에는 무엇보다도 자기 자신을 솔직하게 드러내고 대상을 잘 이해하는 능력이 필요하다. 그래야 받는 쪽의 기대와 선호를 고려하여 선물을 선택하고 사랑을 적절히 표현할 수 있다. 사랑하는 마음을 표현하는 것, 그리고 상대방에게 딱 맞는 선물을 고르는 것은 사실 쉽지 않다. 하지만 노력한 만큼 사랑과 선물은 더욱 값지고 소중한 것이 될 수 있다.

나눌수록 더 풍요롭다　사랑과 선물은 주고받는 행위다. 그러니 더 많이 줄수록 그에 상응하는 만족과 행복이 돌아올 가능성이 높다. 사랑하는 사람에게 마음을 담아 선물을 주고, 그 사람의 행복한 모습을 보면서 행복해질 수 있다. 사랑과 선물은 긍정적 피드백을 통해 서로 존중하고 배려하는 관계를 더 돈독하게 만든다.

시간을 투자하면 더 특별해진다　가족, 친구, 연인 간에 함께 보내는 시간은 더할 수 없이 소중하다. 맛있는 음식을 먹으며 대화를 나누고, 영화를 보거나 여행을 가는 시간을 자주 혹은 오래 가질수록 서로 더 깊이 이해하고 결속을 다질 수 있다. 그러면 서로에게 관심과 애정을 분명히 전할 수 있다. 이는 상호 존중과 이해를 촉진하며, 건강하고 풍요로운 관계를 유지하는 데 도움이 된다.

사랑과 선물, 그리고 시간을 많이 주고받자. 그럴수록 건강하고 풍요로운 관계를 만들며 행복할 수 있다.

- 가장 기억에 남는 선물은 무엇인가? 왜 그 선물이 특별한가?
- 사랑하는 사람에게 어떤 선물을 해주고 싶은가?
- 시간을 선물한다는 것은 어떤 의미일까?

Q66 종교는 어떻게 발생했을까?

인간은 아득한 옛날부터 자연과 함께 혹은 맞서며 살아왔다. 그 과정에서 생노병사를 겪으며 인간과 세상에 대한 궁금증을 풀어보고자 했다. 또, 죽음 앞에서 자유로울 수 없는 인간의 유한성을 깨닫고 영원한 삶을 갈망했다. 이런 궁금증과 갈망에서 비롯된 것이 종교다. 국어사전에서 "신이나 초자연적인 절대자 또는 힘에 대한 믿음을 통하여 인간 생활의 고뇌를 해결하고 삶의 궁극적인 의미를 추구하는 문화 체계"라고 정의한다. 이러한 면을 고대 유적에서 찾아볼 수 있다.

고인돌, 주검을 보호하다 고대부터 인간은 정성 들여 장례식을 거행해 왔다. 신석기부터 청동기에 이르기까지 한반도와 만주 일부 지역에서 발굴된 유적 중 고인돌(돌무덤)만 봐도 이를 알 수 있다. 북방에서는 땅속에 넓적한 돌로 만든 상자를 넣은 다음 그 안에 인간의 주검을 안치하고 천정석을 덮었다. 남방에서는 땅 위에 판석으로 된 고인돌을 나란히 세우고 한쪽을 막은 다음 큰 천정석을 덮고서 한쪽은 막고 다른 한쪽을 문벽 삼아 주검을 넣었다. 이를 통해 인간의 주검을 보호하려는 장례문화가 있었음을 알 수 있다. 더욱이 죽음의 여행길에 필요한 도구나 음식 혹은 동반자까지 함께 묻은 흔적도 있다. 이는 죽음 이후의 삶을 고대에서부터 믿어왔음을 보여준다.

고대 이집트의 피라미드, 영원한 삶을 갈망 인간은 고대부터 '죽음'을 두려워하면서도 이것이 끝이 아니고 또 다른 시작이라고 여겨왔다. 이러한 믿음으로 미지의 세계에 대한 두려움을 극복하고 영원한 삶에 대한 희망도 품을 수 있었다. 그 예를 이집트의 피라미드에서도 볼 수 있다. 이는 죽은 뒤에도 삶이 계속된다는 종교적 믿음에서 비롯되었다. 고대 이집트인들은 죽은 왕의 영원한 삶을 보장하기 위해 피라미드를 건설했다. 그리고 그 안에 왕의 무덤과 보물, 필요한 물품들을 함께 봉인했다.

신화, 자연의 힘에 대한 두려움 인간은 자연 앞에서 무력할 때가 많다. 화산 폭발이나 태풍, 가뭄 등의 불가항력적 상황을 인간으로서 막을 수는 없다. 인간은 불완전하기 때문이다. 인간은 결함투성이에다가 쉽게 좌절하고 절망하는 존재임을 깨닫고, 이를 극복하는 방법을 찾기 시작했다. 그러면서 어떠한 인물이나 사건, 또는 부족에게 초자연적 권위를 부여했다. 신화가 만들어진 것이다. 이는 부족의 신념, 의식, 관습을 정당화하기 위한 것이기도 했다.

애니미즘, 만물의 영을 믿다 인류학자 에드워드 버넷 타일러에 따르면, 종교가 모든 물체에 영(靈)이 있음을 믿는 '애니미즘'에서 나왔다. 원시인들은 죽은 사람뿐 아니라 산, 강, 돌, 짐승 등 모든 것에 영이 있다고 믿었다. 그래서 이런 사물들과 영적 교류를 하고자 기도하고 제사를 지냈다. 자연의 힘 앞에서 나약한 자신을 깨닫고 경외심을 갖게 된 것이다. 이러한 감정은 초월적인 존재에 대한 믿음으로 이어졌다. 이렇게 인간은 삶의 의미와 목적을 찾고 죽음에 대한 두려움을 극복하기 위해 종교를 만들어 냈다. 이렇게 종교는 공동체를 이루고 사회 질서를 유지하는 데 중요한 역할을 하게 되었다.

인간은 유한하고 불완전한 존재다. 그러나 이런 자각으로 자연을 경외하며 영원한 삶을 꿈꾼다.

- 어떠한 상황에서 나약한 인간임을 느끼는가?
- 당신은 종교를 믿는가, 아닌가?
- 종교를 믿는다면, 그 이유는 무엇인가?

Q67　　　　　　　　　　　　종교의 본질은 무엇일까?

기독교에서는 종교의 본질을 이야기할 때 "진리가 너희를 자유롭게 할 것이다"(요한 8, 32)라는 말을 자주 인용한다. 신이 존재하는 이유가 '사람을 자유롭게' 하기 위한 것이라는 뜻이다. 실제로도 인간은 '자유'와 '책임'이 있을 때 당당하게 살아갈 수 있다. 여기에 신이 인간을 사랑한다는 믿음이 있다면, 걱정하고 두려워할 필요가 없다. 우리 안에 신적인 가능성 즉 '영'이 있고, 우리가 사랑하며 살 수 있으며, 그것을 깨달을 때 자유로울 수 있기 때문이다. 이런 가르침을 담은 것이 '종교'라고 말할 수 있다.

최첨단 과학과 인공지능 기술로 자연과 우주 탐구가 활발한 요즘, 종교를 믿는 사람이 줄어들었다. 그렇다고 해도 사회적으로 종교의 필요성은 강조된다. 그 이유는 무엇일까? 과연 종교의 본질이 무엇이기에 인간은 종교에 의지하려는 것일까? 이에 관한 견해를 몇 가지 살펴보자.

●○ 근본적인 질문에 대한 답을 찾는 여정

1. 모든 종교는 인생과 우주에 관한 근본적인 질문에서 출발한다. 인간의 존재, 삶의 의미, 선과 악, 고통과 행복, 삶과 죽음 등에 대한 궁금증을 풀고자 한다. 물론 그 과정이나 방식, 해답이 종교마다 다를 수는 있다.
2. 인간이란 무엇인가? 인생의 의미는 무엇인가? 선과 악은 무엇이며, 인간에게는 왜 희로애락이 엇갈려 있는가? 그 원인은 무엇인가? 인간의 참된 행복은 무엇인가? 인간은 왜 죽어야 하는가? 죽은

후에는 어떻게 되는가? 인간과 우주만물의 근원은 무엇인가?
3 종교마다 그러한 근본 질문에 대한 해답을 찾는 과정에서 인간에게 삶의 방향과 목적을 제시하고, 불안과 고통을 극복할 수 있는 힘을 주고자 한다.

●○과학의 한계를 넘어 삶의 의미를 부여하는 힘

종교는 인간이 살면서 겪는 인생문제를 해결할 수 있도록 확신을 준다. 비록 과학적으로 명확한 해답을 제시하지는 못해도 삶에 의미를 부여하게 한다. 과학은 물질세계의 현상을 설명하면서 인간이 편리하게 살 수 있도록 돕는다. 그러나 인간 존재의 의미, 삶의 목적, 선악의 기준, 죽음 이후의 세계와 같은 형이상학적인 질문에는 답하기 어려워한다. 이와 달리 종교는 과학의 한계를 넘어 인간에게 삶의 의미와 가치를 부여하고, 영적인 만족감을 제공하고자 한다.

●○절대자와의 관계, 그리고 삶의 변화

종교는 신으로 섬기는 창조자나 절대자와의 관계를 통해 삶의 변화를 추구한다. 따라서 삶의 지침(종교의 교리)과 올바른 삶의 방식(종교 윤리)을 제시하고, 종교의식을 통해 절대자와 교감하며 인간의 영적인 성장을 돕는다. 종교 공동체는 기도와 명상으로 내적 평화를 얻고, 타인과의 관계에서 용서와 사랑을 실천하도록 이끈다. 종교를 통해 삶의 의미를 찾고, 고통 속에서도 희망을 잃지 않을 수 있다. 따라서 종교는 개인의 성장뿐만 아니라 사회 공동체의 결속과 발전에도 기여할 수 있다.

종교는 '인간과 절대자와의 관계'라고 말할 수 있다. 각 종교의 교리에서 인간의 근본 질문에 대한 해답을 제공한다.

- 나와 종교는 어떤 관계라 말할 수 있는가?
- 종교는 내 삶에 어떤 영향을 미치는가?
- 종교는 인간에게 어떤 의미를 지니는가?

Q68 종교가 다루는 영역으로 무엇이 있을까?

살다 보면 답하기 어려운 질문에 부딪힐 때가 많다. 인생에 관련된 질문일 때는 답하기 어렵다고 회피할 수만은 없다. 예를 들면, '나는 누구인가?', '나는 왜 태어났는가?', '내 삶의 의미는 무엇인가?', '어떻게 살아야 할까?', '죽은 이후에는 나는 어떻게 될까?' 같이 인간 존재와 삶의 의미에 관한 질문들이 그러하다. 시대와 문화를 초월하여 인류의 공통된 관심사라고나 할까?

종교는 이러한 삶의 근본적 질문들을 다루면서 그 답을 제시하고, 인간의 삶에 의미와 목적을 부여한다. 인간의 유한성과 불완전함을 인정하고, 절대적인 존재에 대한 믿음을 통해 삶의 불안과 고통을 극복할 수 있도록 돕는다. 그 내용을 잠시 살펴보자.

●○ '종교'라는 단어가 언제부터 쓰이게 되었는가?

정확히 알 수 없다. 다만, 그 단어의 의미를 분석하다 보면 '종교가 어떤 것인가?'를 더 생각해 볼 수 있다.

'종교'는 '으뜸 종(宗)'과 '가르칠 교(敎)'가 결합된 한자어다. 두 한자의 뜻을 고려할 때, 종교는 '이 세상에서 가장 먼저 가르치고 배워야 하는 교육의 으뜸'이라 할 수 있다. 불교에서는 『능가경』(대승불교 경전)에 근본이 되는 가르침'이라는 '시단타 데사나(Siddhanta Desana)'를 '종교'라는 한자로 번역하여 썼다고 한다. '신과 인간을 잇는다.'라는 영어 단어 'religion'을

'종교'라는 단어로 번역하여 지금까지 사용하고 있다.

●○ 살아가면서 부딪히는 모든 문제

'인생 문제'는 인간이 생명을 가지고 살아가면서 부딪히는 모든 문제를 뜻한다. 그 중에는 인간 스스로 노력해서 해결할 수 있는 문제도 있지만, 대다수는 그렇지 않다. 이러한 문제들을 삶의 근본 문제 혹은 궁극적인 문제라고 말할 수 있다.

'나는 누구인가?' '나는 어디서 왔다가 어디로 가는가?' '사람은 왜 죽어야 하는가?' '왜 나는 남자나 여자가 되었나?' '나는 왜 이 땅에서 태어났는가?' '삶의 의미와 목적은 무엇인가?' '나는 어디로 가고 있는가?' '죽음 이후에는 어떻게 되는가?' '사후의 세계가 있는가? 있다면 그곳에 어떻게 갈 수 있는가?' '인생에게는 왜 이렇게 많은 고통이 있는가?' '고통의 원인은 무엇이며 이 고통의 문제를 어떻게 해결할 수 있는가?'

이러한 문제들에 부딪힐 때 인간은 자신의 한계를 깨닫는다. 그리고 절망하여 스스로 포기하거나 초월자나 절대자를 찾아 의지하게 된다.

●○ 종교적인 영역이란?

종교적인 영역이란 다른 말로 사람이 절대자를 만나서, 인생의 궁극적 수수께끼를 해결해 나가는 것이라고 할 수 있다. 종교를 통해 삶의 의미를 찾아가며 인간은 진화했고, 인류의 역사도 끊임없이 변화했다. 모든 피조물 가운데서 유일하게 인간만이 종교를 지녔다는 점은 의미심장하다.

대표적으로 기독교와 불교의 경우만 살펴보자. 기독교는 인간의 죄와

구원, 신의 사랑과 은총을 통해 삶의 의미와 목적을 제시한다. 그리고 불교는 삶의 고통과 무상함을 인식하고, 깨달음을 통해 해탈에 이르는 길을 제시한다. 종교마다 나름의 방식으로 인간 존재의 근본적인 질문에 답을 제시하고, 삶의 의미와 방향을 일러준다.

종교는 이뿐만 아니라 일상생활에서 마주하는 다양한 문제에 관한 해결책도 제시한다. 즉, 윤리적인 삶의 방식을 제시하고 공동체 의식을 형성하며 사회적 갈등을 해결하는 데 기여한다. 조선시대부터 유교는 효와 예를 중시하며 가족과 사회 질서를 유지하는 데 중요한 역할을 해왔다. 이슬람교는 자선과 희생을 강조하며 사회적 약자를 돕고 공동체의 화합을 이루는 데 기여해 왔다. 이처럼 종교는 인간의 삶을 윤택하게 하고 사회를 발전시키는 데 중요한 역할을 한다.

인생 문제에 부딪혔을 때 회피하지 말자. 그 문제에 관해 여러 종교에서 어떤 답을 제시하는지 알아보고 내 삶에 비추어 생각해 보자.

- 종교에 어떤 질문을 던지겠는가?
- 종교가 없다면, 인생 문제에 부딪혔을 때 어떻게 해결하는가?
- 종교가 나에게 인생 문제의 해결책을 어떻게 제시했는가?

Q69 ──────── 왜 인간에게 종교가 필요할까?

2024년 1월 3일 기준, 우리나라 종교별 인구 비율(19세 이상 성인 대상)은 기독교 17%, 불교 12%, 가톨릭 8%, 기타 0.3%, 무종교 63%로 나타났다. 그런데 무종교 응답자 중 57%가 '사회에 종교가 필요하다'라고 응답했다. (목회데이터연구소) 이런 점에서 종교의 필요성을 인정하는 일반인이 적지 않음을 알 수 있다.

종교를 믿는 사람들은 전지전능한 존재에 의지하여 삶의 좌절과 무력감을 해소하거나 내적 평화를 얻고자 한다. 그래서 삶의 고통에서 구원받기 위해 신의 가르침을 따른다. 이와 관련하여 몇몇 전문가들의 견해를 통해 종교의 필요성을 생각해 보자.

무신론자로 알려진 프로이트나 융 같은 심리학자는 종교를 믿는 것이 두려움과 대면해야 하는 상황에서 개인을 보호해 준다고 했다. 종교는 인간의 유한성을 깨닫고 자신을 보호하려는 심리적 기제의 역할을 한다. 그래서 종교는 인간의 역사와 함께해 온 것이다.

비트겐슈타인은 『논리철학논고』(1921)에서 "이야기할 수 없는 것에 관해서 우리는 침묵해야 한다." 라고 했다. 과학적 물음들이 대답이 되더라도, 삶의 문제들은 여전히 미해결 상태다. 그가 시도한 철학적 혹은 과학적 탐구나 치열한 전쟁 경험도 삶의 의미와 가치를 말해 주지 못했다. 하지만 객관적인 자연적 세계나 자신을 포함한 우주 전체가, 종교를 믿는 사람에게는 신의 절대성 안에 있는 세계로 나타난다는 점은 인정했다. 결국 과학이 답해주지 못한 삶의 의미를 종교적 관점에서 볼 수밖에 없음을 인정한다.

아우구스티누스는 『고백록』에서 "참된 행복은 스스로가 원하는 것을 통해서가 아니라, 선한 것을 원하는 데 있다는 것을 깨달았다." 라고 했다. 그는 자만이 모든 죄의 근원이며 신에게 돌아가 순종하는 것이 구원의 길임을 밝혔다.

삶의 초기와 달리 후반기에 비트겐슈타인과 아우구스티누스는 삶의 참 의미를 찾기 위해 종교로 '삶의 방향'을 전환한다. 과학 탐구나 철학적 사색, 전쟁이나 향락이 삶의 참 의미나 행복을 가져다주지 못함을 경험으로 여실히 느꼈기 때문이 아닐까. 종교를 통해 사치와 방탕을 일삼던 사람도 이웃을 위한 삶을 선택하고, 절망과 좌절에 빠진 사람도 희망과 용기를 얻어 다시 일어설 수 있다. 이처럼 종교는 인간의 삶을 변화시키고, 더 나아가 사회를 변화시키는 힘도 가지고 있다.

종교는 인간에게 삶의 의미와 목적을 제시한다. 더 나아가 진정한 행복과 평화를 얻을 수 있는 길을 안내한다.

- 종교는 내 삶의 방향을 어떻게 변화시켰는가?
- 종교가 제시하는 가치는 내 삶에 어떤 영향을 미치는가?
- 종교는 현대 사회에서 어떤 역할을 해야 하는가?

Q70 ─ 종교는 인간의 근본적인 관심사와 어떤 관계일까?

2024년 서울시 조사에 따르면, 10대는 '학습·체험', 20대는 '일자리', 30대는 '주거'와 '출산', 40대는 '건강', 50대는 '인생 2모작'과 '건강', 60대는 '건강' 관련 정책에 관심이 많은 것으로 나타났다. 세대별 관심사는 달라도, 모두 더 나은 삶을 바라고 그를 위해 시간과 노력을 기울인다. 이 흐름을 종교적 차원에서 한번 들여다보자.

인간은 생로병사를 겪는 유한한 존재다. 그래서 인간의 근본 주제는 '삶과 죽음'일 수밖에 없다. 인간은 오래전부터 이에 대해 질문하고, 해답을 찾기 위해 노력해 왔다. 자연을 활용하고 때로는 맞서며, 왜 힘겹게 살아야 하고 왜 죽어야 하는지를 알고 싶어했다. 그 과정에서 종교를 비롯한 다양한 문명이 발전했다. 모두 삶과 죽음의 의미를 밝히려는 노력의 산물이다. 물론, 그 이해 방식에는 차이가 있다.

인간은 자연과 우주를 관장하는 신(절대적 존재)이 삶과 죽음의 의미를 밝혀주고, 삶의 목적과 방향을 제시한다고 여겼다. 종교마다 그 해석이 다르지만, 궁극적으로는 인간의 삶을 더욱 의미 있고 가치 있게 만들려는 공동 목표를 지닌다.

종교적이란 '삶과 죽음'의 의미를 더욱 절실히 이해하려는 성향이다. 따라서 '종교적 인간'은 삶과 죽음을 깊이 성찰하여 그 의미를 깨닫고 이로써 삶의 문제를 견뎌 나가는 인간을 말한다. 종교를 통해서 인간이 가치 있고 선(善)한 삶을 실천할 수 있다는 말이다.

엘리아데가 말하듯, 인간은 종교적 존재로서 세속에서 벗어나 성스러운 것을 추구한다. 첫사랑의 추억을 떠올리며 인생의 아름다웠던 시절을 음미하는 사람처럼. 이 세상이 시작된 태초에 참여하기 위해 인간은 종교 의례에 따르며, 신화를 만들어 간다. 이러한 종교 활동을 통해 인간은 영적인 성장을 하며 더 높은 차원의 삶을 추구할 수 있다. 이것이 인간의 삶을 더욱 풍요롭고 의미 있게 만든다.

모든 존재는 사멸한다. 그런데 인간은 죽음이라는 숙명을 알면서도 새로운 세계를 향해 자기 초월을 감행한다. 현대문명은 이런 시도의 일환이지만, 종교의 본질과 거리가 멀다. 특히 현대문명의 근간인 과학이 종교를 신화로 밀어내려 한다.

종교에서 살아있음은 예삿일이 아니다. 살아있음은 경이로운 것이다. 이는 살아서 생명을 영위하고 앞으로 나아가는 것이지만, 지금 이 자리에서 온전히 파악할 수는 없다. 유물론자이자 종교철학자인 루트비히 포이어바흐의 말처럼, "신은 인간의 내적 본성을 외부로 투사한 것"일 수도 있다. 하지만 신이 인간의 투사인지, 혹은 인간이 신의 투사인지, 또는 인간이 신인지는 불확실하다. 하지만 종교는 이런 질문의 해답을 찾는 데에 중요한 역할을 할 수 있다.

현대 사회에서 종교는 인간의 삶과 죽음에 대한 근본적 질문의 답을 찾아가는 데에 중요한 역할을 한다.

- 삶과 죽음에 대해 어떻게 생각하는가?
- 종교는 나의 삶에 어떤 의미를 주는가?
- 종교는 현대 사회에서 어떤 역할을 해야 할까?

Q71 ─── 종교가 인간의 장수에 긍정적 영향을 줄까?

미국 언론인 윌리엄 콜이 영국 가디언지에 '100살 이상 고령자들이 꼽은 장수의 비결'(「연합뉴스」, 2024.4.29.)을 소개했다. 그 비결로 삶의 목표, 웃음, 사랑과 우정, 종교를 꼽았다. 115번째 생일 직전에 사망한 베네수엘라의 후앙 비센테 페레스 모라, 역대 최고령자로 2022년 사망(119세)한 일본의 다나카 가네도 '믿음'이 장수의 비결이라고 밝혔다고 한다. 실제로 종교가 장수에 미치는 유익한 영향을 알아보자.

●○ 자기성찰과 내적 평화

자기성찰과 내적 평화 종교는 자기성찰을 통해 내적 평화를 추구하는 방법을 제공한다. 이는 건강한 정신 상태를 유지하도록 도와 장수에도 긍정인 영향을 줄 수 있다.

희망과 위로 어두운 터널 끝에서 빛을 발견한 것처럼 종교는 삶의 어려움을 견딜 수 있도록 위로한다. 또, 희망을 잃지 않고 긍정적인 마음을 유지하며 살아갈 힘을 주기도 한다.

종교적 신념에 의한 스트레스 감소 폭풍우 속 피난처처럼 종교적 믿음은 삶의 의미를 되찾고 불안을 진정시키는 힘이 있다. 이를 통해 스트레스를 해소하고, 어려운 상황에서도 마음의 평온을 유지할 수 있다.

●○ 소속감과 유대감 증진

지지와 격려 따뜻한 모닥불 주위에 모여 앉아 서로의 온기를 나누듯이, 종교 공동체 안에서 서로를 지지하고 격려하면서 소속감과 유대감을 키우고 삶의 활력을 불어넣을 수 있다.

희생과 봉사의 가치 다른 사람을 돕고 사회에 이바지하는 것은 만족감을 높이고 긍정적인 심리적 효과를 가져올 수 있다.

●○ 긍정적인 사회관계 형성

커뮤니티 참여 종교는 커뮤니티 참여를 촉진하여 사회적 연결성을 지속시킨다. 정기적인 예배나 종교 모임으로 같은 신념을 가진 사람들과 꾸준히 만나며 소외감을 해소할 수 있다.

도덕적 행동 및 사회적 지지 건강한 나무가 뿌리를 깊이 내리고 주변 나무들과 숲을 이루듯, 종교는 개인과 사회의 정신적 건강에 영향을 준다. 사회적 지지를 받는 사람은 도덕적으로 성장하고, 타인과 안정적인 관계를 맺을 수 있다. 이런 관계망은 건강과 장수에도 도움이 된다.

●○ 삶의 목표 설정

종교는 삶의 목적과 의미를 성찰하도록 돕는다. 길을 잃은 여행자가 나침반으로 방향을 찾듯, 종교는 인생의 방향과 가치를 제시한다. 개인은 긍정적인 마음을 유지하며 행복한 삶을 추구할 수 있다.

종교가 건강한 삶과 장수에 긍정적인 영향을 미친다. 그러나 각 사람과 문화에 따라 경험과 해석이 다를 수 있다.

- 믿음이 힘이 되어준 순간이 있었는가?
- 종교나 신앙을 통해 소속감을 느껴본 적이 있는가?
- 마음의 평화와 따뜻한 관계는 건강한 삶에 어떤 영향을 줄 수 있을까?

Q72 ── 종교가 사회적 관심을 받는 것이 왜 당연할까?

최근 트렌드모니터의 조사에 따르면, 종교인 비율과 종교의 사회적 역할에 대한 기대감이 점차 낮아지고 있다. 종교계의 역할이 우리 사회에 중요하다는 응답은 2020년 45.4%에서 2024년 29.8%로 감소세다. 종교의 역할은 사회를 위해 있는 것이라는 응답도 2020년 45.4%에서 2024년 29.8%로 대폭 감소했다(「천지일보」, 2024.6.6.).

   종교는 유사 이래 인간 사회에 깊숙이 관여해 왔다. 개인의 믿음 차원을 넘어서 사회의 도덕적 기준을 제시하고 공동체를 형성하며 문화를 창조하는 역할까지 해주었다. 그런데 현대에 와서 공동체 생활보다는 개인의 자유와 일상이 중요해지면서 사람들은 종교에 관심을 덜 두게 되었다. 그럴수록 종교의 사회적 역할이 중요하며 사회적 관심도 유지되어야 한다. 왜 그런지 좀 더 생각해 보자.

사회의 도덕적 나침반 역할   종교는 대부분 사랑, 자비, 정의, 평등 같은 보편적인 가치를 강조한다. 이는 사회 구성원들이 서로 존중하고 배려하며 살아가는 데 중요한 지침이 된다. 등대가 칠흑 같은 어둠 속에서 배를 안전하게 인도하듯이, 종교는 도덕적 혼란 속에서 개인과 집단이 행동을 조절할 수 있도록 그 기준을 제공한다.

사회적 융합 및 공동체 구축   종교는 신앙을 통해 사람들을 하나로 묶고, 서로 돕고 의지하는 공동체를 이루게 한다. 따뜻한 햇살 아래 모여든 사람들이 서로의 온기를 나누듯이, 종교 공동체는 소속감과 연대감을 유지하는 역할을 한다. 이를 통해 사회적 안정성과 결속력을 높일 수 있다.

사회적 복지와 봉사 활동 많은 종교 단체가 가난하고 소외된 사람들을 돕기 위한 자선 활동과 사회복지 프로그램을 운영한다. 샘물이 메마른 땅에 생명을 불어넣듯이, 종교는 사회의 어두운 곳에 희망의 빛을 비추는 역할에 앞장선다.

정신적 안정 및 위로 삶의 고통과 불안 속에서 종교는 희망과 용기를 주고, 마음의 평화를 찾도록 도와준다. 폭풍우 뒤에 구름 사이로 내리쬐는 햇볕이 마음을 달래주듯이, 종교는 인간의 내면 깊숙이 자리 잡은 불안과 고통을 덜어주는 역할을 한다. 종교적 신념은 정신적 안정은 물론 사회적인 안녕과 균형을 유지하는 데도 기여할 수 있다.

문화적 표현과 예술 종교는 인간의 창의성과 상상력을 자극하여 아름다운 예술 작품을 탄생시켜 왔다. 아름다운 꽃들이 세상을 화려하게 수놓듯이, 종교는 문화 예술을 통해 사회를 풍요롭고 아름답게 만든다. 그렇게 종교적 예술은 문화유산의 일부가 되었다.

> 종교는 개인의 신앙을 넘어, 사회 구성원들의 융합과 문화 예술적 표현을 이끌어 주는 사회적 자산이다.
>
> - 종교는 우리 사회에 어떤 긍정적인 영향을 미치는가?
> - 종교가 사회 문제 해결에 어떻게 기여할 수 있을까?
> - 종교의 사회적 역할은 앞으로 어떻게 변화해야 할까?

Q73 ── 미래 세대가 종교에 관심을 두고 참여할까?

2021년 10월 4일, 세계 종교 지도자 40여 명이 바티칸 교황청에 모여 「종교와 과학: COP26을 향하여」라는 제목의 공동 호소문을 발표했다. 이 선언문에 "현재 우리는 기회와 진실의 순간에 있다. 너무 늦기 전에 인류가 단결해 공동의 집(지구)을 구할 수 있기를 기도한다."라며 "이 소중한 기회를 낭비한다면 미래 세대는 절대 우리를 용서하지 않을 것"이라고 적었다.

코로나 팬데믹으로 세계가 위기를 겪던 시기에 발표되었으나, 미래 세대를 위한 고민이 여전히 필요함을 느끼게 한다. 지구의 위기가 세계인은 물론 미래 세대, 또 종교의 위기이기 때문이다.

더욱이 최근 초고령사회에 진입하면서 종교마다 신자의 감소세가 가파르다. 이에 따라 신자의 초고령화와 함께 40~50년 세대의 종교 이탈, 미래 세대의 종교 무관심이 우려된다. 과연 미래 세대가 종교에 관심을 두거나 참여할 수 있겠는가?

미래에도 종교에 관심을 두고 계속해서 참여할 것인지를 예측하기는 어렵다. 하지만 인간의 본질적 욕구와 사회 변화를 고려해 볼 때, 미래 세대에도 종교가 지속될 것으로 예상된다. 그 이유를 좀 더 생각해 보자.

문화적 지속성 종교는 오랜 역사와 전통을 이어가며 인류의 문화와 가치관 형성에 깊이 관여해 왔다. 사람들은 예술, 음악, 건축 등으로 종교를 다양하게 표현하며 정신세계를 풍요롭게 하고, 사회의 가치관을 형성해 나갔다. 이러한 문화적 유산은 미래 세대가 종교에 관심을 두는 데 원동력이 될 것이다. 오래된 나무가 뿌리를 깊이 내리고 새로운 가지를 뻗듯이, 종교는 과거의 유산을 바탕으로 미래 사회에서도 새로운 의미와 가치를 창출할 수 있다.

정신적 필요성과 의미 찾기 인간은 삶의 의미와 목적을 찾으려는 근본적 욕구를 지녔다. 과학 기술이 아무리 발전해도 이런 욕구를 충족시키기 어렵다. 따라서 이를 해결하려면 종교에 의지할 수밖에 없다. 우주 탐험 시대에도 밤하늘의 별을 보며 우주의 신비에 대한 경외심을 갖듯이, 인간은 종교를 통해 정신적 안정과 삶의 평온을 위해 끊임없이 갈구할 것이다.

사회적 연결성 현대 사회에서 개인주의와 함께 사회적 고립이 큰 문제로 부각되고 있다. 그만큼 인간에게는 소속감과 유대감이 필요하다. 추운 겨울날 서로의 온기를 모닥불 앞에서 나누듯이, 종교 공동체는 소속감과 연대감을 통해 사회를 따뜻하게 만든다.

종교의 다양성과 적응력 과거에는 종교가 사회 변화를 주도했지만, 현대 사회에서는 오히려 사회 변화에 적응하고 새로운 가치를 제시하게 되었다. 앞에서 소개한 세계 종교 지도자들의 공동선언문처럼 환경 문제를 비롯해 빈부 격차와 인권 문제 같은 다양한 사회 문제에 관해 종교가 나름의 해결책을 제시하면서 사회 변화를 이끌어갈 수 있다.

종교와 과학, 기술의 조화 과거에는 종교와 과학이 대립할 때가 많았다. 그러나 현대 사회에서는 서로 보완하고 협력하는 관계로 발전해 왔다. 종교는 급변하는 사회 속에서 과학적 발전과 조화를 이루어 왔다. 예를 들어, 의료 기술이 종교적 믿음과 결합하여 환자에게 더 나은 치료와 돌봄을 제공할 수 있게 되었다. 인공지능 기술은 종교 교육과 상담에 활용되어 더 많은 사람에게 종교적 체험을 하도록 안내한다. 따라서 종교는 미래 세대에게 지속할 수 있는 영향을 끼치며 변화에 적응할 것으로 보인다.

종교는 시대의 변화 속에서도 인류와 함께하며 근본적 질문에서 사회 변화에까지 여러 방면에서 영향을 끼쳐 왔다. 미래 세대를 위해서도 그럴 것이다.

- 미래 사회에서 종교는 어떤 역할을 해야 할까?
- 종교가 미래 세대에게 더욱 의미 있는 존재가 되려면 어떻게 해야 할까?
- 종교와 과학 기술은 어떻게 조화를 이루며 발전할 수 있을까?

Q74   종교적 명상을 어떻게 이해할 것인가?

혹시 숨 막히게 바쁜 일상에서 잠시 벗어나고 싶었던 적 있는가? 끊임없이 울리는 알람 소리, 쏟아지는 과제, 밀려드는 약속들……. 이런 것에서 잠시 벗어나 나에게 온전히 집중하고 싶을 때, 명상은 좋은 해결책이 될 수 있다.

최근 미국 퓨리서치센터에서 동아시아 5개국(한국, 일본, 대만, 홍콩, 베트남)의 무종교인에게 최근 1년간 명상 같은 종교적 행위나 운세 같은 무속 행위를 해본 경험을 물었다. 그 결과 한국인의 55%가 명상을 해봤다고 답해 1위를 기록했다. 운세를 본 경험도 39%로 한국이 5개국 중 가장 높았다(목회데이터연구소, 2024.9.3. 발표). 이처럼 명상을 종교적 행위로 본다. 그런데 한국심리학회가 불교와 상담학계의 명상을 '비전문가·비과학'이라고 하여 각 종교계 관련 단체들과 마찰을 빚기도 했다(「법보신문」, 2024.4.29.). 이런 사실에서 명상이 종교에서 비롯되었으며, 종교인을 떠나 일반인에게도 명상에 대한 관심이 높다는 점을 알 수 있다.

종교나 명상 전통에 따르면, 호흡과 명상을 통해 시간을 초월함으로써 정신 수행을 할 수 있다. 이런 수행은 몸과 정신을 통합하고, 물리적이고 정신적인 개인의 현실을 넘어 더 깊은 차원으로 진입하는 데 목적이 있다. 명상에 관해 좀 더 알아보자.

호흡 연습과 명상   심호흡을 조절하면서 심신의 안정을 이룰 수 있다. 명상과 연결한다면 그 효과는 커져서 정신적 체험의 깊이를 더할 수 있다.

명상은 주로 정신적으로 평온한 상태로 들어가기 위해 사용한다. 정신을 집중하고 고요한 상태를 유지함으로써 시간과 현실의 제약을 느낄 수 없는 상태로 들어갈 수 있다.

심리적 변화와 시간의 인식 명상은 사념 즉 마음의 활동을 제어하고 조절하는 데 중점을 둔다. 즉 일상적이고 사소한 생각에서 벗어나 내적 평화와 고요함을 찾도록 돕는다. 깊은 명상을 통해 현실적 경험에 대한 감각을 바꿀 수 있다. 몇 분만이라도 명상하면서 현실적 시간의 흐름을 느끼며 자기 자신에게 집중할 수 있다.

시간의 초월과 종교적 경험 몇몇 종교에서는 깊은 명상이나 수행을 통해 신성한 경험을 할 수 있다고 믿는다. 이는 종교적인 경험, 영적 깨달음, 또는 신과의 접촉을 의미할 수 있다. 마치 고요한 호수 속 깊은 곳으로 잠수하듯, 깊은 명상 상태에서는 일상의 시간 감각이 사라지고 영원한 순간을 경험하게 된다. 이때 수행자는 자아의 경계를 넘어서 더 큰 존재와 하나가 되는 느낌을 받는다고 한다.

과학적 연구와 명상 강도형 서울대 의대 교수는 '뇌파진동과 생리적 변화에 대한 연구'를 통해 명상이 집중력 개선과 스트레스 대처 능력에 효과가 있다(〈브레인미디어〉, 2016.3.30.)고 밝혔다. 또, 뇌파를 조절하고 심박수, 호흡 등을 변화시킬 수 있다. 명상이 뇌의 구조와 기능을 변화시키며, 개인의 인지능력과 시간 인식을 개선한다는 신경과학적 해석도 있다. 뇌과학 연구자들은 공통으로 "향후 뇌와 의식을 이해하려면 명상 연구가 필수"라고 말한다.

조용한 곳에서 편안한 자세로 앉아 눈을 감고 호흡에 집중해 보자. 꾸준히 연습하다 보면 명상을 통해 마음의 평화를 얻을 수 있다.

- 명상을 해본 적이 있는가? 어떤 느낌이었나?
- 명상을 통해 얻고 싶은 것은 무엇인가?
- 명상을 꾸준히 실천하기 위해 어떤 방법을 사용하면 좋을까?

Q75 – 종교와 사랑의 관계는 어떻게 정의할 수 있을까?

13세기 이슬람계 시인 잘랄알딘 루미는 "모든 종교에는 사랑이 있다. 그러나 사랑에는 종교가 없다."라고 했다. 1986년 11월 요한 바오로 2세가 싱가포르를 방문했을 때 "사랑은 인종, 신앙 또는 그 밖의 다른 점과 관계없이 모든 사람에 대한 깊은 존중을 특징으로 한다."라고 했다. 또, 티베트의 달라이 라마는 "사랑과 연민은 사치품이 아니라 필수다. 이것들이 없으면 인간은 생존할 수 없다."라고까지 말했다.

서로 다른 종교의 지도자들이지만 그들은 한결같이 인간에게 '사랑'이 필요하다는 사실을 강조했다. 이를 통해 사랑이 인류 역사를 관통하는 보편적인 가치이자, 모든 종교에서 중요하게 다루는 주제임을 알 수 있다.

종교마다 고유한 가치관과 신념, 사람들의 상호작용에 관한 특별지침을 가지고 있다. 그래서 사랑을 정의하는 방식이 서로 다르다. 하지만 그 핵심에는 타인에 대한 존중과 배려, 희생과 헌신이라는 공통점이 있다. 다양한 색깔의 꽃들이 각자의 아름다움을 뽐내듯이, 종교마다 사랑을 달리 표현한다. 그러나 그 안에 담긴 사랑의 본질은 유사하다. 문화적, 지역적 차이에 따라 종교도 변화하는 만큼, 종교 내에서도 다양한 해석과 흐름이 존재할 수 있다.

기독교, 서로 사랑하여라 기독교에서 인간에 대한 신의 사랑을 '절대적 사랑'을 뜻하는 '아가페'로 표현한다. 예수 그리스도는 십자가 죽음으로 자신을 희생하면서까지 인류를 구원했다. 이처럼 사랑은 단순한 감정을 넘어, 타인을 위해 자신을 희생하는 숭고한 행위로 여겨진다. 어머니가 자녀를 위해 모든 걸 희생하듯, 기독교인들은 예수 그리스도의 사랑을 본받아 이웃을 사랑하고 섬기는 삶을 실천하도록 권고받는다.

이슬람, 알라는 선을 행하는 자를 사랑한다   이슬람 경전인 꾸란(코란)에 "알라는 모든 자에게 자비로우시고, 사랑하시며, 은혜를 베푸시며"라는 내용이 나온다. 이슬람에서 사랑은 '알라'에 순종하고 무슬림 사회 안에서 상호 존중하는 것이다. 따라서 이슬람 신자들은 알라의 뜻에 따라 살아가는 것을 최고의 사랑으로 여기며, 이웃에 대한 존중과 배려를 실천한다. 잘 짜인 톱니바퀴들이 서로 맞물려 돌아가듯이, 이슬람 사회는 알라에 대한 사랑을 바탕으로 서로 존중하고 협력하는 공동체라 말할 수 있다.

힌두교, 나의 신이 당신의 신에게 인사한다   힌두교에서 사랑을 나타내는 대표적 단어가 '바크티(bhakti)'다. 이는 신에 대한 헌신과 기도, 예배를 뜻한다. 이는 최고의 인격신에게, 부모 자녀 간의 사랑 같은 정감을 담으면서 절대적으로 귀의하는 것이다. 힌두교 신자들은 신에 대한 깊은 사랑과 헌신을 통해 삶의 의미와 목적을 찾는다. 한편, 힌두교의 인사말 '나마스테(Namaste)'는 각자가 믿는 신을 존중한다는 뜻이다. 서로의 신을 존중하는 인도인들이 크리슈나를 좋아하는 것도 당연해 보인다. 힌두교의 대표신 비슈누의 8번째 화신 크리슈나는 사랑, 공감, 도덕성을 상징한다. 크리슈나는 인간이 살면서 겪는 다양한 감정과 상황을 이해하고 받아들이는 법을 가르친다. 그와 라다의 사랑 이야기는 힌두교 신자들 사이에서 가장 아름다운 사랑 이야기로 꼽힌다.

불교, 자비와 친절은 모든 것의 근본이다   불교에서 사랑은 '자비'라는 단어로 표현할 수 있다. 이는 모든 중생에 대한 연민과 동정심을 뜻한다.

불교 신자들은 깨달음을 얻기 위해 수행한다. 이때 모든 중생이 고통에서 벗어나 행복을 바라는 마음으로 자비를 실천한다. 이와 관련하여 일반적인 사랑은 자애(Metta, 메타)라 할 수 있고, 이웃 사랑 즉 자선은 '보시'로 대신할 수 있다. 봄비가 메마른 땅을 촉촉히 적셔주듯, 불교의 사랑 즉, 자비는 세상의 모든 고통을 어루만지고 치유하는 힘을 지녔다.

유대교, 너 자신이 싫어하는 것은 이웃에게 하지 말라 유대교에서 사랑은 '헤세드(Chesed, Kindness)'라는 단어로 표현한다. 이는 신(야훼)의 은혜와 인간 사이의 사랑, 그리고 인간 상호 간의 사랑을 뜻한다. 유대교 신자들은 신의 계명을 지키고 이웃을 사랑하는 것으로 신의 사랑에 보답하고자 한다. 유대교의 사랑은 신과의 관계를 굳건히 하고 이웃과의 관계를 풍요롭게 만든다.

신이 우리를 사랑하듯, 우리도 서로 존중하며 사랑을 실천하자.

- 나에게 사랑이란 무엇인가?
- 어떻게 사랑을 실천하고 있는가?
- 종교는 사랑에 대해 어떤 가르침을 주는가?

시간은 삶과 어떤 관계일까?

나는 미래에 대해 결코 생각하지 않는다. 미래는 곧 찾아온다. - 알베르트 아인슈타인

Q76 시간이란 무엇인가?

시간은 단순히 '어떤 시각과 시각 사이의 간격이나 그 단위'를 가리키는 것이 아니다. 매일 매 순간 경험하는 시간이지만, 한마디로 정의하기가 어렵다. 그렇지만 시간을 일들이 일어나는 순서라고 생각하면 이해하기 쉬울 듯하다. 유튜브 영상 재생 목록처럼, 시간은 우리 삶의 순간들을 차례대로 정리해 주는 역할을 한다. 그런데도 물리학, 철학, 우주과학 등에서 시간에 대해 다양하게 정의를 내린다. 그 이유를 생각해 보자.

물리학적 시간 물리학에서 시간은 우주에서 일어나는 사건들의 순서를 나타내는 매개체다. 예를 들어 아침에 일어나 식사하고 등교나 출근하는 순서와 관련된다. 따라서 시간은 일정한 방식으로 측정된다. 우리는 시계를 이용해 초, 분, 시, 일 등의 단위로 시간을 측정해 표시한다. 우리가 살아가는 세상을 이해하는 데 중요하게 작용한다. 물리학에서는 시간을 공간과 함께 4차원으로 여기며, 이를 통합하여 '시공간'이라고 부른다.

철학적 시간 철학자들은 시간에 관해 더 깊이 생각하며 다양한 견해를 내놓았다. 고대 그리스의 아리스토텔레스는 "시간은 변화의 척도다. 아무것도 변하지 않으면 시간은 흐르지 않는다."라고 했다. 또, 고대 로마의 아우구스티누스는 "우리가 과거에 대해 하는 것은 오직 과거에 대한 가지고 있는 현재의 기억뿐이다. 과거, 현재, 미래 모두 인간의 정신 안에 있다."라고 시간을 주관적인 경험이라고 생각했다. 즉, 시간은 우리가 어떻게 느끼느냐에 따라 다르게 흘러간다는 것이다. 재미있는 일을 할 때는 시간이 빨리 가고, 지루한 일을 할 때는 시간이 느리게 가는 것처럼 말이다. 이렇게 시간을 현상의 연속으로 보며, 과거, 현재, 미래의 개념을 다룬다. 한편, 18세기에 칸트는 "시간과 공간은 인간이 세상을 이해하는 데 필요한 선험적 형식"이라며, 시간을 객관적 존재로 봤다. 우리가 느끼는 것과 상관없이 시간은 똑같이 흘러간다는 것이다.

상대성 이론 알버트 아인슈타인은 "물리학을 믿는 나와 같은 사람들은 과거, 현재, 미래의 구별이란 단지 고질적인 환상일 뿐이란 사실을 알고 있다."라고 했다. 그러면서 그는 상대성 이론을 통해 시간에 관한 생각을 바꾸어놓았다. 시간은 물체의 상대적인 속도와 중력에 의해 변할 수 있다는 것이다. 마치 기차를 타고 빨리 달릴 때 창밖 풍경이 빨리 지나가는 것처럼, 빠르게 움직일수록 시간은 더 느리게 흘러간다.

천문학적 시간 천문학에서 시간의 큰 흐름과 우주의 진화를 이해하는 게 중요하다. 시간이 우주와 관련이 있기 때문이다. 뉴턴은 시간에 따라 위치가 변화하는 '운동'이라는 개념을 '시간'으로 정의했다. 외부 변화에 상관없이 존재하는 절대시간·공간이 있다고 생각했다. 절대 안정적인 우주는 현재의 상태를 그대로 유지하므로 시간은 영원하다는 것이다. 그리고 스티븐 호킹은 『시간의 역사』에서 "각각의 개별 입자나 행성들은 그것이 움직이는 위치나 방법에 따라서 각기 고유한 시간척도를 가진다."라고 했다. 그들에 따르면 시간은 관찰자에 따라 상대적으로 인식되는 개념으로 변한다. 우주가 시작되는 순간부터 시간도 시작되었고, 시간이 흐르면서 우주는 계속해서 팽창하고 변화해 왔다는 것이다.

시간은 소중한 선물이다. 시간을 어떻게 사용하느냐에 따라 우리 삶이 달라질 수 있기 때문이다.

- 나에게 시간이 빨리 흘렀던 순간은 언제였는가?
- 지루하거나 힘든 시간은 왜 더 느리게 느껴졌을까?
- 나는 시간을 잘 쓰고 있다고 느끼는가?

Q77 — "인생은 덧없다"라는 말은 시간과 어떤 관계일까?

'권불십년 화무십일홍(權不十年 花無十日紅)', '인생무상(人生無常)', '일장춘몽(一場春夢)', "헛되고 헛되니 모든 것이 헛되도다!"(구약성경 전도서/코헬렛 1, 2)의 공통점은 무엇일까? 바로 "인생은 덧없다."라는 것이다. 봄날에 꽃들이 피었다가 곧 지는 것처럼, 또는 한바탕 봄꿈처럼. 영국여왕 엘리자베스 1세의 묘비명에도 '오직 한순간만이 나의 것이었던 모든 것들'이라고 쓰여 있다지 않은가.

왜 "인생이 덧없다."라고들 하는지, 그 의미를 좀 더 생각해 보자.

1 "인생은 덧없다."라는 말에서 '덧없다'의 뜻부터 살펴보자. 형용사 '덧없다'에서 '덧'은 '얼마 안 되는 퍽 짧은 시간'을 가리킨다. 따라서 '덧없다'는 일차적으로 '알지 못하는 가운데 지나가는 시간이 매우 빠르다'라는 뜻으로 풀이된다. 그렇게 시간이 빨리 지나가니까 '보람이나 쓸모가 없어 헛되고 허전'할 수밖에 없다. 또, 뭔가를 하려고 하거나 알아내려고 해도 '갈피를 잡기 어렵거나 근거가 없을' 수도 있다. 더욱이 인생이란 게 시간의 흐름 속에서 끊임없이 변화하다가 결국 사라질 운명을 지녔다. 젊음도 잠깐이니 나이 들어 늙어감을 느낄 수밖에 없다. 오늘의 기쁨이 내일은 슬픔으로 바뀔 수도 있다.

2 시간은 인생의 덧없음을 가장 잘 보여주는 증거다. 시간에는 모든 걸 변화시키는 힘이 있다. 어린 시절의 추억, 젊은 시절의 열정, 그리고 노년의 지혜 모두 시간이라는 흐름 속에서 생성되고 소멸하는 과정

을 거친다. 밤하늘의 별똥별이 찰나의 빛을 발하고 사라지듯, 우리도 시간의 흐름 속에서 잠시 머물다 사라질 수밖에 없다. 그래서 '권력은 십 년을 못 가고 활짝 핀 꽃도 열흘을 가지 못한다.(權不十年 花無十日紅)'라고 하지 않던가.

3 우리 인간은 인생은 덧없다는 현실을 깨달으며 이를 철학적 사고로 발전시켰다. 지혜의 왕 솔로몬조차 "헛되고 헛되니 모든 것이 헛되도다."라고 하지 않았는가. '헛되다'에는 '아무 보람이나 실속이 없다.'라는 뜻이 담겨 있다. 그토록 부와 권력을 누리며 살았던 솔로몬도 결국 죽음 앞에서는 어쩔 수 없는 나약한 존재였던 것이다. 하지만 인생은 덧없다고 해서 단순히 무의미하다는 얘기는 아니다. 오히려 이 말은 현재의 순간을 소중히 여기고 삶을 즐기라는 메시지도 담고 있다. 시간은 멈추지 않고 흐르기에, 매 순간 최선을 다해 살아가야 한다. 꽃을 피우고 열매를 맺으며 짧지만 최고의 순간을 만끽하는 나무처럼, 의미 있게 살려고 애쓴다면 최고의 순간을 만들 수 있다. 마르쿠스 아우렐리우스가 『명상록』에서 "천만년 살 것처럼 행동하지 마라. 죽음이 지척에 있다. 살아 있는 동안, 할 수 있는 동안 선한 자가 되라."라고 충고했다. 따라서 현재의 순간을 소중히 여기고 즐길 줄 안다면, 삶의 진정한 의미를 발견할 수 있다.

하루하루를 소중히 여기며 충실히 살아가자. 살아 있는 동안, 무엇이든 할 수 있는 동안!

- 시간은 나에게 어떤 의미인가?
- 나는 현재를 어떻게 살아가고 있는가?
- 삶의 덧없음을 깨닫는 것은 나에게 어떤 변화를 가져다줄까?

Q78   시간은 일직선으로 움직일까?

고대 로마의 시인 베르길리우스 말처럼 "시간은 지나가고, 다시 돌아오지 않는다."라고 생각하는가? 시간은 정말 한결같이 흘러가는 것일까?

우리는 시간을 '사건들이 일직선을 이룬 사슬'이라 여긴다. 그리고 수십억 년 전의 과거에서 시작하여 무한히 먼 미래까지 연속되는 과정으로 생각한다. 물론 과학계에서도 직선적인 시간관이 우세하다. 이미 오래전부터 이러한 직선적 시간관이 선호되었다. 누구나 나이 들수록 시간을 돌이킬 수 없다는 데서 심리적 변화를 겪는다. 그러나 아시아에서는 오래전부터 천체와 계절의 주기적인 순환을 관찰한 경험을 바탕으로 순환적 시간관이 우세했다. 이와 함께 인간은 역사 속에서 겪는 경험을 통해 도덕적으로 진화해 간다고 보았다.

물리학 특히 상대성 이론은 위의 두 시간관에 획기적인 변화를 주었다. 아인슈타인이 절대적 시간보다 상대적 시간을 강조하면서부터다.

물리학은 시간을 측정하여 숫자 값을 얻어내는 절차를 합의하여 정의했다. 시간 측정은 시간의 기본 단위인 초를 어떻게 정의하느냐에 달려있다. 고전물리학에서 시간은 공간과는 독립적이며, 모든 관찰자에게 똑같이 측정된다. 하지만 상대성이론에 따르면, 시간과 공간이 서로 섞여 있다. 그래서 관찰자의 운동 상태에 따라 동일한 두 사건 사이의 시간이 서로 다르게 측정된다.

움직이는 시계가 가만히 들고 있는 시계보다 천천히 가는 '시간 지연'도 일어나고, 중력의 영향을 크게 받는 시계는 더 천천히 간다. 이처럼 아인슈타인은 시간이 절대적인 게 아니라 상대적이라고 했다. 네가 얼마나 빨리 움직이느냐, 얼마나 강한 중력 속에 있느냐에 따라 시간이 다르게 흘러간다는 것이다. 영화 「인터스텔라」(2014)의 결말을 생각해보자. 주인공 쿠퍼가 다른 행성에 갔다가 돌아왔을 때 노인이 된 딸 머피가 노인이 되어있지 않던가. 이처럼 블랙홀과 같이 중력이 센 곳에서는 시간이 지구보다 훨씬 느리게 흘러간다.

일반적으로 빠르게 움직이는 물체는 시간이 상대적으로 느리게 흐른다. 이는 '시간은 일정하게 흐른다'라는 직관적 시간관과 조금 다른 개념이다. 이를 특수상대성이론이라고 한다. 앞에서 언급했듯이 빠르게 움직이는 관측자의 시간이 상대적으로 느리게 흐른다고 설명한다.

2023년 7월 4일 국제학술지 『네이처 천문학』에 따르면 제라인트 루이스(호주 시드니대)와 브렌든 브루어(뉴질랜드 오클랜드대) 연구진이 준 항성 천체인 퀘이사(Quasar) 190개의 관측데이터를 분석했다. 이를 통해 시간과 공간이 서로 얽혀 있고, 빅뱅이 시작된 특이점으로부터 우주가 계속 팽창한다는 사실을 증명했다. 즉, 아인슈타인의 '시간 지연(time dilation)'을 뒷받침할 흔적을 초기 우주에서 실제로 관측했다. 빅뱅 발생 이후 10억 년이 지난 우주의 시간이 지금보다 5배 느리게 흘렀다는 사실을 밝혀낸 것이다. (「주간조선」, 2023.7.4. 기사 참고) 따라서 시간은 일정한 일직선상으로 흐르는 것이 아니라, 물체의 상태와 운동 상태, 중력에 따라 상대적으로 변할 수 있다.

시간은 상대적으로 흐른다. 아인슈타인의 상대성 이론을 통해 우주의 시간을 이해할 수 있다.

- 시간이 상대적이라는 게 믿기는가? 왜 그렇게 생각하는가?
- 만약 시간을 마음대로 조절할 수 있다면 어떻게 하고 싶은가?
- 시간이 상대적이라는 사실이 우리 삶에 어떤 영향을 미칠까?

Q79 ─── 과거, 현재, 미래로 시간여행이 가능할까?

「닥터후」라는 BBC 드라마를 본 적 있다. 닥터는 전화박스를 본뜬 타임머신 '타디스'를 타고 미래와 과거를 넘나들며 외계로부터 지구를 지키기 위해 고군분투한다. 시간여행 이야기다. 이런 시간여행은 타디스 같은 타임머신이 있어야 가능하다.

그렇다면 우리가 생각하는 시간관으로는 시간여행을 할 수 없다. 시간이 과거에서 현재를 거쳐 미래로 쭉 뻗은 직선 같다면 어떻게 과거와 미래를 오갈 수 있겠는가? 현재가 과거나 미래와는 전혀 다른 차원이라는 주장도 있다. 영화 「인셉션」(2010)에서 꿈속의 시간이 현실과 다르게 흘러가는 것처럼.

이러한 주장은 철학적이라서 일부 과학 이론에서 다루지 않는 경우가 많다. 하지만 대중문화의 인기 소재로 자주 등장하는 '시간여행'을 그냥 지나칠 수만은 없다.

현재는 시간과는 다른 차원 몇몇 철학자는 현재를 과거나 미래와 다르게 취급한다. 인식과 경험의 측면에서 현재는 독립된 시간으로 간주한다. 현재는 과거의 결과로써 특별한 존재이며, 미래는 아직 존재하지 않는 가능성이다. 따라서 현재는 우리가 살아가는 순간적인 경험의 집합체이며, 과거와 미래를 잇는 다리 역할을 한다. 우리가 직접 경험하고 느끼는 유일한 시간이 바로 현재며, 살아가는 매 순간이다. 또한 현재는 우리의 선택과 행동으로 이루어져, 이를 통해 미래를 결정할 수 있다.

시간과 공간의 상호 연관성 아인슈타인의 상대성 이론에 따르면, 빠르게 움직이는 관측자나 중력이 강하게 작용하는 지역에서는 시간의 경과가 다르게 느껴진다. 그러므로 현재는 기준에 따라 다르게 인식될 수 있다. 시간여행은 아인슈타인의 특수상대성이론과 관련이 있다. 이에 따르면 빛보다 빠른 물질은 없다. 빛보다 빠르게 하려면 질량이 마이너스여야 한다. 빛과 동일하게 움직이면 그 물체 안에서 시간은 정지한 상태가 된다. 이런 점에서 빛보다 속도가 빠른 물질이 존재한다면, 사람이 여기에 올라타고 시간을 거슬러 이동할 수 있다는 가정이 성립된다.

양자역학의 블랙홀 양자역학은 아주 작은 입자의 특성을 다루는데, 양자 상태의 물질은 동시에 여러 상태로 존재할 수 있다고 주장한다. 이 이론에는 어떤 사건이 발생하기 전까지는 그 사건의 정체성이 불분명하게 유지될 수 있다는 개념이 있다. 주사위를 던지기 전에는 어떤 숫자가 나올지 모르는 것처럼. 그래서 현재라는 순간은 미래를 결정하는 중요한 분기점이 될 수 있다는 것이다. 따라서 양자역학은 시간여행의 가능성을 언급한다. 블랙홀을 그 예로 들 수 있다. 중력장이 너무 강해 빛을 포함한 그 무엇도 빠져나올 수 없는 시공간 영역이 바로 블랙홀이다. 아인슈타인은 일반상대성원리를 통해 블랙홀이 천체 중력 붕괴의 산물로서 자연에 수도 없이 존재한다고 예측했다. 여기서 중력장은 힘이 아닌 시공간의 휘어짐이다. 따라서 회전하는 블랙홀처럼 강한 중력장은 시공간을 극도로 비틀어서 소위 '닫힌 시간 곡선(CTC)'을 발생시킬 수 있다. 사람이 이 곡선을 따라 움직이면 과거로 여행할 수도 있다는 것이다.

시간여행의 가능성 미래 여행은 아인슈타인의 상대성이론에서 제시한 시간지연효과를 이용하면 가능할 수도 있다. 이에 따르면, 빠르게 움직이거나 아주 큰 중력을 가진 블랙홀 같은 곳으로 여행을 가면 시간이 천천히 흘러 미래로 여행할 수 있다. 또, 과거 여행은 웜홀이 존재하면 가능하다. 웜홀이란 우주공간에서 블랙홀과 화이트홀을 연결하는 통로다. 여기서 블랙홀은 중력이 너무 커서 빛도 빠져나갈 수 없는 천체고, 화이트홀은 힘이 작용하지 않아 물질이 내부로 들어가지 못한 채 내뿜기만 하는 천체다.

현재는 과거와 미래를 잇는 다리다. 무한한 가능성을 품은 이 특별한 공간에서 시간여행을 꿈꾸자. 이런 상상이 현재와 우주를 이해하고 연구하는 관점을 넓혀 주기 때문이다.

- 현재를 어떻게 정의하고 싶은가?
- 만약 과거로 돌아갈 수 있다면 어떤 순간으로 돌아가고 싶은가?
- 당신이 생각하는 미래는 어떤 모습인가?

Q80   '현재를 살아가라'는 의미는 무엇일까?

과거를 후회하거나 미래를 걱정하느라 밤잠을 설친 적 있는가? 혹은 뭔가 대단한 일을 기대하며 하루하루를 무의미하게 보낸 적은 있는가? 이럴 때 충고로 듣는 말이 있다. "카르페 디엠(Carpe diem)"이다. 영화 「죽은 시인의 사회」(1990)에서 키팅 선생이 학생들에게 강조한 말이다. "지금을 즐겨라." 이 말은 고대 로마의 호라티우스가 쓴 시 「오데즈(Odes)」에서 "현재를 잡아라, 가급적 내일이란 말은 최소한만 믿어라(Carpe diem, quam minimum credula postero)." 라는 대목의 일부다.

이와 함께 "현재를 살아가라."라는 말도 철학자나 종교인들이 자주 한다. 그 이유는 과거는 이미 지나갔고, 미래는 아직 오지 않았기 때문이다. 물론 철학이나 종교에서 현재를 강조하는 데는 여러 의미가 들어 있다. 그렇지만 '지금'이라는 순간을 소중히 여기고 '현재'에 집중한다면 삶을 더 의미 있게 만들 수 있다는 데 초점이 맞추어져 있다.

순간의 가치   "내일 지구의 종말이 온다고 하더라도 나는 오늘 한 그루의 사과나무를 심겠다."라는 말이 있다. 스피노자 혹은 루터가 했다고 전해지는데, 어떠하든 '오늘'이라는 현재를 강조한다. 철학적 관점에서는 현재의 순간이 가장 중요하다. 그래서 "현재를 살아가라."라고 강조한다. 과거의 경험과 미래에 대한 불안감으로 에너지를 소비하기보다 현재의 순간을 최대한 의미 있게 살아가는 게 중요하다는 것이다. 이는 "You Only Live Once."의 약자인 욜로(YOLO) 같은 삶의 철학으로 볼 수도 있다. 한 번 뿐인 인생, 현재의 순간을 최대한 즐기고, 미래보다는 지금 이 순간을 중요하게 여기자. 현재는 우리가 진짜 살아있다고 느낄 수 있는 유일한 시간이다. 그러므로 현재라는 순간에 집중하고 최선을 다하는 게 더 중요하다.

인과관계와 자유 "순간의 선택이 10년을 좌우한다"던 가전제품 광고도 있었지만, 실제로도 현재의 선택이 미래를 좌우한다. 마하트마 간디는 "미래는 현재 우리가 무엇을 하느냐에 달려있다."라고 했다. 우리의 행동은 현재의 순간에 결정되지만, 그 선택이 미래를 만든다. 따라서 현재를 살아가는 데에는 자유의지와 책임이 뒤따른다. 과거의 실수에 얽매이지 않고, 미래에 대한 불안감에 압도되지 않으면서 지금 내가 원하는 선택을 할 수 있는 자유 말이다. 당연히 그 선택에 대한 책임도 우리가 져야 한다. 운전할 때 핸들을 잡고 내가 원하는 방향으로 갈 수 있는 것처럼, 현재의 선택은 우리 삶의 방향을 결정한다.

종교적으로 신성한 순간 종교에서는 현재의 순간을 신과의 교감, 영적 깨달음의 순간으로 간주한다. '현재'를 영어로 'Present'라 한다. 이는 '선물'이라는 단어와 발음만 다를 뿐 표기는 같다. 오늘, 지금, 이 순간이 우리에게 주어진 최고의 '선물'이라는 뜻이다. 아름다운 노래를 듣는 순간처럼, 현재는 우리에게 영적인 감동과 깨달음을 선물하는 특별한 시간이라 할 수 있다. 그래서 여러 종교에서는 현재의 순간을 선물 같이 주어진 신성한 순간으로 여긴다. 그 안에서 영적으로 성장하거나 일상적인 삶을 신성한 경험으로 만들어 가라고도 권고한다.

과거는 잊어라. 그리고 미래에 대해 불안해하거나 지나치게 기대하지 마라. 지금 이 순간에 집중하고 현재에 충실하라. 그러면 삶의 진정한 의미와 행복을 발견할 수 있다.

- 오늘 하루 동안 현재에 집중했던 순간은 언제였는가?
- 지금 이 순간, 무엇을 느끼는가?
- 현재를 더욱 의미 있게 살아가기 위해 어떤 노력을 할 수 있을까?

Q81 ─ 어떻게 시간을 효율적으로 사용할 수 있을까?

왜 "시간은 금"이라고 하는 것일까? 요즘 금 시세라면, 시간이 금만큼 값비싼 게 없을 듯도 하다. 한번 흘러가 버린 시간은 되돌아오는 법이 없다. 그런데 왜 나는 시간이 없고, 늘 바쁘기만 할까? 시간은 늘 내 편이 아닌 것만 같다. 어떻게 하면 시간을 내 편으로 만들 수 있을까?

시간을 효율적으로 사용하는 것은 매우 좋은 습관이자, 삶의 질을 향상시키는 방법이다. 어떻게 하면 시간을 효율적으로 활용할 수 있는지 알아보자.

목표를 정한다 무엇을 하고 싶은지를 명확하게 정한다. 이를 목표로 삼아 할 일의 우선순위를 설정한다. 무엇을 이루고 싶은지를 명확히 정하면 시간을 관리하는 데 도움이 된다. 내비게이션에 목적지를 찍고 운전하면 길을 효율적으로 찾아서 갈 수 있듯이.

일정을 꼼꼼하게 짠다 매일 혹은 주간별이나 월별로 공부나 업무 관련 일정을 짠다. 이렇게 계획을 세우면 어떤 작업이 필요하고 언제 해야 하는지에 대해 명확하게 시각화할 수 있다. 중요하고 급한 일부터 처리하고, 자투리 시간을 활용하면 좋다. 상황에 따라 유연하게 대처하는 것도 잊지 말자. 악보를 보면서 연주할 때 가끔 즉흥 연주를 곁들이면 즐겁듯이.

시간 관리 도구를 활용한다 일정 관리 도구나 할 일 목록 앱을 활용하여 작업을 추적하고 일정을 효과적으로 관리한다. 그리고 소셜 미디어나 불필요한 인터넷 서핑 같은 활동으로 시간을 낭비하지 않도록 주의한다. 의도적으로 시간을 투자하는 것이 중요하다.

집중과 휴식의 균형을 맞춘다 일정한 시간, 집중해서 작업하는 것은 중요하다. 하지만 이와 함께 적절한 휴식도 필요하다. 무리하게 일하면 효율성이 떨어질 수 있다. 주변의 방해 요소를 최소화하고, 전체적인 일이나 공부의 흐름을 유지하는 게 좋다. 일정한 간격으로 휴식을 취하면서 뇌를 몇 분 동안 쉬게 한다.

적절하게 "예/아니오"라고 답한다 모두가 "예"라고 할 때 "아니오", 모두가 "아니오"라고 할 때 "예"라고 할 수 있는 사람이 좋다는 광고 카피가 유행한 적 있다. 그렇다. 일을 하다 보면 많은 제안과 초대를 받는다. 그럴 때마다 수락하는 것은 시간과 에너지를 소모하는 일일 수 있다. 따라서 적절하게 "예"와 "아니요"로 말하는 게 중요하다.

루틴을 만든다 매일 반복되는 일정한 패턴을 만들어보자. 아침에 일어나는 시간, 운동하는 시간, 공부하는 시간 등을 규칙적으로 정하면 의사결정에 드는 시간과 에너지를 절약할 수 있다. 물이 바위를 뚫듯이 작은 습관이 모여 큰 변화를 만든다.

자기 관리를 꾸준히 한다 업무를 미루거나 완벽주의에 빠진 것은 아닌가? 쉽게 짜증을 내거나 부정적으로 생각하는가? 그렇다면 시간 관리에 앞서 자기 습관과 태도부터 바로잡아야 한다. 잘못된 태도를 지속하다간 시간 관리는 물론, 스트레스와 불만만 쌓일 수 있다. 그러니 자신의 습관이나 태도부터 확인하여 개선하는 게 중요하다.

시간을 효율적으로 사용하는 습관, 이제부터 시작하자. 시간을 어떻게 보낼지 의식적으로 선택하면서, 내가 원하는 방식으로 시간을 채워 나가자.

- 나는 요즘 시간을 어떤 일에 가장 많이 쓰고 있는가?
- 나에게 꼭 필요한 일정을 먼저 정하는 기준은 무엇인가?
- 시간을 더 잘 쓰기 위해 오늘부터 시도해볼 수 있는 한 가지는 무엇일까?

Q82 ── 시간과 공간의 관계는 삶에 어떤 의미를 줄까?

시간과 공간은 어떤 관계일까? 시간이 사물의 변화를 인식하기 위한 개념이라면, 공간은 어떤 물질이나 물체가 존재할 수 있거나 어떤 일이 일어날 수 있는 자리다. 시간과 공간은 늘 함께하는 동반자라 할 수 있다. 시간은 끊임없이 흘러가며 모든 것을 변화시키고, 공간은 우리가 살아가는 무대가 되어준다. 시공간은 물리적, 심리적 측면에서 복잡한 관계를 맺는다. 이는 우리가 경험하는 현실 세계의 기본적인 특성이기도 하다.

●○ 시공간의 물리학적 관계

1 아인슈타인의 상대성이론에 따르면 시간과 공간이 독립적으로 존재하는 게 아니라 서로 연결된 4차원이다. 빠르게 움직이는 물체나 강한 중력이 작용하는 지역에서는 시간의 경과가 다르게 느껴진다. 상대성이론을 수학으로 풀이하여 '민코프스키 공간(Minkowski spacetion)'이라고 한다. 민코프스키 공간에서 시간과 공간은 연동되어 늘어났다 줄었다 한다. 중력이 큰 곳일수록 시간은 느리게 간다. 즉, 시간은 공간 속에서 흐르고, 공간은 시간에 따라 변화한다.
2 우주는 사전적으로 '무한한 시간과 만물을 포함하고 있는 끝없는 공간의 총체'를 뜻한다. 빅뱅 이론에 따르면, 우주의 시공간은 대폭발(빅뱅) 이후 계속 팽창해 왔다. 시간과 공간이 서로 영향을 주고받

으며 변화해 온 것이다. 따라서 우주의 크기와 형태도 시간이 지남에 따라 변화할 수 있다.

●○ 시공간에 관한 철학적 관점

1 시간의 경험과 불확실성 : 철학에서는 인간이 시간을 어떻게 경험하는가를 질문한다. 왜냐하면 우리 삶이 시간과 공간의 틀 안에서 전개되기 때문이다. 우리의 시공간 경험은 세계와 존재를 이해하는 방식을 제공한다. 그렇다면 지나가 버린 과거와 불확실한 미래는 어떻게 이해해야 하는가? 상대성이론에 의해 시간의 상대성이 보편화되면서, 불확실한 시간의 흐름에 관한 철학적 논의도 지속되고 있다.
2 현재의 의미 : 몇몇 철학자들은 현재라는 순간이 지닌 특별한 의미를 강조한다. 시간은 시작과 끝이 없는 무한한 과정이지만, 존재는 유한성을 지니기에 현재의 순간에 더 집중해야 한다는 것이다. 철학적 관점에서 삶의 의미는 시간을 통해 발견되고 형성되므로, 그 의미를 찾는 것이 중요하다.

●○ 시공간에 관한 심리학적 관점

1 기억과 예측 : 기억은 이전의 인상이나 경험을 의식 속에 간직하거나 도로 생각해 내는 것이라면, 예측은 미리 헤아려 짐작하는 것이다. 이때 시공간은 기억과 예측의 중요한 맥락을 형성한다. 우리에게 과거의 경험을 토대로 하여 현재를 이해하고 미래를 예측하는 능력은 살아가는 데 매우 중요하다. 이때 삶의 공간, 즉 환경은 심리학적 경험에 중요한 영향을 미친다.

2 시간의 경험과 흐름 : 심리학에서 사람이 시공간을 어떻게 인식하고 경험하는가는 주요 연구 대상이다. 시간은 우리의 경험과 기억을 형성하고, 미래에 대한 선택과 행동의 중요성을 상기시킨다. 이때 공간은 우리의 존재를 둘러싼 환경을 형성하면서 시간의 흐름을 경험하게 한다. 다만, 이에 관한 인식과 경험은 개인차가 있다.

●○ 의미와 가치 부여

1 목표와 의미 : 시간은 목표를 정하고 이를 향해 실천하는 데에 중요한 역할을 한다. 목표를 향해 나아가는 과정이 곧 시간의 흐름을 따라 진행되기 때문이다. 이때 성장과 배움, 사랑과 관계 형성 등과 관련하여 삶에 의미를 부여한다.
2 생명 주기와 세대 간의 연속성 : 시간은 인간 개개인의 생명 주기와 세대 간의 연속성을 형성한다. 세대가 지남에 따라 사회와 문화, 기술이 변화한다. 그리고 시간과 공간은 이런 변화에 관하여 사회적 의미를 부여한다.

시간과 공간은 우리의 성장을 돕는 선물이다. 시간은 그 사용 방법에 따라 우리 삶을 달라지게 하고, 공간은 우리에게 다양한 경험과 만남을 선물하기 때문이다.

- 평소에 시간을 어떻게 사용하고 있는가?
- 나에게 가장 소중한 공간은 어디인가?
- 시간과 공간을 초월한다는 건 어떤 의미일까?

Q83   —   시간의 중요성을 일깨우는 지혜로 무엇이 있을까?

시간은 우리 모두에게 공평하게 주어진 선물이다. 그런 만큼 한번 흘러가면 다시 돌아오지 않는다. 그래서 금보다 더 귀하게 여기라고 일깨운다. 시간은 삶에서 소중하고 한정된 자원이다. 옛날부터 많은 지식인들이 시간의 중요성을 강조하며 다양한 지혜를 전해왔다. 명언이나 일화, 시간 관리의 지혜 몇 가지를 살펴보자.

●○ 시간에 관한 명언

시간은 금이다   시간이 금만큼 가치가 있고 소중하다는 뜻이다. 돈이야 열심히 일해서 벌 수 있지만, 시간은 지나가면 돌이킬 수 없다. 시간을 효과적으로 활용하는 것이 성공과 행복의 핵심이라 할 수 있다.

오늘 할 수 있는 일을 내일로 미루지 마라   벤자민 프랭클린이 남긴 말이다. 게으름을 피우고 할 일을 미루다 보면 일이 쌓여서 더 큰 부담으로 돌아오게 된다. 과제를 미루다가 밤새워 벼락치기로 하느라 잠도 못 자고 스트레스를 받는 것처럼 말이다. 과제나 일은 시간 날 때마다 미리 해놓으면 더 좋은 결과를 얻을 수 있다. 그러니 미루는 습관을 고치고, 그때그때 일을 처리하면서 시간을 효율적으로 활용하자.

시간이 모든 걸 치유한다   영어 표현으로는 "Time heals almost

everything, give time some time"이다. 시간이 지나면 많은 것이 해결되는 경우를 말하는데, 자연스럽게 회복되거나 좋아진다는 뜻을 내포한다. 시간이 지나면 아무리 힘든 일도 잊히고, 상처도 아물게 된다. 시간이 모든 문제를 해결해 주는 것은 아니지만 말이다.

●○ 일화

칸트의 규칙적인 일상　독일의 철학자 임마누엘 칸트는 규칙적인 생활로 유명하다. 매일 같은 시간에 일어나고, 같은 시간에 산책하며, 같은 시간에 연구와 저술 활동을 했다. 그의 일과는 너무나 정확해서 쾨니히스베르크 시민들은 그가 산책하는 시간을 보고 시계를 맞추었을 정도였단다. 그가 매일 산책한 시간은 오후 3시 30분이었다. 칸트는 어린 시절부터 선천적인 심장질환과 호흡기 장애로 자주 앓아눕곤 했다. 그래서 칸트의 부모님은 규칙적인 생활을 하도록 주의를 기울였던 것인데, 이 생활 습관이 이어진 것이다. 칸트는 자신의 신체적인 약점을 철저한 시간 관리로 극복하여 유명한 철학자로 거듭났다.

고대의 크로노스와 카이로스　고대 그리스 시대에는 헬라어로 시간을 뜻하는 말이 두 가지 있다. 크로노스(Chronos)와 카이로스(Kairos)다. 크로노스는 그냥 흘러가는 물리적 시간, 카이로스는 특별한 의미가 있는 시간을 뜻한다. 시험 날짜는 크로노스지만, 좋은 성적을 받기 위해 공부하는 시간은 카이로스라고 할 수 있다. 따라서 우리는 카이로스, 즉 의미 있는 시간을 만들기 위해 노력해야 한다.

●○ 시간 관리 방법

타임 매니지먼트 전략 시간을 효율적으로 관리하여 일과 개인 생활의 균형을 이루는 기술이 바로 '타임 매니지먼트(Time management)'다. 우선순위를 정하여 일일 계획을 세우고, 적절한 시간 관리 도구와 기법을 활용하여 방해 요소를 최소화하면서 시간을 관리한다. 미루기 습관을 극복하기 위해 짧은 작업시간과 휴식을 번갈아 한다. 그러면 집중력이 높아져 일부의 효율성을 높일 수 있다.

3579 시간관리 법칙 벤자민 프랭클린은 하루 24시간을 자기 계발을 위한 3시간, 식사를 포함한 여가 시간으로 5시간, 잠자는 시간은 7시간, 그리고 일하는 시간은 9시간으로 나누어 활용했다. 그러면서 절제, 침묵, 질서, 결단, 검소, 근면, 성실, 정의, 중용, 청결, 평정, 금욕, 겸손 등의 13가지 덕목을 지키려고 애썼다.

시간을 어떻게 다루느냐가 중요하다. 성공과 행복을 위해 시간을 효율적으로 관리하고 삶의 매순간을 소중히 여기자.

- 시간을 어떻게 사용하고 있는가?
- 당신에게 카이로스는 언제인가?
- 시간을 낭비하지 않고 의미 있게 사용하기 위해 어떤 노력을 해야 할까?

Q84 ── 인공지능 시대, 우리 삶은 어떻게 달라질까?

영화 「아이언맨」(2013)이나 「터미네이터」(1984)를 본 적 있는가? 이 영화에는 공통으로 기계와 생물 유기체를 합성한 사이보그(Cyborg)가 등장한다. 실제로도 진짜 사람처럼 생각하고 행동하는 인공지능(AI)이 우리 삶에 점점 더 다가오고 있다. AI는 이미 우리 주변 곳곳에 잠입해 있다. 스마트폰 속 음성 비서, 유튜브 추천 영상, 심지어 내비게이션의 길 안내까지도 AI가 해준다.

AI는 우리 삶을 더 편리하게 만들어 주기 위해 등장했다. 이에 따라 사회의 각 분야에 많은 변화가 일어날 것으로 예상된다. 스마트폰이 우리 삶을 완전히 바꿔놓았듯이.

●○ AI의 사회적 영향

일자리 변화 AI는 단순하고 반복적인 일들을 빠르고 정확하게 처리한다. 따라서 콜센터 상담원, 은행 창구 직원, 공장 노동자 같은 직업이 사라질 수 있다. 그래도 AI가 하기 어려운 창의적인 일이나 사람과 소통하는 일은 우리의 몫일 것이다. 자동차 발명으로 마부가 사라진 대신, 운전사와 정비사라는 직업이 생긴 것처럼.

교육과 능력 요구 변화 암기 위주의 공부는 중요하지 않을 수 있다. AI가 우리보다 훨씬 더 많은 정보를 기억하고 처리할 테니까. 그 대신 창의적 사고, 문제 해결 능력, 비판적 사고 능력을 키우는 것이 더 중요하다. 기술의 발전으로 인력 시장은 더 뛰어난 기술과 지식을 요구할 것이다. 이에 따라 교육 시스템과 일자리 시장은 변화할 것이고, 우리는 살아남기 위해 끊임없이 배우고 성장해야 한다.

●○ AI의 경제적 영향

생산성 향상 생산성이 향상되고 비용이 절감될 것이다. 이는 기업의 수익성을 높이고 경제 성장을 촉진할 수 있다. 산업혁명시대에 증기기관이 인간의 물리적 한계를 넘어서게 했듯이, AI는 우리의 인지적 한계를 확장시키고 있다. 또한 인간의 능력을 보완하며 새로운 가능성의 문을 열어주고 있다. 이러한 변화는 단순히 효율성의 증대를 넘어서 인간 노동의 본질적 의미를 재정의하고 있다.

4차 산업혁명 AI는 4차 산업혁명의 핵심 기술의 하나로, 기존 산업의 변혁을 이끌고 있다. 스마트 제조, 자율 주행 차량, 의료 진단 등의 분야에서 혁신적인 변화가 예상된다.

●○ AI의 심리적 영향

일상생활의 편의성 우리 일상생활이 더 편리해질 것이다. 스마트 홈 시스템, 음성 비서, 개인화된 추천 시스템 등이 심리적으로 긍정적인 영향을 주리라 예상된다. AI가 반복적인 작업을 대신 처리해주면서 우리는 더 창의적이고 의미 있는 일에 집중할 수 있게 될 것이다.

염려와 불안 AI 기술이 우리 일자리를 대신하면서, 개인 정보 보안을 위협할 수도 있다. 이러한 불안은 사회적 위기의식을 증폭시킬 수 있다. 또한 AI에 대한 지나친 의존은 인간의 사고 능력과 판단력을 점차 약화시킬 우려가 있다.

윤리적 고민   AI 기술은 우리에게 윤리적 과제를 안겨줄 수 있다. 자율 주행 차량이 사고를 일으켰을 때 책임은 누구에게 물어야 하는지 같은 문제가 대표적인 예다.

AI 기술은 편리하지만 우리가 다같이 고민해야 할 대상이다. 새로운 친구를 사귈 때 설렘과 걱정을 동시에 느끼는 것처럼, AI와의 관계도 신중하게 생각하고 발전시켜 나가야 한다.

- AI가 발달하면 어떤 새로운 직업이 생겨날까?
- AI 시대에 필요한 능력은 무엇일까?
- AI와 인간이 공존하기 위해 우리는 어떤 노력을 해야 할까?

Q85 – 인공지능 시대, 프롬프터는 어떻게 활용해야 할까?

인공지능 시대가 되었다기에, AI가 뭘 할 수 있는지 궁금해서 챗GPT에게 이것저것 시켜본 적 있는가? 혹시 그 결과가 시원찮았던 경험은 있는가?

단순히 구글이나 네이버 같은 검색 엔진을 활용하다가 오픈 AI를 활용하면 더 좋은 결과물을 얻으리라 기대한다. 그런데 검색 엔진처럼 단순하게 AI를 사용하면 그만큼의 효과를 얻기 힘들다. 똑똑한 AI에게 어떻게 말을 걸어야 원하는 답을 얻을 수 있는지 아는 게 중요하다. 외국인 친구와 대화할 때처럼, AI에게 명확하게 의사 전달을 해야 제대로 된 답변을 들을 수 있다. 이제는 AI에게 일을 제대로 시켜야 일의 능률을 높일 수 있는 시대가 되었다.

그래서 필요한 게 '프롬프터(Prompter)'다. 프롬프터는 일종의 'AI 조련사'다. 프롬프터는 텍스트 기반의 사용자와 상호작용하여 원하는 작업을 수행하거나 정보를 제공하는 인공지능 모델을 가리킨다. 프롬프터 기능은 GPT-3.5 이상과 같은 언어 모델에서 주로 사용되며, 사용자가 제시한 텍스트 입력에 따라 모델이 문맥을 이해하고 적절한 응답을 생성한다. 프롬프터를 잘 활용하면 AI의 능력을 최대한 끌어낼 수 있다.

프롬프터, 어떻게 활용하면 좋을까?

●○ 문맥 파악

AI는 사람처럼 눈치가 빠르지 않다. 그래서 무엇을 원하는지를 구체적으로 말해줘야 AI가 제대로 이해하고 답변할 수 있다. "오늘 날씨 어때?"라고 묻기보다 "오늘 서울 날씨를 알려줘."라고 물으면 더 정확한 답변을 얻을 수 있다.

1. 프롬프터는 사용자가 입력한 텍스트를 이해하고 그 문맥을 파악한다.
2. 이전에 사용자가 입력한 내용을 고려하여 현재 입력의 문맥을 확장한다.
3. 대화의 흐름과 사용자의 의도를 종합적으로 분석하여 최적의 응답 방향을 설정한다.

●○ 다양한 작업 수행

AI는 똑똑하지만, 모든 걸 다 아는 건 아니다. 자기가 원하는 답변을 AI에게서 얻으려면 질문이나 요구를 할 때 힌트를 주면 좋다. 예를 들어, "고전 영화중에서 사람들에게 사랑받는 감동적인 영화를 추천해 줘, 「사운드 오브 뮤직」같은 영화 말이야!"라고 요구하면 더 만족스러운 답변을 얻을 수 있다.

1. 사용자의 질문에 대한 답변을 생성하거나 특정 정보를 제공한다.
2. 주어진 주제나 내용에 대한 글을 생성하거나 완성한다.
3. 사용자가 입력한 설명을 바탕으로 프로그래밍 코드를 생성한다.
4. 다양한 언어 간의 번역 작업을 수행한다.
5. 창의적 콘텐츠 제작부터 데이터 분석, 문제 해결까지 광범위한 업무를 지원한다.

●○ 자연스러운 언어 생성

　대화에서 자연스러움은 단순히 유창함을 의미하는 것이 아니다. 사용자의 감정 상태, 문화적 배경, 개인적 선호도까지 고려한 맞춤형 소통이 진정한 자연스러움이다. 이를 위해서는 자신의 성향이나 원하는 답변 스타일을 미리 알려주는 것이 중요하다.

1　사용자의 입력에 맞춰 자연스러운 언어 스타일을 유지하면서 응답을 생성한다.
2　이전 입력의 문맥을 유지하면서 새로운 내용을 생성하여 자연스러운 흐름을 유지한다.

●○ 학습 및 개선

　"이 답변이 좋았어, 다음번에도 이런 방식으로 답해줘" "좀 더 구체적인 예시를 들어줄 수 있어?"와 같은 구체적인 피드백을 제공하면, 사용자의 선호도를 학습하고 점차 더 만족스러운 답변을 제공할 수 있다.

1　사용자의 피드백을 받아들여 모델을 지속해서 학습하고 개선한다.
2　새로운 데이터로 모델을 업데이트하여 최신 정보와 동향을 반영할 수 있다.

●○ 유연성과 확장성

　AI는 수많은 역할을 수행할 수 있다. 오늘은 글쓰기 도우미로, 내일은 언어 학습 파트너로, 모레는 비즈니스 컨설턴트로 변신할 수 있다.

1　다양한 주제와 도메인을 처리할 수 있고, 일반적인 사용자 요구에

대응할 수 있다.
2 일부 프롬프터 모델은 사용자가 직접 맞춤화하여 원하는 작업에 활용할 수 있다.

●○ 보안 및 개인 정보 보호

1 사용자의 입력에 민감한 정보가 포함되어 있을 때도 프롬프터는 보안 및 개인 정보 보호에 신경을 쓴다.
2 사용자가 모델의 출력을 조절하거나 원하는 규제를 설정할 수 있다.

●○ 실시간 응답

실시간 상호작용의 품질은 프롬프트의 구조화 정도에 따라 결정된다. 복잡한 요청을 단계별로 나누어 제시하거나, 우선순위를 명확히 하면 더 빠르고 정확하게 응답할 수 있다. 특히 시간이 중요한 업무나 창의적 작업에서는 이러한 구조화된 접근이 효과적이다.
1 실시간으로 사용자 입력에 빠르게 응답하며 상호작용할 수 있다.

프롬프터를 잘 이용하면 AI를 공부와 업무의 훌륭한 조력자로 활용할 수 있다.

- AI에게 어떤 질문을 하고 싶은가?
- AI가 어떤 일을 도와주면 좋을까?
- AI와 함께 어떤 미래를 만들어갈 수 있을까?

Q86 ──── 미래에 AI로 대체 가능한 직업은 무엇일까?

미래에 AI나 로봇이 우리 일자리를 빼앗을까 봐 걱정한 적이 있는가? AI 기술이 발전하면서 자동화 기술이 일자리를 대체한다는 이야기도 들린다. 아직은 물건을 제조하는 일에 사람이 많이 종사하지만, 미래에는 로봇이 그 일을 전부 대신할 수도 있다. 요새는 은행 업무를 볼 때 AI 챗봇이 금융 상담을 도와주기도 한다. 자율주행 기술이 발전하면서 택시나 버스의 운전기사 일자리가 사라질 것이라는 우려도 있다. 이런 문제에 관한 몇몇 기관의 보고서 내용을 잠시 살펴보자.

〈AI 시대 본격화에 대비한 산업인력양성 과제〉(산업연구원, 2023)

2022년 기준으로 국내 기업의 AI 도입률은 4%에 불과하다. 하지만 AI 기술의 발전을 고려할 때 곧 AI 도입이 확대되어 일자리 대체 현상이 광범위해질 것으로 보인다. 산업연구원의 보고에 따르면, 일자리 위기가 예상되는 업종은 제조업·건설업·전문과학기술서비스업·정보통신업 등이다. AI 대체 가능성이 큰 직업으로 화학공학 기술자, 발전장치 조작원, 철도전동차 기관사 등이 제시됐다. 반면 단순 서비스 종사자, 종교 관련 종사자, 운송 서비스 종사자 등은 AI로부터 안전한 직업으로 꼽혔다.

〈인공지능으로 인한 노동시장의 변화와 정책방향〉(한국개발연구원, 2023)

KDI 보고서에 따르면, AI와 로봇을 활용한 기술이 전체 일자리의 38.8%에서 70% 이상의 업무를 대체할 수 있다. 이는 국내 AI 전문가 인터뷰를 통해 AI가 시력, 청력, 말하기, 문제 해결, 정교한 동작 등 44개 업무를 수행할 수 있는 수준을 평가한 다음, 직업별로 요구되는 능력에 적용한 결과다. 직업별로 살펴보면 재봉사, 패스트푸드 종업원, 조립원, 청소원 등 비교적 단순한 노동은 거의 100% 자동화될 것으로 전망했다. 반면 고위공무원, 판사, 검사, 대학교수 등 자동화 가능성이 상대적으로 낮다고 내다봤다. KDI는 기업의 AI 도입 결과를 분석했는데, 이에 따르면 남녀 모두 청년층에서 고용 하락이 크게 나타났고, 여성 청년층은 임금 하락도 있는 것으로 나타났다. KDI는 대기업이 AI 도입을 확대하면 양질의 일자리가 줄고 청년 실업과 만혼·저출산 문제가 더욱 심각해질 것이라고 했다.

〈AI와 노동시장 변화〉(한국은행, 2023)

한국은행은 직업별 AI 노출 지수를 근거로 고학력·고소득 근로자일수록 AI에 더 많이 노출돼 있어 대체 위험이 크다고 분석했다. AI 노출 지수가 높아 AI 대체 가능성이 큰 직업으로 화학공학 기술자, 발전장치 조작원, 철도 및 전동차 기관사, 상하수도 처리 장치 조작원, 재활용 처리 장치 조작원, 금속 재료공학 기술자 등을 꼽았다. 반면 AI 노출 지수가 낮은 직업은 음식 관련 단순 종사자, 대학교수 및 강사, 상품 대여 종사자, 종교 관련 종사자, 식음료 서비스 종사자, 운송 서비스 종사자 등이다. AI 활용도가 높아지면서 임금 불평등을 비롯해 소비자 보호 약화, 이윤 독점 강화, 민주주의 기능 약화 등의 사회적 문제가 초래될 수 있다고 지적했다.

AI 시대의 일자리 전망

AI 기술의 발전이 편리함을 제공하기도 하지만, 우리 일자리를 대체할 수 있다는 점에서 예의주시할 필요가 있다. 산업혁명 이후 수많은 직업이 변화해 왔지만, 동시에 새로운 직업과 기회도 열렸다. AI가 모든 일을 대체할 수 있는 건 아니다. 위의 보고서만 보더라도 AI는 숙련된 기술이나 창의적인 일, 의사소통이 중요한 직종을 대체할 만한 기술은 갖추지 못했다. 미래에는 기술의 발전에 대응하며 새로운 역할과 기술을 습득하는 데 중점을 둘 필요가 있다. 전문가들은 AI 기술을 개발하고 관리하는 일, AI를 활용해서 새로운 서비스를 만드는 일, AI가 잘못된 판단을 하지 않도록 감독하는 일 등은 많이 생겨날 거라고 전망한다.

미래에는 AI와 함께 살아가야 한다. AI를 잘 활용하고, AI가 할 수 없는 일에 집중하면서 미래 사회에 잘살 수 있는 지혜를 익히자.

- AI가 발달하면 어떤 새로운 직업이 생겨날까?
- AI 시대에 살아남기 위해 어떤 능력을 키워야 할까?
- AI와 인간이 함께 행복하게 살아가기 위해 우리는 어떤 노력을 해야 할까?

Q87　　AI 기술을 어떻게 도입·활용할 것인가?

AI 기술은 이제 선택이 아닌 필수가 되었다. 우리가 스마트폰 없이 살 수 없듯이, AI 없이는 경쟁에서 뒤처질 수밖에 없는 시대가 온 것이다. 그런 만큼 우리 기업이나 조직, 사회는 AI 기술을 어떻게 활용할 것인지를 고민해야 한다. 우리가 여기까지 관심을 가져야 하나 싶겠지만, AI 시대를 살아가야 하므로, 이 정도는 알아두어야 한다.

이제 AI 기술 활용을 위한 10단계 로드맵을 살펴보자.

1단계_AI 도입의 목표 설정　AI 기술을 도입하기 전에, 제일 먼저 무엇을 해야 할까? 바로 목적을 정하는 일이다. 어떤 목적으로 AI를 활용하는지, 또 AI로 어떤 문제를 해결할 것인지를 명확히 정의해야 한다. 여행을 떠나기 전에 목적지를 정하듯이, AI의 도입 목표를 명확히 해야 올바른 방향으로 나아갈 수 있다. 또 이 목표는 AI 시스템이 어떤 결과를 도출해야 하는지에 대한 기준이 된다.

2단계_데이터는 AI의 힘　AI는 데이터를 먹고 자라는 존재다. 맛있는 음식을 먹으면 힘이 나듯이, AI도 품질 좋은 데이터를 많이 학습해야 똑똑해진다. 필요한 데이터를 수집하고 정리하는 과정이 꼭 필요하다. 데이터의 양과 질이 AI 모델의 성능에 큰 영향을 끼친다.

3단계_적합한 알고리즘 선택과 AI 모델 구축　AI 모델은 매우 다양하다. 따라서 해결하려는 문제에 가장 적합한 알고리즘을 선택하여 AI 모델을 구축해야 한다. 수집한 데이터와 목표에 따라 머신러닝(기계학습), 딥러닝이나 혹은 다른 AI 기술을 선택한다.

4단계_AI 모델의 훈련과 평가   선택한 AI 모델을 데이터로 훈련시킨다. 운동선수가 훈련을 통해 실력을 키우듯이, AI도 데이터를 통해 학습하면서 성장한다. 그리고 검증 데이터를 사용하여 성능을 평가하고 개선해 나간다. 이 단계에서 AI 모델의 하이퍼파라미터(Hyperparameter, 매개변수)를 조정하고 최적화를 수행한다.

5단계_AI의 시스템 통합과 배포   훈련된 AI 모델을 실제 환경에서 사용할 수 있도록 시스템에 통합하고 배포한다. 학교에서 배운 지식을 실제 생활에 적용하는 것처럼, AI 모델도 실제 환경에서 제대로 작동하는지 확인하고 문제점을 개선해 나간다. 이 단계에서 모델의 안정성, 성능 모니터링, 보안 등을 고려해야 한다.

6단계_AI 모델의 지속적 개선   AI 모델은 한 번 만들었다고 끝이 아니다. 우리가 끊임없이 배우고 성장해야 하듯이, AI 모델도 새로운 데이터를 학습하면서 지속적으로 개선하고 업데이트하는 메커니즘을 구축해야 한다.

7단계_AI의 윤리와 규제 준수   AI는 우리 삶에 큰 영향을 미치기 때문에 윤리적인 문제도 중요하게 고려해야 하다. 시민으로서 법규를 지켜야 하듯이, AI도 윤리적인 기준을 지켜야 한다. 개인 정보 보호, 공정성, 투명성 등에 관련된 윤리 지침과 관련 법규를 따르도록 한다.

8단계_AI 사용자 교육과 적응 AI 시스템을 잘 사용하려면 그 사용법을 제대로 익혀야 한다. 새 스마트폰을 사면 사용 설명서를 읽어보듯이, AI도 제대로 알고 사용해야 효과를 극대화할 수 있다. 또, 사용자 피드백을 수용하여 AI 시스템을 개선해야 한다.

9단계_AI 기술의 트렌드와 업계 동향 추적 AI 기술은 지속적으로 빠르게 진화한다. 따라서 최신 AI의 트렌드를 주시하면서 업계 동향을 파악하고, 새로운 기술을 적극적으로 도입해야 한다. 유행에 뒤처지지 않기 위해 패션 잡지를 보는 것처럼, AI 분야도 새로운 기술 혁신을 위해 끊임없이 배우고 변화해야 한다.

10단계_AI 시스템의 비즈니스 가치 평가 AI 도입의 목표는 결국 비즈니스 가치 창출에 있다. AI 시스템 도입으로 어떤 성과를 거두는지 꾸준히 평가하고, 부족한 점은 개선해야 한다. 건강검진을 통해 건강 상태를 확인하고 관리하듯이, AI 시스템도 꾸준히 관리하고 개선해야 더 좋은 결과를 얻을 수 있다.

AI 기술 활용 로드맵을 따라 AI 모델을 준비한다면, 기업과 조직의 가치를 창출할 수 있다.

- AI 도입을 성공적으로 이끌기 위한 첫 단계는 무엇인가? 그 이유는?
- AI 모델 구축 단계에서 왜 데이터가 중요한가? 어떤 데이터가 필요한가?
- AI 시스템 도입 후에도 지속적인 개선과 발전이 필요한 이유는 무엇인가?

Q88   AI 도입과 선점을 위해 전략은?

최근 AI폰 시대가 되면서 AI 기술 혁신과 선점을 위한 기업들 간 경쟁이 치열해졌다. 스마트폰 없이 살 수 없는 지금, AI 기술 혁신과 선점이 기업 경쟁력에도 중요해진 것이다. 따라서 기업에 맞는 AI 모델 개발과 기술 선점이 미래 시장에서 살아남는 방법이 되었다.

  어떻게 해야 AI 시대의 선두 주자가 될 수 있을까? 성공적인 AI 도입을 위한 핵심 전략을 알아보자.

명확한 목표 설정   AI를 도입하기 전에 기업의 사업 목표를 명확히 이해하고, 어떤 영역에서 가장 큰 가치를 창출할 수 있는지 판단한다. 기업의 문제점이 무엇인지, AI를 통해 무엇을 얻고 싶은지 명확하게 정의해야 한다.

전사적 지원 확보   AI 도입은 단순히 기술적인 문제가 아니라, 조직의 문화와 시스템을 바꾸는 일이다. 축구 경기에서 승리하려면 선수들뿐만 아니라 감독, 코치, 응원단까지 모두 힘을 합쳐야 하는 것처럼 AI 도입도 회사 구성원 모두의 지지와 참여가 필요하다.

데이터 인프라 구축   AI 모델은 품질 높은 데이터에 의존한다. 농부가 비옥한 토지를 준비하고 농사를 짓듯, AI 시스템에 필요한 기반으로 데이터 인프라를 구축해야 한다. 즉, 데이터를 수집하고 이를 저장, 분석, 처리하기 위한 적절한 시스템을 갖추는 것이 중요하다.

특화된 AI 전문인력 확보　AI 전문가는 AI 시대의 핵심 인재다. 축구팀에 뛰어난 선수가 필요하듯이, AI 도입에도 특화된 인력 확보가 중요하다. 외부에서 전문가를 영입하거나 사내 직원들을 교육해서 AI 전문가로 키우는 방법도 있다.

최신 AI 기술 도입　AI 기술은 끊임없이 진화한다. 최신 AI 기술을 발빠르게 도입하고 활용하는 것이 경쟁에서 앞서 나가는 비결이다. 따라서 AI 모델을 효과적으로 훈련하고 운영하기 위한 소프트웨어와 하드웨어 인프라를 지속적으로 업그레이드해야 한다.

지속적인 피드백과 개선　AI 도입이 처음부터 완벽하게 실행되지는 않는다. 새로운 요리를 만들 때 여러 번 시도하듯이, AI 도입도 여러 번 실험하고 개선해야 한다. 실패를 두려워하지 말고, 신속하게 실험하고 결과를 확인하는 게 중요하다. 프로토타이핑(prototyping)을 통해 아이디어를 실제로 구현하고 테스트해봐야 최적의 AI 모델을 찾을 수 있다.

중간 결과물 및 측정 지표 설정　성과를 신속하게 측정하기 위해 중간 결과물을 설정하고 성과 측정 지표를 결정한다.

외부 협업과 제휴　AI 기술을 빠르게 적용하기 위해 외부 전문가와의 협업이나 적절한 기술 제휴를 맺는다.

보안과 규제 준수　AI 시스템을 도입할 때 보안과 규제를 준수하여 시스템의 안정성을 확보한다.

변화 관리 및 학습 문화 구축 AI 도입에는 조직의 변화가 뒤따라야 한다. AI의 이점과 활용 방법에 관한 교육과 홍보 활동을 지속하여 조직 내외의 이해도를 높인다. 이러한 학습 문화를 구축하여 새로운 과학 기술에 빠르게 적응할 수 있도록 조직 내 구성원을 지원해야 한다.

명확한 목표 설정에 맞는 인프라를 구축하자. 이 바탕 위에서 AI를 도입해야 혁신 기술을 선점할 수 있는 환경이 조성된다.

- 내가 속한 조직은 AI를 어떤 분야에 활용하면 좋을까?
- AI 도입을 위해 어떤 준비가 필요할까?
- AI 시대에 우리 조직이 나아가야 할 방향은 무엇일까?

Q89   AI의 힘인 데이터를 확보·관리 전략은?

AI 시대에는 데이터가 힘이라고 한다. 알다시피 AI는 사람의 지적 능력을 모방, 구현한 기술이다. AI는 데이터를 재료로 만들어진 것으로, 사람이 학습하는 과정을 흉내 낸다. 데이터로부터 찾아낸 패턴을 이용하여 예측하거나 분류하는 일을 할 수 있다. 맛있는 음식 재료가 있어야 훌륭한 요리를 만들 수 있듯이, AI도 품질 좋은 데이터가 있어야 제대로 된 결과를 낼 수 있다.

데이터 확보는 AI 시스템의 핵심 부분이다. 품질 좋은 데이터 확보와 관리는 AI 프로젝트의 성패를 좌우한다. 좋은 데이터 확보와 관리를 위한 기본 전략을 알아보자.

어떤 데이터가 필요한지 정확히 파악한다   데이터 수집 전에 해결할 문제나 달성할 목표를 명확하게 정해야 한다. 쇼핑 전에 물품 목록을 작성하는 것처럼, 필요한 데이터의 종류와 양을 미리 정해두는 게 중요하다. 예를 들어, 챗봇을 만들고 싶다면 대화 데이터가 필요하고, 이미지 인식 AI를 만들고 싶다면 이미지 데이터가 필요하다.

데이터를 어디서 구할지 알아둔다   데이터는 우리 주변 곳곳에 숨어 있다. 회사나 기관 내부 시스템에 저장된 데이터, 웹사이트나 소셜 미디어에 공개된 데이터, 심지어 스마트폰 센서가 수집하는 데이터까지. 보물찾기 하듯 다양한 곳에서 필요한 데이터를 찾아본다.

데이터 수집 계획을 세운다 데이터를 어떻게 모을지를 계획하는 것도 중요하다. 어떤 도구(웹 크롤링, 센서, 로그 파일 등)를 사용할지, 얼마나 많은 데이터가 필요한지, 데이터를 어떻게 저장하고 관리할지 등을 미리 계획해야 효율적으로 데이터를 수집할 수 있다. 여행 계획을 세우는 것처럼 데이터 수집 계획도 꼼꼼하게 세운다.

믿을 수 있는 데이터만 골라 담는다 수집한 데이터가 모두 좋을 수는 없다. 잘못된 정보나 불필요한 내용이 포함되면 AI 성능을 떨어뜨릴 수 있다. 깨끗한 물에 불순물이 섞이면 거르거나 버려야 하듯이, 데이터도 깨끗하게 정제하는 과정이 필요하다. 따라서 수집한 데이터의 품질을 평가하면서 데이터 중복, 불일치, 불완전성 등을 확인하여 다시 정리한다.

데이터 보안을 잊지 않는다 데이터는 소중한 자산인만큼 안전하게 보관해야 한다. 개인 정보가 포함된 데이터는 특히 더 조심한다. 귀중품을 금고에 보관하듯이, 데이터도 안전하게 보관, 관리하는 데 신경 써야 한다.

1. 내외부 협력과 데이터 제휴 : 필요한 데이터를 얻기 어려운 경우에는 다른 기업이나 기관과 협상하거나 제휴하여 데이터를 확보할 수 있다.
2. 데이터 수집과 저장 : 목표와 계획에 따라 데이터를 수집하고 안전한 방식으로 저장한다. 클라우드 서비스나 온프레미스(현장 설치형) 솔루션 등을 활용한다.
3. 데이터 라벨링과 주석 작업 : AI 모델 훈련을 위해 라벨링 및 주석 작업을 수행하여 데이터를 풍부하게 만든다.
4. 지속적인 데이터 업데이트 : 데이터는 시간 경과에 따라 변화하므로,

지속적인 데이터의 업데이트를 통해 모델의 정확성을 유지한다.

5   데이터 사용 규정과 문서화 : 데이터 사용에 관한 규정을 명확히 정하고 문서화하여 조직 내에서 공유하고 업데이트한다.
6   데이터 모니터링과 품질 관리 : 데이터의 품질을 지속해서 모니터링하고 문제가 발생하면 즉각 조치를 취하여 데이터의 정확성을 유지한다.

데이터 확보는 지속적으로 하되 전략적으로 진행하자. 데이터를 효과적으로 확보하고 관리하여 그 품질을 유지하는 것이 중요하다.

- 내가 속한 회사나 기관에는 어떤 데이터가 있을까?
- 데이터를 수집하고 관리하는 데 어떤 어려움이 있는가?
- 데이터를 안전하게 보호하기 위해 어떤 노력을 해야 할까?

Q90 ── 빅데이터란 무엇이며, 어떻게 활용되고 있을까?

데이터가 얼마나 크기에 빅데이터라고 하는 것일까? 사실 너무 방대해서 기존의 방법이나 도구로는 수집·저장·분석이 어려운 데이터들을 의미한다. 거대한 도서관처럼, 빅데이터는 엄청나게 많은 정보를 담은 보물창고 같다. 우리가 인터넷에서 검색하는 내용, SNS에 올리는 글, 스마트폰으로 찍는 사진, 심지어 버스카드 사용 기록까지, 우리가 만들어내는 모든 정보는 빅데이터가 될 수 있다.

●○ 빅데이터는 왜 중요할까?

빅데이터는 우리가 미처 알지 못했던 새로운 사실들을 알려주고, 더 나은 의사결정을 할 수 있도록 도와준다. 탐정이 단서를 모아 범인을 찾아내듯, 빅데이터를 분석해서 숨겨진 패턴이나 인사이트를 발견할 수 있다.

●○ 빅데이터의 특징은 무엇인가?

규모(Volume) 빅데이터는 규모가 매우 크다. 주로 테라바이트(TB)에서 페타바이트(PB)에 이르는 크기의 데이터를 다룬다.

속도(Velocity) 빅데이터는 거의 실시간으로 생성되고 처리되는 데이터를 포함한다. 이는 데이터가 빠르게 생성되고 업데이트되는 경우를 뜻한다.

다양성(Variety) 빅데이터는 다양한 형태와 형식의 데이터를 포함한다. 텍스트, 이미지, 오디오, 비디오 등의 다양한 유형의 데이터와 구조화된 데이터, 비구조화된 데이터를 모두 포함한다.

●○ 빅데이터는 어떻게 활용되는가?

빅데이터는 미래 사회를 이끌어갈 핵심 기술 중 하나다. 빅데이터를 잘 활용하면 우리 삶을 더욱 편리하고 풍요롭게 만들 수 있다는 말이다.

빅데이터의 활용 사례 빅데이터는 이미 우리 삶 곳곳에서 활용된다. 유튜브나 넷플릭스를 예로 들 수 있다. 이 플랫폼들은 빅데이터를 분석해서 우리가 좋아할 만한 영상이나 영화를 추천해 준다. 또, 온라인 쇼핑몰은 빅데이터를 분석해서 우리가 관심 있을 만한 상품을 광고로 보여준다.

비즈니스 인텔리전스 및 의사결정 지원 기업은 빅데이터 분석을 통해 고객 행동 및 선호도를 이해하고, 시장 동향을 파악하여 비즈니스 전략을 개발하고 의사결정을 지원한다.

마케팅 및 광고 빅데이터는 소셜 미디어, 웹사이트, 모바일 앱 등에서 생성되는 데이터를 분석하여 타겟 마케팅을 수행하고 광고 캠페인의 효율성을 향상시킨다.

금융 서비스 금융 기관은 거래 데이터, 고객 정보, 시장 데이터 등을 분석하여 사기 탐지, 신용 평가, 포트폴리오 관리 등을 수행한다.

헬스케어   의료 기관은 환자 기록, 의료 이미지, 센서 데이터 등을 분석하여 질병 예측, 치료 효과 모니터링, 의료 비용 최적화 등을 수행한다.

교통 및 물류   빅데이터는 교통 관리, 운송 최적화, 재고 관리 등의 분야에서 사용되어 효율성을 높인다. 예를 들어 교통 빅데이터를 분석하여 교통 체증을 줄이는 방법을 찾을 수 있다.

인공지능 및 기계 학습   AI는 직접 학습하도록 설정되어 있다. 즉 기계 학습(머신러닝)을 하면서 그 성능이 개선된다. 이때 재료가 되는 교과서가 바로 빅데이터다. 빅데이터를 활용하여 AI 모델의 정확도가 향상되고 관련 시스템 개발이나 네트워크의 형성과 훈련이 수행된다.

빅데이터를 활용하자. 보물지도를 손에 넣은 것처럼, 빅데이터를 통해 새로운 기회를 발견하고 세상을 변화시킬 수 있을지도 모른다.

- 빅데이터는 우리 삶에 어떤 영향을 미치고 있을까?
- 빅데이터를 활용해서 어떤 문제를 해결할 수 있을까?
- 빅데이터 기반 AI 시대에 어떻게 대비해야 할까?

어떻게 하면 행복할까?

행복은 고통의 부재에서 온다. - 쇼펜하우어

Q91 — '심리적 동화 과정'은 어떻게 행복과 연결될까?

행복을 무엇으로 느낄 수 있을까? 달라이 라마는 '행복'을 '외부에서 찾는 것이 아니라 내면에서 만들어지는 것'이라고 했다. 사전적 의미로 '행복'은 '복된 좋은 운수'이면서 '생활에서 충분한 만족과 기쁨을 느껴 흐뭇하거나 그런 상태'다. 행복해지려면 운도 따라야 한다는 말인가? 하여튼 삶 속에서 기쁨, 희망, 믿음, 사랑, 감사, 연민, 용서, 경외감 같은 긍정적 경험이 바로 '행복'일 수 있다.

고영건·김진영 두 심리학과 교수는 『행복의 품격』에서 행복한 삶을 위해 자기 생각을 스스로 관리하는 메타인지의 지혜가 필요하다고 제안했다. 하버드대학의 '성인 발달 연구'에 따르면, 사랑하는 사람을 마음속에 담아내는 과정이 행복을 경험하게 한다. 이러한 '심리적 동화 과정'이 '관계를 내재화하는 능력'을 키워 불행한 사람을 긍정적으로 만들어준다는 것이다. 긍정적 경험을 마음속에 담아내어 행복해질 수 있다는데, 어떻게 하면 되는지 더 알아보자.

애착이론, 사랑하는 사람을 마음에 담아보자   사랑하는 사람들과 함께 하면 웃음이 절로 나고 마음이 따뜻해진다. 행복의 원천으로 사랑이 있기 때문이다. 유아기에 가까운 사람에게 강한 감정적 유대를 느끼는데, 이것이 애착 관계를 형성한다. 애착이론(Attachment Theory)은 유아기에 형성된 안정적 애착이 행복감과 정서적 안정에 긍정적인 영향을 미칠 수 있다고 주장한다. 이러한 애착의 영향으로 사람들에게 지지받는다고 느끼면 행복해지고 긍정적인 인간관계도 형성할 수 있다.

긍정심리학, 긍정적인 마음으로 세상을 바라보자 '긍정'은 '그러하다고 생각하여 옳다고 인정하는 것'을 뜻한다. 뭐든 다 좋다고 하는 게 아니라 옳고 그름을 판단하여 인정하는 것이다. 또, '낙관'은 인생이나 사물을 밝고 희망적으로 보며 앞으로 잘될 거라고 여기는 것이다. 긍정과 낙관으로 세상을 바라본다면 어떠할까? 적어도 어려움 속에서도 희망을 잃지 않고, 작은 것에도 감사하며 살아갈 수 있다. 긍정적인 친구와 함께 있으면 나도 긍정적인 기운을 얻듯이, 긍정적인 마음은 주변 사람에게도 행복을 전파하는 힘이 된다. 긍정심리학(Positive Psychology)은 개인의 강점, 기쁨, 만족, 감사, 사랑 등 긍정적인 측면을 연구한다. 그리하여 희망, 용기, 긍정적 사고 등을 강화하여 행복을 촉진하는 데 중점을 둔다.

종교와 철학에서 행복의 지혜를 얻자 종교와 철학은 오랜 세월 동안 인간의 행복에 대해 고민하며 탐구해 왔다. 그 과정에서 얻은 지혜를 사람들에게 제공하고 있다. 기독교는 신에 대한 믿음과 다른 이들에 대한 사랑과 용서를 통해 행복을 찾을 수 있다고 강조한다. 한편, 불교는 연민과 마음의 평정을 통해 내면의 행복을 찾는 방법을 제시한다. 인생의 목적을 행복이라 강조한 철학적 예로, 에피쿠로스학파와 스토아학파를 들 수 있다. 에피쿠로스학파는 즐거울 때(쾌락) 행복하고 불쾌할 때 불행하다고 봤다. 그래서 쾌락을 위해 소소한 기쁨과 친구, 정신적 안정을 중요시한다. 한편, 스토아학파는 외부 환경에 영향을 받지 않고 내면에서 평온과 행복을 찾을 수 있다고 했다. 감사와 용서를 통해 마음의 안정을 추구하며 덕을 실현할 때 행복하다고 강조한다.

마음챙김으로 현재에 집중하자 상담학적으로 마음챙김(mindfulness)은 개인의 내적 환경이나 외부세계의 자극과 정보를 알아차리는 의식적 과정이다. 돋보기로 작은 물체를 자세히 관찰하듯이, 현재 순간에 집중하고 내면의 감정을 탐색하는 연습이 필요하다. 이러한 명상을 통해 불안과 걱정에서 벗어나 마음의 평화를 찾으면 행복에 더 가까워질 수 있다. 심리적 동화(Psychological Internalization)는 사랑하는 사람들과의 관계를 내면에 담아내는 과정을 뜻한다. 사회적 관계에서 얻은 긍정적인 경험을 자기 내면으로 수용하면 이를 잘 활용할 수 있다. 자기-동기화(Self-Transcendence)는 자신이 원하는 것을 즐기고 자기가 선택한 목표에 몰입하는 것이다. 다른 사람에 대한 연민과 이타적인 행동을 통해 자기를 넘어서서 그 경험의 폭을 넓힐 때 행복할 수 있다.

나만의 행복을 찾아보자. 자신의 가치관, 신념, 경험에 맞는 방법을 융합한다면 더 행복해질 수 있다.

- 나에게 행복을 주는 사람은 누구인가?
- 긍정적인 마음을 유지하기 위해 어떤 노력을 할 수 있을까?
- 종교나 철학에서 행복에 대해 어떤 가르침을 얻을 수 있을까?

Q92 　　　　　　 행복에 관한 이론은 어떤 게 있을까?

행복을 무엇이라 생각하는가? 일상에서 만족함을 느낄 때 가능한 게 아닌가 싶다. 그러나 행복에 대한 정의는 개인마다 다를 수 있다. 행복에 관한 유명한 견해나 이론을 살펴보면서 나의 행복 조건을 생각해 보자.

매슬로의 욕구 단계 이론　에이브러햄 매슬로는 '인간 동기의 이론'(Maslow's Hierarchy of Needs)에서 인간의 동기가 작용하는 양상을 설명했다. 이에 따르면, 인간의 욕구는 어느 단계를 달성하게 되면 계속하여 더 높은 단계를 기준으로 삼기 때문에 절대적 행복은 불가능하다. 따라서 욕구 5단계, 즉 생리적 욕구에서 안전 욕구로, 다음은 애정과 소속의 욕구, 존중 욕구로, 더 나아가 자아실현 욕구까지 평생 행복을 추구하며 살 수밖에 없다.

에릭슨의 심리 사회적 발달 이론　개인의 능력과 사회 문화적 요소의 접점이 어떻게 달라지는가에 따라 8단계의 발달이 진행된다(Erikson's psychosocial developmental theory). 기본적인 신뢰감 대 불신감(희망, 영아기), 자율성 대 수치심(의지, 유아기), 주도성 대 죄의식(목적, 미취학 아동기), 근면성 대 열등감(능력, 취학 아동기), 자아 정체감 대 역할 혼란(충성심, 성실성, 청소년기), 친밀감 대 고립감(사랑, 청년기), 생산성 대 침체성(배려, 중년기), 자아 통합 대 절망(지혜, 노년기) 등이다. 에릭슨은 이 단계를 거쳐 성장하면서 자아 정체성과 만족을 얻는 것이 행복의 핵심이라고 주장했다.

마틴 셀리그먼의 긍정심리학   마틴 셀리그먼은 불안과 우울, 스트레스와 같은 부정적 감정보다 개인의 강점과 미덕 같은 긍정적 심리에 초점을 맞추었다. 그는 행복을 이루는 요소로 'PERMA'를 제시했는데, 이는 긍정 정서(Positive emotion), 몰입(Engagement), 관계(Relationship), 의미(Meaning), 성취(Accomplishment) 등이다. 그는 '행복은 자기 스스로 찾고 만들어가는 '자기화의 과정'이라고 주장했다. 그러면서 '즐거움, 몰입, 삶의 의미'를 행복의 조건으로 꼽았다.

캐롤 드웩의 성장 마인드셋 이론   성장 마인드셋(Growth mindset)은 이러한 태도가 동기부여가 되어 실패를 딛고 다시 노력하게 한다. 즉 성장 마인드셋이 개인의 행복과 성공에 긍정적인 영향을 미친다.

행복하려면 나를 있는 그대로 받아들이자. 나 자신을 사랑하고 존중하는 것이 행복의 시작이다.

- 매슬로의 욕구 5단계 중에서 나는 지금 어느 단계에 있는가?
- 에릭슨의 인생 8단계 중에서 나는 어떤 과제를 해결해야 하는가?
- 긍정적인 마음과 성장 마인드셋을 갖기 위해 어떤 노력을 해야 할까?

Q93 행복의 전제 조건은 무엇일까?

"행복: 두둑한 통장, 훌륭한 요리사, 그리고 소화력" 누가 말한 것일까? 계몽주의를 내세웠던 장 자크 루소가 한 말이란다. 예나 지금이나 '행복'은 현실과 관련성이 깊다. 좋은 직장에 다니며 돈을 많이 벌고, 맛있는 음식도 즐긴다. 가끔 멋진 차로 여행도 가고, 집에서는 편안히 쉰다. 이런 일상에서 행복을 느낄 수 있지만, 그것만이 과연 행복일까? 사랑하는 사람들과 함께 맛있는 음식을 나눠 먹으면 더 행복하듯이, 다양한 요소가 어우러져야 행복이 된다.

프리드리히 니체는 인간의 삶을 낙타, 사자, 어린이에 비유했다. 즉, 낙타처럼 시키면 시키는 대로 일하고 행동하는 삶이냐, 사자처럼 경쟁하고 투쟁하며 갈등하며 사는 삶이냐, 어린이처럼 본질을 즐기며 순수하게 사는 삶이냐는 것이다. 이런 삶 가운데서 행복을 어떻게 찾아야 할까? 행복에 관한 견해들을 종합·정리해 보면서 나만의 행복 비법을 만들어 보자.

삶의 목표를 향해 꾸준히 나아가자 등산할 때 정상을 향해 가는 과정에서 아름다운 풍경을 감상할 수 있다. 우리 삶도 마찬가지다. 삶의 목표를 향해 나아가면서 즐거움과 성취감을 느낄 수 있다. 나에게 무엇이 가장 중요한지, 어떻게 살고 싶은지를 깊이 생각해 보고, 삶의 목표를 향해 끊임없이 도전해 보자. 그 과정에서 삶의 의미를 찾다 보면 행복도 발견할 수 있다.

실패와 마주하되, 같은 실수는 반복하지 말자 살다 보면 성공보다는 실패와 더 자주 마주친다. 이럴 때 실패했다고 좌절하기보다 이를 성장의 기회로 삼아보자. 실패를 딛고 일어서겠다는 강한 의지와 용기로 다시 도전해 보는 거다. 시인 롱펠로우도 말했다. "우리는 한 사람의 덕에서보다 그의 실패에서 더 많은 것을 배운다."라고. 인간은 실수와 실패를 피할 수 없는 존재다. 하지만 그것을 통해 더 나은 방향으로 나아갈 수는 있다. 단, 같은 실수는 반복하지 않는 게 좋다.

나를 인정하되, 더 나아지려고 노력하자 나 자신을 사랑하는 것에서부터 행복은 시작된다. 거울 속 비친 내 모습을 보며 미소 지어본다. 그리고 내 장단점을 있는 그대로 받아들인다. 다만, 부족한 부분은 개선하려고 노력해야 성장도 뒤따른다. 게임을 할 때 캐릭터를 레벨업해야 하듯, 자신도 성장시켜야 행복에 더 다가갈 수 있다. 급변하는 세상에서 책을 읽거나 강의를 듣고, 전문가 상담도 받으며 자기 계발을 계속하자. 그렇게 지식과 기술을 습득하면서 성장하는 습관을 길러야 행복도 만들 수 있다.

다른 사람들과 네트워킹하며 행복을 나누자 혼자보다 함께 나눌 때 행복감이 더 커진다. 좋은 음식도 사랑하는 사람과 함께 먹을 때 더 맛있는 것처럼, 행복도 그러하다. 행복하고 싶다면 가족, 친구, 연인과의 관계를 소중히 여기자. 서로에게 힘이 되어주는 따뜻한 관계를 만들어간다면 이보다 더 행복할 수 있을까. 그리고 다양한 분야의 사람들과도 소통하며 네트워크를 확장한다면 또 다른 행복감을 맛볼 수 있다.

순간에 만족하지 말고 인내하며 꾸준히 노력하자 행복은 순간에 있는 것이 아니다. 불행하다고 느껴진다고 마냥 우울해하거나 불안해할 필요는 없다. 쇼펜하우어가 말했듯이, 삶이란 행복과 불행의 연속이라 할 수 있기 때문이다. 그러니 순간의 행복이나 불행에 연연하지 말고, 인내심을 가지고 꾸준히 행복해지려고 노력할 때 행복도 자주 혹은 오래 이어갈 수 있다.

세상을 긍정적으로 바라보자. 혼자 행복을 누리기보다 주변 사람들과 함께 나누며 어려움 속에서도 희망을 잃지 않을 때 더 행복해질 수 있다.

- 자신에게 행복했던 시간을 기억해 보자.
- 왜 행복하게 생각했는지 상황을 정리해 보자.
- 나의 장단점은 무엇인가? 이를 어떻게 보완해야 행복할까?

Q94   고객을 만족시키는 전략은 무엇일까?

'기초를 닦고 계획을 세워 어떤 일을 해나감'이란 뜻을 지닌 단어는 무엇일까? 그렇다. 바로 '경영'이다. 그 1차적 의미는 '기업이나 사업을 관리하고 운영하는 것'이다. 그보다 앞서 언급한 2차적 의미를 우리 삶의 모든 활동에 적용할 수 있다. 기업 운영이나 사회활동에서 자신(기업)과 다른 사람(고객)의 의사소통이나 관계 형성이 중요하다. 예를 들어 손님이 가게에서 마음에 드는 옷을 찾는다면, 판매자가 그 요구에 맞는 제품이나 서비스를 제공해야 한다. 판매자와 고객의 관계가 원만해야 지속적인 거래가 가능하다. 요즘 고객은 판매자가 주는 것을 그대로 받아들이지 않는다. 맛집을 찾아다니는 미식가처럼, 자신에게 딱 맞는 제품과 서비스를 찾아 꼼꼼하게 비교하여 선택한다.

오늘날 '어떻게 고객의 마음을 사로잡아 충성 고객을 만들 것인가?'라는 문제는 기업뿐만 아니라 개인에게도 중요한 일이 되었다. 누구나 창업이나 1인 미디어 활동을 할 수 있기에 고객 확보 전략을 알아두면 여러모로 쓸모가 있기 때문이다. 이와 관련된 전략을 알아보자.

고객 취향 저격, 맞춤형 서비스 제공   고객마다 욕구와 취향이 각기 다를 수 있다. 옷을 고를 때 크기와 디자인을 고려하듯, 기업은 고객의 개별적 특성을 고려해 제품과 서비스를 제공해야 한다. 온라인 쇼핑몰에서 고객의 구매 이력을 분석해 맞춤형 상품을 추천하는 것, 음악 스트리밍 서비스에서 고객의 취향에 맞는 플레이리스트를 만들어주는 것도 그러한 예다. 고객의 취향과 선호도에 따라 맞춤형 서비스를 제공하거나 다양한 채널(이메일, 소셜미디어, 채팅)을 활용해 고객과 상호작용하여 고객이 만족할 수 있게 한다.

빅데이터 분석으로 고객 마음 읽기 빅데이터는 마법사의 거울처럼, 고객의 마음을 들여다볼 수 있게 한다. 고객의 검색 기록, 구매 이력, SNS 활동 등 다양한 데이터를 분석하면 고객이 무엇을 원하는지, 어떤 점에 불만을 느끼는지 파악할 수 있다. 이렇게 얻은 정보를 바탕으로 고객 개개인에게 필요한 서비스를 제공하면 고객 만족도를 높일 수 있다. 이때 고객의 개인 정보를 존중하고 안전하게 다루는 정책을 시행해야 한다.

소셜 미디어로 고객과 소통하기 소셜 미디어는 고객과 직접 소통할 수 있는 최고의 창구다. 기업도 소셜 미디어를 통해 고객의 의견을 듣고, 불만을 해결하며 새로운 정보를 제공한다. 제품이나 브랜드 관련 커뮤니티를 구축하여 고객끼리 소통하고 정보를 공유하게 하면 기업의 신뢰를 쌓고 충성 고객을 만드는 데도 도움이 된다.

고객의 의견에 귀 기울이기 고객의 의견은 기업에게 소중한 자산이다. 맛집 사장이 손님들 평가를 귀담아듣듯, 기업도 고객의 피드백을 경청하고 개선해야 한다. 고객 설문조사, 리뷰 분석, 고객 상담 등 다양한 피드백 채널을 사용해 고객의 의견을 듣고, 제품과 서비스를 개선해 나간다.

AI 기술 활용하기 AI 기술은 고객 서비스의 질을 높이는 데 도움이 된다. 똑똑한 비서처럼 챗봇, 음성 인식 서비스, 개인 맞춤형 추천 시스템 등을 활용하여 고객의 요구에 즉각 응하며 맞춤형 서비스를 제공할 수 있다. 또, 사물인터넷(IoT)을 적용한 제품 사용 데이터 수집과 분석으로 고객의 요구를 예측하고 서비스를 최적화할 수 있다.

연계된 부가가치 서비스 제공   제품이나 서비스에 연계된 부가가치 서비스를 제공하여 고객들에게 더 많은 혜택을 제공한다. 또, 충성 고객을 위한 멤버십 프로그램 운영으로 특별 혜택을 부여하고, 장기적인 관계를 유지한다.

지속 가능한 비즈니스 모델 구축   기업의 사회적 책임(CSR) 활동을 통해 고객들에게 기업의 가치와 미션을 전달하고 긍정적인 이미지를 심어준다. 또, 지속 가능한 친환경 제품과 서비스를 제공하여 환경에 대한 고객의 욕구에 부응한다.

고객 중심의 지속적인 피드백과 개선으로 고객과 긴밀한 관계를 구축하자. 마찬가지로 인간관계 형성에 경청과 상호작용이 중요하다.

- 만약 기업 CEO라면, 어떤 맞춤형 서비스를 제공하고 싶은가?
- 빅데이터를 활용해서 고객 만족도를 높이는 방법에 어떤 것이 있을까?
- AI 기술을 활용해서 고객 서비스를 개선하는 아이디어로 무엇이 있을까?

Q95 — 고객의 만족도를 높일 수 있는 구체적인 전략은?

똑같은 기능의 제품이라도 어떤 브랜드는 더 끌리고, 어떤 브랜드는 별로 끌리지 않을 때가 있다. 특정 브랜드의 제품이나 서비스만 구매하는 것을 '브랜드 충성행위'라 한다. 제품의 성능보다 브랜드가 주는 이미지, 스토리, 가치관 등이 마음을 움직이기 때문이다. 친구를 사귈 때 외모뿐만 아니라 성격이나 취향도 중요하듯이, 소비자는 제품을 구매할 때 기능뿐만 아니라 브랜드가 주는 정신적 가치도 중요하게 생각한다.

기업이 고객에게 긍정적 브랜드 이미지를 주고 싶다면, 고객의 정신적 가치에 주목할 필요가 있다. 개인이 사회생활을 할 때도 마찬가지다. 자신의 긍정적 이미지를 상대방에게 심어주어야 원만한 인간관계를 지속할 수 있다.

고객의 마음을 얻어 만족도를 높이는 방법을 알아보자.

브랜드 스토리텔링으로 고객의 마음을 움직인다 브랜드스토리텔링이란 한 편의 영화처럼, 이야기를 통해 고객에게 감동과 공감을 선사하는 방법이다. 예를 들어, 미국의 친환경 패션 기업 파타고니아를 들 수 있다. "우리는 우리의 터전, 지구를 되살리기 위해 사업을 합니다."라는 기업 가치와 이야기로 많은 사람에게 사랑받고 있다.

사회 공헌 활동으로 더 나은 세상을 함께 만든다 기업이 사회 문제 해결에 앞장서는 모습을 보여주면, 고객들은 그 기업에 더욱 호감을 느끼고 신뢰한다. 기업들의 릴레이 환경운동 캠페인 '플라스틱 프리 챌린지' 동참이나 사회적 약자 지원사업 등이 그렇다. 사회 공헌 활동을 통해 기업의 긍정적 이미지를 만들고 고객과 유대감을 강화할 수 있다. 또, 환경친화적이고 지속 가능한 제품을 제공하여 소비자가 환경에 관심을 갖고 환경보호에 동참할 수 있게 할 수도 있다.

고객 참여형 이벤트로 함께 즐기고 성장하는 기쁨을 나눈다 고객이 직접 참여할 수 있는 행사를 진행하여 고객이 브랜드에 관심과 애정을 갖도록 할 수 있다. 시민에게 희망을 주기 위해 불꽃축제를 매년 여는 모기업처럼, 고객 참여형 이벤트는 브랜드와 고객 사이의 거리를 좁히고 고객에게 긍정적인 경험을 선물할 수 있다. 또, 제품 관련 교육콘텐츠나 공모전 같은 도전 기회를 제공하여 고객이 창의성을 발휘하고 성장하도록 돕는 것도 좋다.

정서적 지원 서비스로 고객과 공감한다 고객이 힘들 때 위로하고 공감해 주는 것은 브랜드에 대한 충성도를 높이는 좋은 방법이다. 친구가 힘들 때 옆에서 위로해 주듯이, 광고나 캠페인으로 고객의 안전과 건강, 가족 사랑을 위해 노력하는 기업의 활동을 전한다. 또, 제품이나 브랜드 관련 커뮤니티를 구축하여 고객끼리 공감하고 소통할 수 있는 플랫폼을 제공한다.

개인 맞춤형 서비스로 고객에게 감동을 준다 고객의 취향과 요구에 맞는 맞춤형 서비스를 제공한다. 고객은 특별한 존재로 대접받는다고 느껴 감동하고, 그 브랜드에 애정을 갖게 된다. 수집된 데이터를 분석하여 고객의 선호도와 가치를 파악하여 맞춤형 서비스를 제공하는 것이다. 예를 들어 고객의 생일이나 기념일에 선물이나 혜택을 제공한다.

휴식과 명상이 가능한 정서적인 환경을 제공한다 브랜드 공간이나 제품을 통해 휴식과 명상을 할 수 있는 환경을 고객에게 제공한다. 제품과 함께 스트레스 해소를 위한 가이드나 프로그램을 제공하여 고객의 정신적인 안정을 돕는다. 대형 백화점에서 제공하는 문화프로그램이나 휴식처가 이와 관련되어 있다.

가치 있는 콘텐츠를 생산하고 관련 교육을 제공한다 브랜드와 관련된 콘텐츠를 개발하여 소비자에게 제공하고, 이를 습득할 수 있는 기회도 제공한다. 온라인 강의나 워크숍을 개최하여 소비자들의 교양 수준을 향상시키는 것도 좋다.

기업-고객 간 감정적·사회적·정서적인 연결을 강화하자. 긍정적인 브랜드 경험을 서로 공유하면 고객의 브랜드 충성도를 높이고, 기업과 고객이 상생할 수 있다.

- 내가 좋아하는 브랜드 중에서 만족감을 주는 브랜드는 무엇이 있을까?
- 기업이 어떤 사회 공헌 활동을 하면 좋을까?
- 나만을 위한 특별한 서비스를 받는다면 어떤 기분일까?

Q96 — 고객이 원할 것을 어떻게 준비할 수 있을까?

경쟁이 치열해 성공하기 어려운 시장을 무엇이라 할까? 바로 '레드오션'이다. 기업 간 경쟁이 갈수록 치열해지면서, '고객이 나중에 원할 일을 지금 해야 한다'는 개념이 더욱 중요해졌다. 받고 싶은 선물을 친구가 미리 준비해준다면 큰 감동을 받을 것이다. 고객의 마음도 마찬가지다. 원하는 것을 먼저 준비하는 기업은 마음을 사로잡고 시장을 주도할 수 있다. 유행을 이끄는 디자이너처럼, 미래의 필요를 예측하고 대비하는 것이 핵심이다. 그렇다면 어떻게 할 수 있을까?

고객의 마음을 읽는 탐정이 된다 셜록 홈즈처럼 고객의 마음을 읽어 낸다. 고객 대상의 설문조사, 인터뷰, 소셜 미디어 분석 등 다양한 방법을 사용해 고객의 생각과 행동을 파악한다. 고객의 정보나 의견을 차근차근 모아서 분석하면 고객이 무엇을 원하는지 알아낼 수 있다.

고객과 친밀하게 소통하며 제품을 만들어간다 고객의 의견을 적극적으로 반영해서 제품이나 서비스를 개발한다. 레고 블록을 조립하듯, 고객의 피드백을 하나씩 반영하여 고객이 만족할 만한 제품을 만들어내는 것이다. 그러려면 고객과 끊임없이 소통해야 한다. 제품 개발 초기 단계부터 프로토타입(시제품)을 제작해 고객의 의견을 수렴하여 제품이나 서비스를 수정하는 과정을 반복한다.

민첩한 개발과 실험으로 고객의 반응에 유연하게 대처한다 세상이 빠르게 변하는 만큼, 고객의 요구도 시시각각으로 변한다. 따라서 기업도 카멜레온이 주변 환경에 맞춰 색깔을 바꾸듯이, 빠르게 환경에 적응해야 한다. 새로운 기술이나 트렌드를 민첩하게 받아들이고, 고객의 피드백에 따라 제품이나 서비스를 테스트하여 수정·보완하는 유연성을 발휘해야 한다.

최소 기능 제품(MVP)으로 시장 반응을 살핀다 완벽한 제품을 만들기는 쉽지 않다. 따라서 최소한의 기능을 갖춘 제품을 빠르게 출시해서 시장 반응을 살펴보는 게 더 유리하다. 옷을 입어보고 마음에 들면 구매하듯, 고객의 반응을 보고 제품을 개선해 나가는 것이 좋다. 고객이 나중에 원할 것으로 예상되는 기능과 특징을 결정하고, 우선순위를 부여한다. 그리고 목표 달성에 필수적인 범위 내에서 개발과 실행을 진행한다.

시장의 변화를 지속해서 지켜본다 최소 기능 제품(MVP)을 만들어 경쟁사의 사례와 비교·검토하면서 개선 방향을 잡는다. 최신 예상문제집을 풀고 그 답안지를 참고하여 공부하듯, 산업과 시장의 변화를 예측하고 고객이 원할 만한 트렌드를 파악한다. 그러면 그에 맞는 전략을 세워 제품과 서비스를 개선할 수 있다.

고객 참여 유도와 만족도 평가로 제품과 서비스를 개선한다 고객이 나중에 원할 것으로 예상되는 제품이나 서비스를 고객이 예약 혹은 선구매하도록 유도한다. 이를 활용하여 앞으로 출시될 제품에 대한 수요를 미리 파악한다. 또 고객의 피드백과 서비스 전반에 걸친 만족도를 종합 평가하여 이를 수정·보완하는 데에 적극 반영한다.

고객이 나중에 원할 일을 지금부터 준비하자. 필요한 제품과 서비스를 빠르게 제공한다면, 고객과 유대를 강화하여 시장 경쟁에서 우위를 점할 수 있다.

- 우리 고객은 지금 무엇을 원하고 있을까?
- 고객의 숨겨진 욕구를 파악하려면 어떻게 해야 할까?
- 미래 고객의 니즈를 예측하고 대비하기 위해 어떤 노력을 할 수 있을까?

Q97 ─ 디지털 시대, 기업 간 협력은 어떻게 해야 할까?

영화 「어벤져스」를 기억하는가? 아이언맨, 캡틴 아메리카, 토르 같은 초능력자들이 힘을 합쳐 위기의 지구를 지키지 않는가. 그런데 그 이야기가 이제 현실처럼 느껴진다. 인공지능, 빅데이터, 로봇, 사물인터넷, 모바일 등 최첨단 기술이 결합하면서 우리의 삶과 일하는 방식이 빠르게 바뀌고 있기 때문이다. 초연결, 초자동, 초지능, 초융합이라는 4차 산업혁명이 진행되면서, 기업들은 각자의 강점을 모아 시너지를 내기 위해 협력하기 시작했다.

지금은 디지털로 연결된 네트워크 세상이다. 사람과 사람의 연결에서 사물과 환경까지 사람과 실시간으로 연결, 소통하는 사회로 나아가고 있다. 이런 디지털 시대에 기업도 단독으로 모든 것을 할 수 없게 되었다. 축구 경기에서 여러 선수가 의기투합해야만 골인을 완성할 수 있듯이, 기업도 다른 기업과 협력해야 성공할 수 있다. 어떻게 하면 여러 기업들이 협력하며 상생할 수 있을까? 그 방법을 찾아보자.

플랫폼 생태계를 구축한다 놀이공원처럼, 다양한 기업들이 함께 참여하는 플랫폼을 만들어야 상생할 수 있다. 예를 들어 배달앱 개발자는 음식점, 배달 기사, 소비자를 연결하는 플랫폼을 구축해서 모두에게 이익을 가져다주고자 한다.

블록체인 기술로 안전한 거래 환경을 만든다 블록체인 기술은 마치 암호가 걸린 금고처럼, 기업 간 안전하고 투명한 거래를 하는 데 도움을 준다. 공급망과 금융 관리는 물론, 자동화된 스마트 계약으로 거래 간소화와 투명성을 높일 수 있다.

빅데이터와 인공지능 기술을 활용한다 빅데이터와 AI는 돋보기처럼 우리가 알아내지 못한 정보를 찾아내는 데 도움이 된다. 서로 다른 분야의 기업들이 데이터를 공유하고 AI 기술을 활용하면, 새로운 비즈니스 모델을 만들거나 기존 서비스를 개선하고, 예측 분석을 통해 기업 간 의사결정을 효율적으로 할 수 있다.

사물인터넷 기술을 적용한다 사물인터넷(IoT)은 모든 사물에 센서를 달아 서로 소통하게 만드는 기술이다. 예를 들어, 스마트 팩토리에서는 IoT 센서를 통해 생산 과정을 실시간으로 모니터링하고, 문제가 발생하면 즉시 해결할 수 있다. 이는 기업 간에 협력할 때 생산성을 높이고 비용을 절감하는 데 도움이 된다. 또, 스마트 도시에도 적용할 수 있다. 다양한 도시 시스템을 연결하여 자원 관리와 도시 기능 개선의 효율성을 높일 수 있다.

디지털 플랫폼에서 경쟁사와 협력한다 경쟁사라 할지라도 때로는 협력하여 더 큰 시장을 만들어낼 필요가 있다. 라이벌 관계인 축구 선수들이 국가대표팀에서는 뛸 때는 서로 협력하듯이. 따라서 플랫폼과 기술력으로 수요자 요구에 즉각 대응할 수 있는 '온디맨드(On-Demand) 모델'을 활용해 경쟁사와 함께 혁신적 서비스를 개발하여 제공할 필요가 있다.

환경 보호와 지속 가능성에 노력한다 여러 기업이 협력하여 환경 보호와 지속 가능한 경제를 구현하는 데 참여해야 한다. 자원 공유와 공동 소유 같은 공유 경제 모델을 구축하면 자원을 효율적으로 활용할 수 있다.

업계 간 협력체계를 구축한다　기업, 학계, 연구 기관 간의 산학 협력을 통해 기술과 지식을 공유하고 연구개발을 진행할 수 있다. 기업 간 표준과 규제에 관한 협의는 물론, 특정 지역이나 산업 분야의 클러스터 형성으로 상생할 수 있다.

기업 간 산업의 경계를 넘어 협력체계를 구축하자. 디지털화 시대에 기업 간 협력은 혁신과 상생을 이끄는 데 중요한 역할을 한다.

- 우리 회사는 어떤 기업과 협력하면 좋을까?
- 협력을 통해 어떤 새로운 가치를 창출할 수 있을까?
- 협력 과정에서 어떤 문제가 생길 수 있고, 어떻게 해결할 수 있을까?

Q98 ─ 집단지성 플랫폼은 디지털 흔적을 어떻게 쓸까?

인터넷에서 맛집을 찾거나 쇼핑할 때, 다른 사람의 후기를 참고할 때가 많다. 인터넷에 남겨진 많은 디지털 흔적을 우리가 활용하는 셈이다. 우리는 이처럼 AI를 통한 초연결시대에 살고 있다. 기업들도 이런 변화를 활용하고자 전문가의 집단지성 플랫폼을 활용하기 시작했다. 마블 코믹스의 시리즈물 「어벤져스」와 「엑스맨」 속 히어로들이 협업하여 문제를 해결하듯, 기업과 전문가 간 플랫폼이 디지털 흔적을 활용하여 시장 경제를 혁신해 나가고 있다.

디지털 흔적을 활용하는 방법을 살펴보자.

빅데이터 분석으로 숨겨진 보물을 찾는다 빅데이터를 분석하여 그 속에 숨겨진 패턴과 인사이트를 찾아내야 한다. 예를 들어, 소셜 미디어에서 어떤 제품 이야기가 많고 불만은 어떤 것이 있는지를 분석하면, 고객의 니즈를 파악하여 새로운 제품이나 서비스 개발에 이용할 수 있다.

집단지성 플랫폼에서 전 세계 전문가와 협업한다 크라우드소싱 플랫폼은 마치 아이디어 경연장 같다. 다양한 분야의 전문가들이 모여 플랫폼을 형성하고 아이디어를 공유하면서 문제를 해결할 수 있기 때문이다. 커뮤니티 서비스를 판매하는 톱코더(Topcoder)와 기술 연구개발 문제를 해결해주는 이노센티브(InnoCentive), 데이터 공유와 협업을 개발 지원하는 캐글(Kaggle)과 데이터로봇(DataRobot), 창의적 아이디어를 공유하고 협력하는 99디자인스(99designs)나 아이데이터(Ideator), 소프트웨어

개발과 기술 협업을 지원하는 깃허브(GitHub)와 깃랩(GitLab) 등을 그 예로 들 수 있다.

기업 내부 협업 도구로 팀워크를 발휘한다 슬랙(Slack)이나 MS팀즈(Microsoft Teams) 같은 협업 도구를 사용하면 기업 내에서 실시간으로 메시지를 주고받고, 화상 회의를 하며 파일을 공유할 수 있다. 또, 트렐로(Trello)나 아사나(Asana) 같은 프로젝트 관리 도구를 사용해 프로젝트의 진행 상황을 확인하고 관리할 수 있다. 이렇게 협업도구를 활용해 팀원들 간에 소통하며 업무를 효율적으로 해나갈 수 있다.

디지털 흔적을 활용하면 돈이 되는 세상! 협업 도구와 플랫폼을 활용하면 문제 해결은 물론 새로운 기회도 만들 수 있다.

- 우리 회사는 디지털 흔적을 어떻게 활용하고 있는가?
- 디지털 흔적을 활용하여 어떤 새로운 가치를 창출할 수 있을까?
- 디지털 흔적을 활용한 협업을 활성화하기 위해 어떤 노력을 해야 할까?

Q99 ─── 지속적인 고객 연결은 어떻게 가치를 만들까?

요즘은 다양한 영상을 유튜브나 넷플릭스, 웨이브, 티빙 같은 OTT를 통해 본다. 일반 TV로 보는 것보다 편리하기 때문이다. OTT로는 언제 어디서나 원할 때 휴대폰이나 스마트기기로 콘텐츠를 선택해 볼 수 있다. 이런 편리함 때문에 구독료를 내고 OTT 서비스를 사용하는 사람들이 많다. 따라서 제품과 고객을 연결하는 플랫폼 역할만 해도 돈을 벌 수 있다. 이제는 제품 판매보다 고객과 지속적인 관계를 유지하는 데 큰 가치가 두는 시대가 되었다. 인기 있는 인플루언서가 팔로워들과 소통하며 수익을 창출하듯, 기업도 고객과의 연결성을 활용하여 더 큰 이익을 낼 수 있다.

이러한 연결 서비스를 어떻게 구축하고 확장하는 게 좋은지 알아보자.

고객 맞춤형 서비스를 제공한다 소비자는 자신에게 꼭 맞는 서비스를 원한다. 따라서 기업은 고객의 취향과 필요를 고려하여 서비스를 제공할 수 있어야 한다. 그 예로 넷플릭스와 스타벅스를 들 수 있다. 넷플릭스가 시청 기록을 분석해 개인 맞춤형 콘텐츠를 추천하고, 스타벅스가 앱을 통해 개인의 취향에 맞는 음료를 주문할 수 있도록 한다.

멤버십과 구독 서비스로 고객과 관계를 지속한다 멤버십이나 구독 서비스는 고객을 우리 서비스에 묶어두는 좋은 방법이다. 마음에 드는 헬스장에 매달 회비를 내고 다니는 것처럼, 고객이 멤버십이나 구독 서비스를 이용해 지속적인 관계를 유지하며 혜택을 누릴 수 있게 한다.

IoT와 스마트 기술로 서비스를 제공한다 스마트폰 앱이나 사물인터넷(IoT) 기술을 활용하면 고객에게 더 나은 서비스를 제공할 수 있다. 마치 스마트폰으로 집 안의 가전제품을 제어하듯이, 고객은 앱을 통해 제품이나 서비스를 편리하게 이용할 수 있다.

빅데이터 분석과 AI 활용으로 고객의 마음을 읽는다 빅데이터 분석과 AI 기술을 활용하면 고객의 숨겨진 욕구를 파악하고, 맞춤형 서비스를 제공할 수 있다. 수집된 고객 데이터로 행동 패턴을 분석하여 고객의 니즈를 예측해 맞춤형 서비스를 제공할 수 있다.

소셜 미디어와 커뮤니티로 고객과 유대관계를 강화한다 소셜 미디어와 온라인 커뮤니티 플랫폼은 고객과 소통하고, 브랜드 충성도를 높이는 데 효과적인 도구다. 팬클럽처럼, 고객들이 자발적으로 참여하고 정보를 공유하는 커뮤니티를 만들면 고객과의 유대감을 더욱 강화할 수 있다.

사회적 가치를 제공하여 고객과 함께 성장한다 고객은 제품이나 서비스 구매 이상의 가치를 원한다. 환경 보호와 같은 사회적 가치를 실현하는 기업에 호감을 느낀다. 따라서 기업도 사회에 공헌하며 고객의 참여를 유도한다면 함께 성장할 수 있다.

플랫폼 협업과 기업 간 제휴로 상생한다 다른 기업과 협력하여 서비스를 확장하는 것도 좋은 방법이다. 여러 가게가 모여 쇼핑몰을 이루듯, 다양한 기업이 협력하면 소비자에게 더욱 다양하고 풍부한 서비스를 제공할 수 있다.

지속가능한 미래를 위해 고객과의 관계를 지속하자. 고객 중심의 연결성을 강화하면 제품 판매 이상의 가치를 창출할 수 있다.

- 내가 좋아하는 브랜드는 어떻게 나와 연결되어 있을까?
- 어떤 연결 서비스를 이용하고 싶은가?
- 연결 서비스를 통해 어떤 가치를 얻을 수 있을까?

Q100 ─── 새로운 아이디어를 가로막는 장애물은?

번뜩이는 아이디어가 떠올랐는데도 이를 실현하기 어려울 때가 많다. 아이디어를 실현하는 과정에서 이를 가로막는 장애물이 많기 때문이다. 하지만 이를 극복하는 방법을 안다면 더 이상 걱정할 것은 없다. 그 극복방법을 알아보자.

틀에 박힌 생각에서 벗어나자 우리 머릿속에는 이미 지식과 경험이 가득 차 있다. 이런 생각들이 새로운 아이디어를 떠올리는 데 방해가 될 수 있다. 또, 조직 내부의 "그건 불가능해", "예산이 없어", "시간이 부족해" 같은 부정적 반응이나 바이어스(bias, 편향)가 장애가 될 때도 많다. 마치 오래 쓰던 지도를 가지고는 낯선 길을 제대로 찾아갈 수 없듯, 새로운 아이디어를 얻으려면 익숙한 것에서 일단 벗어나야 한다. 조직 내부에 새로운 아이디어를 환영하고 격려하는 분위기를 만드는 게 중요하다. 다양한 분야와 업계의 아이디어를 탐험하고, 외부 피드백을 적극 수용하면서 새로운 시각과 접근법을 찾아야 한다.

작은 것에서부터 시작하자 처음부터 완벽한 아이디어를 내놓으려고 하면 할수록 부담감만 커진다. 그러니 낮은 언덕에서 워밍업하다가 높은 정상에 도전하듯이, 작은 규모에서 시작해 보자. 혹은 실험적 프로젝트를 진행하면서 초기 비용을 낮추고, 성과에 따라 추가 투자를 검토해도 된다. 작은 성공 경험을 통해 자신감을 얻으면 더 큰 도전도 할 용기가 생긴다.

실패를 두려워하지 말자 "실패는 성공의 어머니"라는 말은 결코 옛말이 아니다. 한 번의 실패로 멈추기보다는 실패 원인을 분석한다. 그러다가 새로운 아이디어를 찾아내어 발전시킬 수 있다. 자전거를 처음 탈 때는 여러 번 넘어지다가 균형을 잡고 탈 수 있듯이, 실패를 통해 배우고 성장하는 것이 무엇보다 중요하다. 그러니 실패를 두려워하지 말고 끊임없이 도전해보자.

다양한 사람들과 의견을 나누자 "백지장도 맞들면 낫다"는 말이 있다. 쉬운 일도 여럿이 힘을 합하면 더 쉽게 할 수 있듯이, 혼자서는 해결하기 어려운 일이라면 여러 사람에게 도움을 청하는 게 백번 낫다. 여러 악기가 모여 아름다운 하모니를 이루듯, 서로 머리를 맞대고 의견을 나누다 보면 더 좋은 아이디어가 나올 수 있다. 조직 내에서는 팀원들과 함께 브레인스토밍하거나, 멘토에게 조언을 구하는 것도 좋은 방법이다.

변화를 인식하고 지속적인 개선을 진행하자 아이디어를 창출하려면 업무 관리와 시간 할당이 잘 이루어져야 한다. 그러기 위해서는 업무의 우선순위를 명확히 하고 일정을 조율하는 게 중요하다. 또 구성원들과 소통하며 변화의 이점을 이해시켜 불안감을 줄여야 그들의 참여를 유도할 수 있다. 대외적으로는 경쟁보다 협력을 통해 자원을 확보하고, 외부 전문가와 네트워크를 형성하여 지식을 확장한다. 기업의 경우, 제품 개발이나 서비스 아이디어에 관해 초기 단계부터 사용자들과 소통하며 아이디어를 발전시키고, 사용자 피드백을 수용하여 개선을 진행해 나간다.

새로운 아이디어는 변화 인식과 개선 의지가 있을 때 가능하다. 따라서 유연성과 개방성, 그리고 실험에 대한 긍정적인 태도를 가지도록 노력하자.

- 새로운 아이디어를 떠올리는 데 방해가 되는 요소는 무엇일까?
- 실패에 대한 두려움을 극복하기 위해 어떤 노력을 해야 할까?
- 창의적인 아이디어를 발휘하기 위해 어떤 환경이 필요할까?

Q101 ─── 미래 사회에서 어떤 직업이 더 중요해질까?

직업이란 '생계를 위해 자기 적성과 능력에 따라 일정 기간 계속하여 종사하는 일'이다. 빠른 속도로 기술 혁신과 사회 변화가 일어나면서 직업 시장도 그 영향을 받아 급변하고 있다. 미래를 이끌어갈 청년이라면 이런 직업 변화에 민감해질 수밖에 없다.

미래에 어떤 직업을 가지고 싶은지 생각하면서, 전문가들이 예측하는 유망 직업에 관해 알아보자.

AI 머신러닝 엔지니어   인공지능기술의 발달로 AI 머신러닝 엔지니어에 대한 수요가 늘고 있다. AI 머신러닝은 경험적 데이터를 기반으로 스스로 학습, 예측, 성능 향상을 하도록 알고리즘을 연구하고 구축하는 기술이다. 이를 실행하는 기술자는 머신러닝 모델을 개발하여 실제 서비스나 제품에 적용하도록 하고, 성능 최적화에 기여한다.

데이터 과학자와 분석가   AI로 연결된 정보의 바다에서 빅데이터를 분석하여 숨겨진 패턴이나 인사이트를 발견하는 사람이 있다. 탐정이 단서를 모아 범인을 찾아내듯, 데이터 분석가나 과학자는 데이터를 수집하고 분석한다. 기업이나 기관은 이들의 도움으로 성공 전략을 세우거나 사회 문제를 해결하는 데 기여할 수 있다.

사이버 보안 전문가   인터넷은 우리 삶에 없어서는 안 될 존재지만, 동시에 해킹이나 개인 정보 유출 같은 위험성도 안고 있다. 백신 프로그램이 바이러스로부터 컴퓨터를 보호하듯, 사이버 보안 전문가는 이런 위험으로부터 우리를 지켜주는 사람들이다. 사이버 공격과 해킹 위협이 계속 증가하는 요즘, 사이버 보안 전문가의 수요가 높아지고 있다.

의료 기술 분야의 전문가   의료 기술은 나날이 발전하고 있다. 인공지능 의사, 로봇 수술, 3D 프린팅 인공 장기 등 첨단 기술이 우리 건강을 지켜줄 수 있다. 의료 기술 분야 전문가는 이런 첨단 기술을 개발하고 활용하는 사람들이다. 아이언맨처럼, 첨단 기술로 사람들의 생명을 구하는 셈이다. AI와 첨단의료기술의 적용이 늘어나는 한, 의료 기술 전문가의 역할도 중요해질 것이다.

환경 엔지니어와 지속가능 에너지 전문가   지구 온난화와 환경 오염으로 자연재해가 늘어나면서 지구가 위기를 겪고 있다. 이런 문제를 해결하기 위해 환경 엔지니어와 지속가능 에너지 전문가가 나서고 있다. 이들은 슈퍼맨처럼 지구를 지키기 위해 정부기관, 산업 및 지역사회와 협력하여 인간활동의 환경 영향을 최소화하는 전략을 개발, 실현한다. 적절한 폐기물 처리와 재활용 시스템, 친환경 에너지 개발을 통해 친환경적인 미래를 만드는 역할을 한다.

산업 발전과 웰빙 분야의 전문가들   첨단기술의 발달로 산업 자동화 및 로봇 기술 전문가의 역할이 늘어났고, 디지털 시대에 요구되는 웹 디자인 및 그래픽 디자이너들의 수요도 늘어났다. 한편, 인구 구조의 변화와 더불어 건강 및 웰빙에 대한 수요가 높아지면서 영양사, 피트니스 전문가 같은 건강 및 웰빙 분야의 전문가 활약이 더 늘어날 것으로 보인다.

지금부터 미래 사회에 필요한 능력을 키우고, 끊임없이 배우고 성장해 나가자. 그러면 자기 적성에 맞고 또 보람 있는 직업을 선택할 수 있다.

- 위에 소개한 직업 중에서 가장 흥미로운 직업은 무엇인가? 그 이유는?
- 미래 사회에 어떤 직업이 생길 거라고 생각하는가?
- 미래 사회에 필요한 능력을 키우기 위해 어떤 노력을 해야 할까?

Q102 ─── 왜 사람 중심으로 사는 삶이 더 성공할까?

커뮤니티에서 맛집이라고 소문났거나 추천 점수가 높은 식당에 주로 가게 된다. 이왕이면 음식도 맛있고, 친절하다는 곳에 가면 식사를 만족스럽게 할 것 같아서다. 사실 맛있는 음식도 좋지만, 친절한 서비스와 따뜻한 분위기 때문에 자주 찾는 식당도 있다. 그런 식당에 가면 왠지 음식이 더 맛있는 것 같고, 내가 돈을 내도 기분이 좋다. 이건 우연이 아니다. 실제로도 사람 중심으로 운영하는 식당이 손님에게 맛있는 음식에다가 정신적 만족감까지 선물한다.

그 반대로, 음식 맛은 있어도 불친절하거나 환경이 지저분하면 다시 찾고 싶지 않다. 이런 식당은 돈 버는 데만 집중하고, 손님을 중요하게 여기지 않을 가능성이 높다. 사람 중심으로 운영하는 식당의 성공 비결을 알아보자.

손님을 가족같이 생각한다   가족을 위해 음식을 만드는 마음으로 좋은 재료를 구매해 정성껏 음식을 만든다. 여기에 손님의 건강을 생각하는 마음까지 더한다. 손님은 맛있고 건강한 음식을 대접받고 만족할 수밖에 없다.

다시 찾고 싶은 식당을 만든다   메뉴 개발이나 서비스를 고객 취향과 요구에 맞추어 준비하려고 애쓴다. 예를 들어, 건강식에 관심이 있는 고객을 위해 건강한 옵션을 마련하거나 식이 제한이 있는 고객을 위해 대안을 제공한다. 그러면 손님은 기분 좋게 식당을 나설 수 있다. 이 경험이 재방문율을 높이고 친구나 가족에게 추천하도록 만든다. 이렇게 고객을 존중하고 배려하는 식당을 찾는 단골손님이 늘어나는 것은 당연하다. 또, 입소문을 통해 더 많은 사람이 찾아오게 된다.

직원의 행복도 중요하다 직원이 즐겁게 일하는 식당이라면 제공되는 음식과 서비스의 질도 좋을 수 있다. 좋은 팀워크를 위해 서로 돕고 격려하듯, 직원들 의견을 존중하고, 그들이 성장할 수 있도록 지원하는 것이 중요하다. 이런 분위기에서 직원들은 손님에게 친절하게 응대하며 즐겁게 일할 수 있다. 그러면 식당의 서비스 품질도 향상된다.

지속 가능한 관계를 이룬다 좋은 친구 관계처럼 고객과 직원, 협력업체가 서로를 존중한다면 돈을 버는 것 이상의 가치를 얻을 수 있다. 단기적 이익보다 장기적 성장을 위해 지역에서 생산하는 재료를 사용하고 지역문화를 존중하는 메뉴 개발을 한다면, 지역사회의 지지를 받으며 지속가능한 발전도 이룰 수 있다.

의견을 존중하고 수용한다 메뉴 개발과 음식의 품질이나 환경 개선에 손님의 피드백을 활용한다. 또 직원의 아이디어를 수용하고 시장의 변화에 적응한다면 식당 운영을 개선할 수 있다.

맛집의 운영 비결에 주목하자. 이익보다 사람 중심으로 접근하면 고객의 충성도를 높이고, 직원들의 열정을 유지하면서 다시 찾는 맛집으로 거듭날 수 있다.

- 내가 자주 가는 식당은 사람 중심으로 운영되고 있을까?
- 사람 중심 경영이 식당 운영에 어떤 긍정적인 영향을 미칠 수 있을까?
- 만약 내가 식당을 운영한다면, 어떤 전략을 적용하고 싶은가?

어떻게 살 것인가?

실패를 치명적인 것으로 여기지 말라. - 윈스턴 처칠

Q103 — 내면의 중심을 잡고 살려면 어떻게 해야 할까?

안도현 시인도 말했다. '흔들리지 않고 피는 꽃은 없다.'(시「흔들리며 피는 꽃」 중)라고. 꽃처럼 우리도 수없이 흔들리며 성장하고 또 방황하며 살아간다. 그래도 우리는 '줏대'를 잃지 않으려고 애쓴다. 줏대라? 이것은 '중심'처럼 사물의 가장 중심이면서 '자기의 처지나 생각을 꿋꿋이 지키고 내세우는 기질이나 기풍'을 가리킨다. 그래서 충고할 때 쉽게 하는 말이 '줏대 있게 살라'다. 그 줏대를 달리 표현하면 '내면의 중심'이다.

우리는 저마다 내면의 중심을 지니고 있다. 이 중심은 가치관, 신념, 목표 등을 포함하며, 삶의 방향을 제시하는 나침반과 같다. 때로는 외부의 유혹이나 압력에 휩쓸려 중심에서 벗어나 갈등하고 고뇌하며 방황도 한다. 하지만 내면의 중심을 잡고 있다면 이를 극복해 나갈 수 있다. 어떻게 하면 내면의 중심을 잡고 살아갈 수 있을까?

불교의 팔정도_중심을 찾으려면 수행하라   불교는 인생의 생로병사(生老病死)에서 오는 고뇌를 풀고자 석가모니가 수행한 데서 출발했다. 물질적인 욕망과 집착에서 벗어나야 자기 자신을 찾을 수 있다고 강조한다. 또, 외부의 것에 휘둘리지 않고 내면의 평화를 찾으면 중심을 잡을 수 있다고 한다. 그리고 바르게 보기(정견), 바른 생각(정사유), 바른 말(정언), 바른 행동(정업), 바른 생활(정명), 바른 노력(정정진), 바른 의식(정념), 바른 명상(정정) 등 8가지 방법을 제시한다.

기독교의 믿음_하나님을 중심에 두라   기독교는 예수 그리스도의 가르침을 따르며 내면의 중심을 잡고자 한다. 사랑과 긍휼, 온유, 그리고 겸손 등을 실천하면 신과의 관계를 굳건히 하고, 삶의 중심을 잡을 수 있다고 믿는다. 이를 중심으로 자신과 타인을 존중하고 사랑하며 헌신할 것을 강조한다.

스토아 철학_이성적으로 생각하고 행동하라   스토아 철학은 통제 불가능한 것에 집착하지 말고 이성에 초점을 두라고 한다. 외부 세계의 영향을 받지 않도록 자기 내면을 통제하는 것이 중요하다. 이것이 내면의 중심을 잡는 길이고, 내적 평화를 찾는 방법이다. 이를 위해 지혜, 용기, 정의, 절제와 같은 미덕을 실천하라고 강조한다.

심리학과 철학의 융합_자기를 존중하고 타인을 이해하라   쇼펜하우어나 알프레드 아들러는 물질적 세계와 외부 중심에서 벗어나 자기에게 집중하고 변화할 것을 강조한다. 사회관계에 얽매이지 않고 개인으로서 자유롭게 행동할 때 갈등을 최소화하고 행복을 찾을 수 있다는 것이다. 또, 현대 심리학은 긍정적인 마음가짐이 중심을 잡는 데 도움이 된다고 말한다. 자기 존중감, 낙관주의, 감사하는 마음 등을 통해 스트레스를 줄이고, 삶의 만족도를 높일 수 있다고 강조한다.

물질 중심에서 벗어나 자기 내면의 집중하자. 자기자신과 타인을 이해하고 존중하며 사랑하는 마음을 가질 때 내면의 중심을 잡고 살아갈 수 있다.

- 당신은 어떤 가치관과 신념을 중심으로 살아가는가?
- 중심에서 벗어났다고 느낄 때, 어떻게 다시 중심을 찾는가?
- 종교나 철학 외에 중심을 잡는 데 도움이 되는 다른 방법은 무엇일까?

Q104   도대체 삶에서 '중심'이란 무엇일까?

우리는 살면서 수없이 많은 선택을 하고 그에 따른 결과를 경험한다. 이 과정에서 진정으로 무엇을 원하는지, 또 무엇이 중요한지를 고민하게 된다. 이러한 고민은 결국 삶의 중심을 찾는 여정이라고 할 수 있다. 이 길을 먼저 걸어간 이들의 견해를 살펴보면서 삶의 중심을 찾는 방법을 배워보자.

●○ 끊임없이 질문하고 자기를 성찰하라

내가 아는 것은 나의 무지뿐이다   고대 그리스 철학자 소크라테스는 끊임없이 질문하고 성찰하는 삶을 강조하며 '너 자신을 알라'고 일깨운다. 그는 자신이 아무것도 모른다는 사실을 깨닫는 것이 진정한 지혜의 시작이라고 믿었다. 자기 무지를 깨달음으로써 겸손과 학습을 지속하며 자신의 중심을 찾을 수 있다는 것이다. 자기 깨달음에 근거해야 올바른 행동과 의사결정을 할 수 있다.

진정한 지혜는 우리가 아무것도 모른다는 것을 아는 데 있다   소크라테스의 제자 플라톤 역시 자신의 무지를 아는 것이 지혜라고 했다. 현실 세계의 불완전함을 넘어 영원하고 불변하는 진리를 추구하면서 삶의 의미와 가치를 발견할 수 있다고 믿었다. 이런 지적이고 영적인 단계가 이데아(idea)이고, 이를 통해 삶의 중심을 찾을 수 있다고 강조했다.

●○ 신행과 수행으로 마음의 평화를 얻으라

불교   삶의 중심은 고통과 욕망에서 벗어나 깨달음을 얻는 것이다. 석가모니가 고행을 통해 깨달은 것처럼, 삶의 고통과 욕망을 이해하고, 그 고리를 끊는 것이 중요하다. 이런 수행을 통해 삶의 의미와 자기 해방을 이룸으로써 마음의 평화를 얻을 수 있다.

기독교   예수는 사랑과 용서, 희생을 통해 인류를 죄에서 구원하고, 삶의 참된 의미를 보여주었다. 기독교인들은 예수의 가르침을 실천하며 삶의 중심을 잡고, 불완전함과 죄에서 벗어날 수 있다. 따라서 자기 자신과 다른 이들을 위한 봉사와 사랑으로 풍요로운 삶을 추구한다.

●○ 인간과 자연의 조화를 추구하라

인간 중심주의(Humanism)   인간의 존엄성과 가치를 옹호하며, 인간의 잠재력을 최대한 발휘하는 것을 삶의 중심으로 삼는다. 이로써 교육, 인권, 평등 등을 통해 인간의 삶을 개선하고, 사회 발전에 기여할 수 있다. 중심은 인간 본연의 가치를 이해하고 존중하는 데 있으며, 이를 통해 사회적 평등과 정의를 추구한다.

생태 지향주의(Ecocentrism)   인간은 지구 생태계의 일부로서 자연과 유기적으로 연결되어 있다. 생태 지향주의는 이와 관련하여 인간과 자연의 조화를 강조하며, 지속 가능한 삶을 추구하는 것을 삶의 중심으로 삼는다. 따라서 우리는 자연을 보호하고, 환경 문제 해결에 적극적으로 참여할 의무가 있다.

다양한 '중심' 개념을 자기만의 시각으로 해석해보자. 그러면서 의미 있게 살아갈 수 있는 지침을 만들어 보면 좋겠다.

- 삶의 중심을 찾는 데 가장 도움이 된 견해는 무엇인가?
- 삶의 중심을 어떻게 찾아서 유지해야 할까?
- 삶의 중심을 잃었을 때, 어떻게 다시 중심을 찾을 수 있을까?

Q105 ─ 문명의 이기에 의한 편리함이 유익하기만 할까?

엘리베이터를 타고 올라가면서 '계단으로 올라가면 운동도 되고 좋을 텐데⋯⋯.' 싶을 때가 있다. 밤늦게까지 기껏 스마트폰을 보고는 '아, 책을 읽었으면 뇌 건강에 더 좋았을걸⋯⋯.' 하고 후회해 본 적도 있다. 문명의 이기가 발전하면서 생활이 편리해져 좋긴 한데, 이게 꼭 유익하기만 할까 싶은 의문도 든다. 달콤한 사탕처럼 편리함은 우리의 건강과 삶을 조금씩 갉아먹기 시작한다. 사례를 살펴보면서 그 함정에 빠지지 않는 방법도 함께 생각해 보자.

●○ 편리함의 함정

편리와 맞바꾼 건강 엘리베이터, 에스컬레이터, 자동차는 이동을 편리하게 하지만, 대신 게으른 몸을 만들었다. 배달 음식과 인스턴트식품은 우리 몸에 영양 불균형과 비만이라는 위협을 가한다. '독이 든 사과'인 줄 알면서도 달콤한 편리함 때문에 거기서 벗어나기가 쉽지 않다. 이미 편리함의 함정에 빠져 우리는 독립성과 자립성을 잃어가고 있다.

무분별함이 안긴 환경 문제 일회용 플라스틱, 과도한 에너지 사용, 무분별한 소비가 지구를 오염시킨다. 이미 대규모 생산과 소비로 인한 자원 소비와 폐기물 투기 증가가 지구 온난화와 자연재해를 촉발하는 원인이 되었다. 예를 들어 코로나 팬데믹부터 급증한 일회용 플라스틱 제품 사용으로 인해 해양 오염이 심각해져 생태계가 위협받고 있다.

미디어로 불통이 된 마음   스마트폰은 이미 우리 삶에 없어서는 안 될 문명의 이기가 되었다. 대다수가 스마트폰 속 소셜미디어 세계와 접속해 사람들과 소통한다. 그러다 보니 가상세계에 스스로를 고립시키고 현실 속 인간관계를 단절한다. 이는 감정적으로 연결되어 상호작용하는 사회적 네트워크의 필요성을 감소시킬 수 있다.

정보의 홍수가 남긴 스트레스   정보와 선택지가 너무 많으면 혼란스러울 때가 있다. 그러면 무엇을 선택할지 결정장애를 느끼게 되어 분석이나 판단 능력이 마비될 수 있다. 또, 편의시설 이용이나 기술 장애가 스트레스와 불안의 원인이 되기도 한다.

●○ 편리함의 함정에서 벗어나 중심을 찾는 방법

계단 오르기   건물의 2~3층 정도는 엘리베이터 대신 계단을 이용한다. 그러면 건강도 챙기고 에너지 절약으로 환경도 보호할 수 있다.

걷기와 자전거 타기: 도보로 5~10분 거리는 걸어가거나 자전거(서울 따릉이)를 이용해 이동한다. 걷거나 자전거를 이용하면서 운동도 하고, 기후변화도 막을 수 있다.

직접 요리하기   배달음식이나 인스턴트식품을 이용하는 것을 줄이고 직접 요리한다. 건강한 식재료를 구매해서 요리를 하다 보면, 몸도 즐겁고 마음도 뿌듯해진다. 대중적인 요리 레시피를 이용해 자신의 음식 솜

씨를 뽐낼 수 있다.

디지털 디톡스 하루에 잠깐이라도 스마트폰을 끄고, 사랑하는 사람들과 얼굴을 마주하고 대화를 나눠본다. 일정한 시간을 정해놓고 디지털 디톡스를 하면, 금방 익숙해질 수 있다.

독서와 명상 스마트기기로 SNS를 하거나 OTT 시청을 하기보다 책을 읽거나 명상한다. 하루에 잠깐씩 일정한 시간대에 하다 보면, 잡념이 사라지면서 마음의 평화를 찾을 수 있다. 스트레스나 불안감도 해소할 수 있다.

문명의 이기 때문에 삶의 중심을 놓치지는 말자. 건강과 삶, 그리고 사회에 미치는 영향을 고려하여 문명의 이기를 어떻게 사용해야 더 유익할지 신중히 고려하자.

- 자기 삶에서 편리함 때문에 놓치고 있는 것은 무엇인가?
- 편리함의 함정에서 벗어나기 위해 어떤 노력을 할 수 있을까?
- 편리함 대신 삶의 중심을 유지하기 위해 무엇을 해야 할까?

Q106 ─── 삶의 중심을 유지하는 방법은 무엇일까?

끊임없이 변화하는 사회와 환경 속에서 어떻게 하면 방향을 잃지 않고 살아갈 수 있을까? 괴테가 "인간은 노력하는 한 방황한다."라고 위로했지만, 더 이상 방향을 잃고 방황할 수만은 없다. 얼른 나침반이라도 꺼내어 방향을 다시 잡고 목적지로 나아가야 한다. 이럴 때 나침반 역할을 해주는 것이 바로 줏대 즉 내면의 중심이다. 중심을 다시 잡고 삶의 균형을 회복해야 한다.

삶의 중심을 유지하는 그 방법을 알아보자.

●○ 신앙과 수행을 통해 마음의 평화를 회복하라

현재에 집중하고 명상을 하자 불교에서 현재에 집중하고, 잡념과 번뇌에서 벗어나 내면의 평화를 찾으라고 강조한다. 대표적인 예로 베트남의 승려 틱낫한의 마음챙김(Mindfulness) 명상을 들 수 있다. 그는 베트남 전쟁의 참혹함 속에서도 명상을 통해 평화를 찾고, 전 세계에 평화와 자비의 메시지를 전파했다. 명상, 숨쉬기에 집중하기, 현재의 순간에 집중하기 등의 수행을 하면 욕망과 집착에서 벗어나 중심을 찾고 내면의 평화를 이룰 수 있다.

기도와 성경 공부를 하자 기독교에서 기도와 성경 공부를 통해 신과의 관계를 깊게 하고, 삶의 지혜와 용기를 얻으라고 가르친다. 대표적인 예로 마더 테레사의 봉사를 들 수 있다. 그는 가난하고 병든 사람들을 돌보며, 기도와 묵상을 통해 사랑을 실천했다.

●○ 외부 환경에 흔들리 않도록 이성에 집중하자

인간은 세계 질서 안에 존재하면서 이성의 근본을 자기 내면에 포함하고 있다. 이성에 의지하여 세계 법칙을 인식하고 이를 행동으로 옮길 수 있는 능력도 지녔다. 이러한 점을 바탕으로 스토아 철학은 외부 환경에 흔들리지 않는 강인한 인간의 내면을 강조한다. 로마의 철학자 세네카는 이런 철학을 실천하다가 억울하게 유배되어 죽는 순간에도 평정심을 잃지 않았다. 스토아 철학은 감사와 적절한 대응, 자기 통제 같은 미덕을 실천하며 중심을 지키고, 외부의 변화에 강건하게 대응하라고 강조한다.

●○ 긍정적인 마음에 집중하며 의미 있는 삶을 추구하라

긍정적이고 미래 지향적인 태도를 지니자   긍정 심리학은 긍정적인 감정과 강점에 집중하여 행복하고 의미 있는 삶을 추구한다. 미국의 심리학자 마틴 셀리그만은 낙관적인 사고방식과 감사하는 마음이 행복과 성공에 중요한 역할을 한다는 사실을 밝혀냈다. 자기 자신의 강점을 발견하고 활용하여 행복과 만족을 찾고, 목표 지향적으로 살아갈 것을 강조한다.

심리적 문제는 전문가의 도움을 받자   심리치료는 전문가의 도움을 받아 자기 내면을 탐색하고, 심리적인 문제를 해결하는 과정이다. 미국의 심리학자 칼 로저스는 인간 중심 상담을 통해 내담자가 스스로 문제를 해결하고 성장할 수 있도록 돕는 상담 기법을 개발했다. 심리적 문제가 생겼다면 상담을 통해 자기 자신을 깊이 이해하고, 감정적인 문제에 대응할 수 있는 내면의 중심을 찾는 것이 중요하다.

상황에 맞는 방법을 찾아 삶의 중심을 유지해 나가자. 신앙이나 철학적 지혜, 심리상담 등 내면의 중심을 찾는 데 도움을 주는 방법은 다양하다. 이를 활용한다면 삶의 방황을 끝내고 삶의 균형을 회복할 수 있다.

- 당신은 어떤 방법을 통해 삶의 중심을 찾는가?
- 종교, 철학, 심리학 외에 중심을 찾는 방법으로 무엇이 있을까?
- 중심을 찾는 과정에서 어려움을 겪었으며, 이를 어떻게 극복했는가?

Q107   환경 변화에 어떻게 대응할 수 있을까?

유행에 뒤처지지 않으려고 인스타그램이나 유튜브를 시간 날 때마다 확인하는가? 요새 기술이나 유행이 빠르게 변화하기 때문에 어떤 정보가 중요한지 파악하기 힘들 때가 많다. 하지만 잘살아가려면 환경 변화에 빠르게 대응해야 한다. 따라서 최신 동향을 신속하게 파악하고 그 핵심을 간파하는 능력도 필요하다. 최신 동향과 그 핵심을 파악하여 환경 변화에 대응하는 전략을 몇 가지 알아보자.

정기 구독은 필수다   관심 있는 분야의 소식을 정기적으로 업그레이드하자. 산업에 특화된 리포트나 웹사이트, 뉴스레터 혹은 전문 블로그를 꾸준히 구독하면 최신 동향을 파악하는 데 도움이 된다. 산업에 특화된 매체나 웹사이트에서 신속한 정보를 얻을 수 있다.

소셜 미디어와 커뮤니티에 참여한다   엑스(옛 트위터)나 페이스북 같은 소셜미디어 플랫폼으로 실시간 정보를 얻는다. 또, 세계 비즈니스와 고용 관련 소셜미디어인 링크드인(LinkedIn), 미국의 초대형 뉴스 웹사이트 레딧(Reddit) 등을 활용하여 업계 전문가들의 의견을 실시간으로 파악하고 다양한 의견을 나누며 생각을 넓힐 수 있다.

인터넷 검색을 활용한다   인터넷 검색은 정보를 얻는 가장 빠르고 쉬운 방법이다. 궁금한 키워드를 검색하면 관련 정보들을 많이 찾을 수 있다. 이때 쏟아지는 정보에 압도되지 말고, 믿을 만한 출처의 정보를 선별하는 능력을 키우는 게 중요하다. 맛집을 찾을 때 리뷰를 꼼꼼히 살펴보듯이, 정보도 옥석을 가려낼 줄 알아야 한다.

실험정신과 분석능력을 발휘한다   산업 리서치 기관이나 컨설팅 회사가 제공하는 리포트를 활용하여 세부적이고 깊이 있는 정보를 파악한다. 경쟁사의 움직임과 핵심지표를 지속적으로 모니터링하면서 산업 동향을 분석하여 변화를 파악하는 것도 필요하다. 또, 새로운 아이디어나 기술은 모의 사업을 활용한 실험과 테스트로 검증하여 트렌드에 대응해 나간다.

협력과 학습 환경을 만든다   산업 내 주요 인력과 협력하여 정보를 교류하면서 최신 동향을 파악하고, 새로운 기회를 발굴한다. 획득한 정보를 바탕으로 기존 전략을 수시로 검토하고 조정한다. 또, 조직 내에서 팀원들 간에 새로운 지식을 나누고 토론하는 환경을 조성한다면 최신 동향에 발맞추어 빠르게 대응할 수 있다.

정보 수집과 함께 새로운 기술을 직접 사용해 보고, 관심 분야의 행사나 강연에 참여하자. 이를 실천하면 환경 변화에 민첩하게 대응하고, 기회를 포착할 수 있다.

- 요즘 가장 관심 있는 분야는 무엇인가?
- 그 분야의 최신 정보를 얻기 위해 어떤 노력을 하는가?
- 정보를 얻는 것 외에, 직접 경험하고 체험하기 위해 어떤 활동을 할 수 있을까?

Q108   인공지능에 빠르게 적응하는 방법은?

인간의 지능을 학습한 컴퓨터시스템이었던 인공지능(AI)을 이제는 우리가 배우고 적응해야 하는 시대가 되었다. 미국 언론인 토마스 프리드먼이 "인공지능 시대에는 평생학습이 더욱 중요해진다. 기술이 변화함에 따라 우리도 계속해서 배우고 적응해야 한다."라고 한 말이 실감 난다.

AI가 너무 어렵고 복잡하게 느껴져서 멀리하고 싶다면, 그 마음을 바꾸는 것이 상책이다. AI가 우리 삶 곳곳에 스며들어 있고, 미래에는 더욱 중요해질 것이다. 지금도 스마트폰에서 AI가 챗봇으로 온갖 기능에 관여한다. AI 하나만 잘 활용해도 삶이 더 풍요로워질 줄 수 있다. 그러니 AI에 빨리 적응하여 활용하는 방법을 터득하는 것이 개인에게도 중요해졌다. 이와 관련된 학습과 활용방법을 알아보자.

온라인 강의로 AI 기초를 다진다   대표적인 MOOC(온라인강의 비영리 사이트)인 코세라(Coursera)나 에드엑스(edX)를 활용하자. 이 온라인강의 플랫폼에는 세계적인 대학과 기업들이 만든 AI 강의가 많다. 넷플릭스에서 드라마를 고르듯, 자신에게 맞는 강의를 선택해서 수강해 보자. 혼자 공부하기 힘들다면, 스터디그룹을 만들어서 함께 수강하며 공부하는 것도 좋은 방법이다.

인터넷의 AI 관련 자료와 튜토리얼(사용지침 시스템)을 활용한다   딱딱한 온라인강의가 지루하다면, 유튜브나 블로그를 활용하자. AI 관련 영상이나 블로그 글을 찾아 읽어본다. '3Blue1Brown' 채널은 AI의 기본

원리를 쉽고 재밌게 설명해 주고, 미디엄(https://medium.com/)에는 AI 전문가들이 쓴 글이 많아서 최신 동향을 파악하는 데 도움이 된다.

AI 프로그래밍 언어와 도구로 프로그램을 만들어 본다 파이썬(Python)이라는 프로그래밍 언어를 배우면 직접 AI 프로그램을 만들 수 있다. 텐서플로(TensorFlow)나 파이토치(PyTorch) 같은 머신러닝과 딥러닝 도구를 사용하면 더 쉽게 AI 모델을 만들고 훈련할 수 있다. 레고 블록을 조립하듯이, 코드를 하나씩 쌓아가면서 AI의 원리를 익힐 수 있다.

AI 관련 온라인 커뮤니티에 참여하여 성장할 수 있다 스택 오버플로우(Stack Overflow)나 레딧(Reddit) 같은 온라인 커뮤니티에는 AI에 관심 있는 사람들이 모여서 정보를 공유하고 협력한다. 궁금한 점을 질문하거나, 다른 사람의 질문에 답변하면서 함께 성장할 수 있다. 게임 길드에 가입해서 함께 퀘스트를 깨는 것처럼, AI 커뮤니티에서 함께 배우고 성장하는 재미를 느낄 수 있다.

학습서나 연구보고서를 읽는다 오렐리앙 제롱이 쓴 『사이컷런과 텐서플로 실습 위주의 기계학습(Hands-On Machine Learning with Scikit-Learn and TensorFlow)』으로 AI의 머신러닝과 딥러닝의 기본을 실습할 수 있다. 또, 아카이브(arXiv.org)를 통해 최신 연구 논문을 읽어보고 학술적인 동향을 파악할 수 있다.

직접 개인 프로젝트를 만들어 실습한다 개인 프로젝트를 할 때 캐글(Kaggle)에서 진행하는 데이터 과학 및 머신러닝 경진대회에 참여하면 실전 경험을 쌓을 수 있다. 또, 깃허브(GitHubs)를 통해 다양한 AI 프로젝트를 찾고, 이에 참여하며 다른 개발자들의 코드를 살펴보며 학습할 수 있다.

오프라인 이벤트와 교육에 참여한다 지역 커뮤니티에서 개최하는 AI 및 머신러닝 이벤트에 참여하여 전문가와 교류할 수 있다. 대학이나 연구기관에서 주최하는 행사와 워크숍에 참석해 최신 동향과 기술에 대한 지식을 넓힐 수 있다. 인공지능 교육 채널인 Fast.ai(https://www.fast.ai/)를 통해 AI 심층 무료강좌나 실습자료를 받을 수 있다. 또, Google AI(https://ai.google/education/)를 통해서는 구글의 AI 교육자료, 튜토리얼이나 강좌도 찾아볼 수 있다.

자기주도 학습과 도전을 계속한다 AI 분야는 빠르게 발전하고 있다. 그만큼 최신 정보를 따라가며 공부도 꾸준히 해야 하는 게 중요하다. 게임에서 랭킹을 올리기 위해 끊임없이 노력하는 것처럼, AI 분야에서도 꾸준히 배우고 경험을 쌓아가면 AI를 통해 자신의 목표를 이룰 수 있다.

AI에 빠르게 적응하여 활용해 나가자. AI에 관해 학습하면서 경험을 지속해서 쌓는다면 더 좋은 자기 역량을 발휘할 수 있다.

- AI를 배우고 싶은 이유는 무엇인가?
- AI를 배우는 데 가장 어려운 점은 무엇이라고 생각하는가?
- AI 전문가가 되기 위해 어떤 노력을 해야 할까?

Q109 ─── 치열한 경쟁 사회, 어떻게 살아갈 것인가?

경쟁을 흔히 '같은 목적을 두고 서로 이기거나 앞서거나 더 큰 이익을 얻으려고 겨루는 것'이라고 한다. 현대사회에서는 이러한 경쟁을 누구나 겪는다. 학교에서 좋은 성적을 받기 위해, 좋은 직장에 취업하기 위해, 혹은 사회에서 인정받기 위해 끊임없이 경쟁한다. 그런 현실이 버겁게 느껴질 수도 있지만, 피할 수 없을 때가 많다. 그러니 경쟁을 오히려 성장의 기회로 삼는 것이 현명한 태도일 수 있다. 운동선수들이 경기에서 경쟁하며 자신의 기량을 발휘하고 또 발전하듯이.

경쟁이 치열한 현대사회에서 잘 살아가기 위해서는 전략이 필요하다. 그 전략을 몇 가지 알아보자.

명확한 목표를 정하고 전략적으로 실행한다 자신이 경쟁하면서 이루고 싶은 것이 무엇인지를 먼저 알아야 한다. 등산할 때 정상을 목표로 삼는 것처럼, 구체적인 목표를 정하고 꾸준히 그 목표를 향해 노력하는 게 중요하다. 예를 들어, '3년 안에 대기업 마케팅 부서에 취업하겠다'라는 목표를 세우고, 이를 달성하기 위한 계획을 세우는 거다. 측정할 수 있고 현실적인 목표를 정하는 게 좋다. 이를 바탕으로 계획을 세워 전략적으로 행동한다. 전략적 실행 능력 또한 경쟁에서 성공을 결정짓는 중요한 요소이다.

꾸준한 자기 계발로 자신의 가치를 높인다 급변하는 세상 속에서 지식과 기술도 계속 진화한다. 우리도 이런 변화에 적응하기 위해 끊임없이 배우고 성장해 나가야 한다. 독서와 새로운 기술 습득을 꾸준히 한다면 업무 능력을 키울 수 있다. 빠르게 변하는 환경에서 적응력을 키워가는 것은 자신의 경쟁력과 가치를 높이는 방법이다.

좋은 인맥과 팀워크를 유지한다   다양한 분야의 사람들과 교류하고, 서로에게 도움을 주고받으면서 넓고 탄탄한 인맥을 만든다. 인맥은 우리에게 새로운 기회와 정보를 제공해 준다. 또, 팀을 효율적으로 조성하고 리더십을 발휘하는 것도 중요하다. 업무에서 조직 내외적으로 효율적인 협력과 타협을 이루어내는 것은 리더의 핵심 역할이다.

창의적 사고로 문제를 해결해 나간다   남들과 비슷한 생각으로는 경쟁에서 문제 해결력을 발휘하기 어렵다. 주어진 틀에서 벗어나 다른 관점에서 접근하려고 노력해야 한다. 지식과 경험을 바탕으로 하되 새로운 시각으로 관찰하면서 비판적 사고를 발휘한다면 문제의 핵심을 찾고 새로운 아이디어를 내어 문제를 해결할 수 있다.

시장 조사와 트렌드 분석으로 미래를 예측한다   불확실한 미래를 대비하기 위해서는 시장의 변화와 경제적 변동, 기술 발전을 미리 파악하면 유리하다. 시장 조사와 트렌드 분석을 하면 산업 동향과 경쟁 상황을 파악할 수 있다. 이에 따라 자신의 경쟁력이나 재정을 어떻게 계획할지 예측할 수 있다. 시장에 대한 통찰력은 경쟁에서 우위를 점하는 데 도움이 된다.

정신적 안정과 건강한 생활습관을 유지한다   경쟁하다 보면 스트레스가 쌓이기 마련이다. 그러다가 제대로 실력을 발휘하지 못할 수도 있다.

그러니 마라톤 선수가 컨디션 관리를 잘해야 완주할 수 있듯, 평소에 자기관리를 해야 한다. 규칙적인 운동과 건강한 식습관, 스트레스 해소 방법의 실천으로 건강한 심신을 유지하는 게 중요하다.

경쟁적인 환경에서 명확한 목표를 정하고 이를 위해 전략적으로 행동하자. 그러기 위해 자기 강점을 파악하고 꾸준한 자기 계발과 관리를 이어간다면, 자신의 가치를 높일 수 있다.

- 당신의 가장 큰 경쟁 상대는 누구라고 생각하는가?
- 경쟁에서 이기기 위해 어떤 노력을 하고 있는가?
- 경쟁 속에서도 긍정적인 마음을 유지하는 자신만의 비결은 무엇인가?

Q110 경직된 사고방식을 극복하는 방법은?

일을 추진하는 데 큰 장애물은 무엇이라 생각하는가? 새로운 시도를 하고 싶어서 제안하면 조직 구성원이 어떤 반응을 보이는가? 늘 같은 방식으로 일하다 보니 발전이 없고 답답하다는 생각이 들 때는 없었는가 등을 생각해보자.

이런 문제는 비단 조직만의 문제가 아니다. 조직 구성원이 공유한 사고방식이나 태도가 경직된 탓일 때가 많다. 이런 조직문화는 새로운 아이디어의 발전과 혁신을 방해한다. 따라서 경직된 조직문화를 유연하게 만들어 변화에 적극 대응하게 해야 한다. 그 방법을 알아보자.

다양한 의견을 존중하는 분위기를 만든다 회의 시간에 자유롭게 의견을 나누고, 서로의 생각을 비판하기보다는 발전시키는 방향으로 토론의 장을 만든다. 여러 악기가 조율을 거쳐 아름다운 하모니를 이루듯, 조직 내에서 다양한 배경과 경험을 가진 팀원이 서로 의견을 경청하면서 이를 수용하는 게 중요하다. 문제 해결을 위해 다양한 접근법을 채택하거나 외부 전문가와 협력하는 것도 효율적인 방안을 모색하는 데 도움이 된다. 디자인 사고, 디버깅, SWOT 분석 같은 방법을 활용해 아이디어를 발전시킬 수 있다.

실패를 두려워하지 않는 문화를 만든다 빌 게이츠가 말했듯 '실패를 배움의 과정'으로 삼아야 한다. 새로운 시도를 하는데, 단번에 성공할 리가 있는가. 실패를 용인하되 그 원인을 찾아 개선하도록 격려하는 문화를 만들어야 한다. 새로운 아이디어를 채택하고 실험하는 환경을 만들고, 여기서 도전적인 프로젝트를 시도하도록 격려하는 게 중요하다.

피드백을 주고받으며 개선 기회를 만든다 거울을 보면서 자기 모습을 확인하듯, 피드백을 통해 강점과 약점을 파악하고 개선하는 게 중요하다. 필요할 때는 최신 동향에 대응할 수 있도록 조직의 운영 방식과 업무 절차를 조정한다. 솔직하고 건설적인 피드백을 주고받는 문화를 만들면, 팀원이 함께 배우고 성장할 수 있다. 또, 새로운 기술이나 지식을 습득하고 적용하도록 도와주면, 이런 조직문화에 의해 팀내 조직력과 경쟁력이 타 조직보다 향상될 수 있다.

작은 실험부터 시작하면서 개선해 나간다 큰 변화는 부담스러울 수 있다. 그러니 작은 실험이나 프로젝트부터 시작해 보는 거다. 새로운 아이디어나 프로젝트를 작은 규모로 실험하고 시제품을 만들어 결과를 분석하면서 개선해 나간다. 요리 레시피를 조금씩 바꿔가면서 더 맛있는 요리를 만드는 것처럼, 작은 실험을 통해 개선하는 방법을 모색하는 것이 현명하다.

리더가 먼저 변화하고 팀원 모두 리더십을 개발한다 리더의 행동은 조직 전체에 큰 영향을 미친다. 오케스트라 지휘자가 연주를 이끌듯, 리더가 솔선수범하여 변화를 이끌어야 조직 전체가 변화할 수 있다. 리더가 먼저 유연한 사고방식을 가지고 새로운 시도를 격려하면, 팀원도 자연스럽게 변화에 동참하게 될 것이다. 또, 조직 내에서 리더십 개발 프로그램을 도입한다면, 팀원의 성장은 물론 팀의 경쟁력도 향상될 수 있다.

조직문화부터 경직성에서 벗어나자. 그러면 조직과 팀원 모두 급변하는 환경에 적응하며 성장해 나갈 수 있다.

- 우리 조직의 경직성을 보여주는 사례로 무엇이 있을까?
- 조직문화를 유연하게 만들기 위해 내가 할 수 있는 일은 무엇일까?
- 변화를 두려워하는 동료에게 어떤 조언을 해줄 수 있을까?

Q111 ─── 미래사회의 키워드와 추구하기 위한 전략은?

'BTS(방탄소년단)'의 성공 비결을 뭐라고 생각하는가? 멤버 7명의 개성과 다양성, 전 세계 팬들과의 돈독한 연결성, 그리고 사회 문제에 목소리를 내는 지속적인 활동일 것 같다. 이처럼 현대사회에서 중요한 키워드는 바로 '다양성·연결성·지속 가능성'이다. 조직이나 비즈니스가 미래에 적응하고 발전하기 위해 이 세 가지를 추구하면서 다양한 영역을 통합해 나가는 게 중요하다. 이 세 가지가 균형을 이룰 때 미래를 능동적으로 만들어 갈 수 있다. 이를 추구하기 위한 전략을 알아보자.

다양성 증진_다채로운 세상을 만든다 무지개처럼 다채로운 색깔들이 모여 아름다운 풍경을 만들듯이, 서로 다른 생각과 경험을 가진 사람들이 서로 존중하며 협력하면 더 창의적인 일들을 해낼 수 있다. 기업에서도 다양한 배경과 경험을 가진 사람들을 채용하고, 서로의 다름을 존중하는 문화를 만드는 게 중요하다. 요리도 다양한 재료가 어우러져야 맛있듯이, 다양한 사람들이 서로를 존중하며 협력하도록 교육하고 격려한다면 기업도 훌륭한 성과를 낼 수 있다.

연결성 강화_세상과 소통하고 협력한다 촘촘하게 연결된 네트워크를 통해 정보와 아이디어를 공유하고, 함께 문제를 해결해 나가야 한다. 디지털 기술을 활용해서 전 세계 사람들과 소통하고 협력하는 것은 이제 선택이 아닌 필수다. SNS로 전 세계 친구들과 교류하듯이, 기업도 다양한 채널로 고객, 파트너, 직원들과 소통하고 협력해야 한다. 이를 위해

AI와 실시간 협업 도구를 도입하고, 조직 내외로 접근 가능한 클라우드 기반 서비스와 소셜 네트워크 플랫폼을 적극 활용해야 한다. 또, 기존과 혁신을 접목하여 사회와 시장에 새로운 가치를 제공해야 한다.

지속 가능성 강조_미래 세대를 위해 보존하고 발전시킨다   미래 세대를 위해 현재의 자원을 보존하고 발전시킬 의무가 있다. 이는 기업의 생존과 성장에도 필수적인 요소다. 최근 기업은 지속 가능한 성장을 위해 ESG 경영에 노력하기 시작했다. 기업의 재무성과 외의 투자 기준인 '환경(Environmental), 사회(Social), 지배구조(Governance)'를 경영 전략으로 내세운 것이다. 환경 보호와 사회적 책임, 인권 존중에 노력하는 것이 기업의 생존과 성장에 필수적인 요소가 되었다. 또, 지배구조 측면에서 조직 내에서 직원들이 학습하고 성장하도록 장려해야 한다. 또 새로운 아이디어를 실험하고 실패를 허용하는 문화를 조성해 조직이 지속 발전하도록 한다.

다양성을 증진하고, 기술과 인적자원, 비즈니스 모델과 조직을 효과적으로 연결하며, 지속 가능한 경영을 추구하자.

- 우리 조직은 다양성을 존중하고 있는가? 다양성 어떻게 증진할 수 있을까?
- 우리 조직은 어떤 방식으로 세상과 연결되어 있는가?
- 우리 조직이 미래 세대를 위해 우리가 할 수 있는 일은 무엇일까?

Q112 ── 어떻게 하면 올바른 결정을 내릴 수 있을까?

중요한 결정을 앞두고 밤잠을 설친 경험이 있는가? 대학 진학이나 취업, 연애 등 우리 삶에는 수많은 선택의 순간이 찾아온다. 어떤 선택을 하느냐에 따라 미래가 달라진다. 더욱이 그 선택에 따라 태도나 행동을 결정해야 한다면 더 신중하고 현명해져야 한다. 선택은 원하는 것을 고르는 것이지만, 결정은 그 선택을 실행하기 위한 것이기 때문이다. 물론 다양한 가능성을 열어두고 신중하게 결정해야 후회가 없다. 그렇다고 마냥 결정을 미루며 시간을 벌 수도 없다. 선택과 결정도 타이밍이라지 않는가?
　결정 시기를 놓치지 않도록 올바른 결정을 위한 방법을 찾아보자.

목표를 명확히 정하고 선택지의 우선순위를 고려한다　결정을 내리기 전에 내가 무엇을 원하는지, 어떤 가치를 중요시하는지를 명확히 정의해 둔다. 여행을 떠나기 전에 목적지를 정하듯이, 무엇을 위해 결정을 하는지 그 목표를 정해야 올바른 방향으로 나아갈 수 있다. 선택지가 여럿이라면 어떤 것이 중요한지를 우선순위를 매겨 결정의 근거를 마련한다. 뷔페에서 먹고 싶은 음식부터 고르듯이, 중요한 것부터 선택하고 집중해야 후회 없는 결정을 할 수 있다. 그러니 개인적인 선호도나 감정에 휘둘리지 않도록 주의한다.

정보를 수집하고 꼼꼼하게 분석한다　목표와 우선순위를 근거로 결정에 필요한 정보를 최대한 많이 수집하고 분석해야 한다. 탐정이 사건을 해결하기 위해 단서를 모으듯이, 다양한 정보를 모아 객관적으로 분석해야 올바른 결정을 내릴 수 있다. 이왕이면 사실에 기반한 정보를 분석하는 게 좋다. 인터넷 검색, 책, 전문가의 조언 등 다양한 방법을 통해 정보를 얻고, 꼼꼼하게 따져본다.

다양한 가능성을 열어두고, 장단점을 비교한다 대학 진학을 할 때 어느 대학교에 지원할지 고민할 때처럼 다양한 가능성을 열어두고 각 선택지의 장단점을 비교해 보는 게 중요하다. 장단점을 비교해 보면 그 결정이 가져올 결과를 예측할 수 있다. 어떤 선택이 최소한의 비용으로 최대의 혜택을 제공할지 고려하여 신중하게 결정한다.

다양한 의견을 수렴한다 혼자 고민하기보다 다른 사람들의 의견을 들어본다. 동료나 전문가 등 믿을 만한 사람들에게 조언을 구한다. 다른 사람의 시각에서 문제를 바라보면 새로운 해결책을 찾을 수 있고, 자신이 놓치고 있던 부분을 발견할 수도 있다. 또, 결정에 영향을 미칠 수 있는 이해관계자와 의사소통하고 협의하는 것도 중요하다. 팀원이나 조직 내 다른 구성원들과 의견을 나누며 시각을 달리하는 것도 결정에 도움이 된다.

위험 평가와 시간 관리에 신경을 쓴다 선택지나 대안이 어떤 위험성을 지니고 있는지, 그 보상이나 대안이 충분한지를 검토하여 결정한다. 필요한 경우에는 위험 관리 전략도 마련한다. 또, 일정에 압박받을수록 더 신중해야 한다. 가능한 한 충분한 시간을 투자하여 결정을 내리는 것이 좋다. 급박한 상황에서는 최대한 정보를 빠르게 수집하고 중요한 측면을 우선적으로 고려한다.

결정한 후 피드백을 수렴한다 결정을 내린 후에는 그 일을 실행하면서 결과를 모니터링하고 피드백을 수렴한다. 원하는 결과를 얻었는지, 어떤 것을 배웠고 이를 앞으로 어떻게 적용할지를 논의한다. 후속 조치를 하면서 성장할 기회를 만든다.

상황과 목표를 고려하여 올바른 결정을 내리자. 중요한 결정일수록 체계적이고 사려 깊은 접근이 필요하다.

- 최근에 어떤 중요한 결정을 내렸는가? 그 결정을 내릴 때 어떤 과정을 거쳤나?
- 결정을 내릴 때 가장 중요하게 생각하는 것은 무엇인가?
- 앞으로 어떤 결정을 내려야 할 때 오늘 배운 내용을 어떻게 활용할 수 있을까?

Q113   무엇을 위해 성공하고 싶은가?

누구나 성공을 바란다. 그러나 목적한 바를 이룬다는 뜻의 '성공'은 호락호락하지 않다. 사람마다 성공의 기준이나 그 목적이 다르다. 하지만 분명한 사실은, 성공이 개인의 만족을 넘어 우리 삶 전체와 세상을 더 나은 방향으로 이끄는 힘을 가졌다는 점이다. 성공을 단순히 돈이나 명예를 얻는 것으로 해석하기 어려운 이유도 여기에 있다.

성공을 향한 여정에 동참하고 싶다면, 먼저 성공을 어떻게 정의할 수 있는지 고민해 보자. 사람마다 가치관과 목표가 다르듯이, 성공도 각자 달리 정의할 수 있다. 다음 세 질문에 답하면서 자신이 원하는 성공을 생각해 보자.

삶에서 성공의 조건은 무엇인가   성공하기 위해서는 건강한 몸과 마음, 사회생활이 전제되어야 한다. 튼튼한 집을 짓기 위해서는 기초 공사가 탄탄해야 하듯, 성공도 건강한 몸과 마음, 원만한 사회생활이라는 기초 위에서 이루어질 수 있다. 이와 더불어 삶에 대한 이해가 필요하다는 점도 기억해 두자.

'삶이란 무엇인가?' '삶은 어떤 구조로 이루어져 있나?' '삶의 중심과 주변이 어떻게 다르고, 왜 중심을 잡아야 하는가?' '중심을 잡기 위해서는 어떻게 살아야 하는가?' 또 '마음이나 생각이 어떻게 삶에 영향을 미치는가?'도 생각해 보자. 그리고 '과거의 경험이나 지식이 삶에 어떤 영향을 미치는가?' '사람들과 어떻게 소통하며 관계를 이어갈 것인가?'를 고려할 때 성공으로 나아갈 수 있다.

성공은 행복으로 가는 길인가   성공은 돈, 명예, 권력 같은 외적인 요소만으로 이루어지는 것이 아니다. 대다수가 공통으로 생각하는 진정한 성공이란 행복과 만족감을 느끼는 삶이다. 맛있는 음식을 먹으면 행복하듯이, 성공은 우리 삶에 행복이라는 달콤한 맛을 더해줄 수 있다.

따라서 성공이 추구하는 '행복'이 어떤 상태를 뜻하는지, 어떻게 하면 행복하다고 느낄 수 있는지를 논의하는 게 바람직하다. 행복은 더 많은 것을 추구하거나 다른 사람과 비교하고, 물질(소유)에 집착하거나 물질 중심으로 생각을 가진 것을 다른 사람과 나누고 서로 배려하고 존중하며 사랑할 때 진정한 행복도 느낄 수 있다.

또, '어떻게 하면 행복해질 수 있는가?'를 논의할 때, 인류 역사를 통해 밝혀진 대표적인 지혜들로 '너 자신을 알라(정체성)', '욕망을 다스려라(도덕성)', '원하는 것을 하라(방향성)', '죽음을 기억하라(일관성)' 등을 들 수 있다. 이 지혜의 말을 되씹어보면, 끊임없는 자기 성찰과 바른 태도, 착한 삶이 행복의 원천임을 알 수 있다. 살아가면서 긍정적인 마음가짐과 따뜻한 마음을 유지한다면 우리 모두 행복할 수 있다.

'중심'과 '정직'이 성공의 나침반인가   모든 사람은 자기중심적으로 살아간다. 삶이 개개인의 존재를 위한 것이니 당연하다. 이런 점에서 우리가 유지하려는 '중심'이란 결국 '자기 정체성(존재)'과 개개인의 '삶'의 목표인 셈이다. 자기 존재에 대해 성찰하고 삶의 목표를 찾으려면 '중심'이 필요하다. 그 중심에는 도덕성이 동반되어야 한다. 어떤 상황에서도 흔들리지 않는 방향성과 일관성을 견지해야 중심을 잃지 않기 때문이다. 이를 위해서는 중심에 대한 올바른 인식과 인내, 노력이 필요하다.

중심과 함께 유지하면 좋은 것이 '정직'이다. 성공을 위해 자신의 중심을 지키며 살아가다 보면, 자칫 유혹에 빠질 수 있다. 자기만족이나 행복에 치우쳐 방향을 잃거나 거짓된 행동도 할 수 있다. 그럴 때일수록 인간이 지켜야 할 도리인 도덕성을 유지하려고 노력해야 한다. 거짓이나 잘못이 있다면 솔직히 말할 수 있는 용기가 바로 '정직'이다. 성공을 통해 행복하려면 사람답게 살아가는 데 필요한 가치를 실천하는 게 무엇보다 중요하다. 이런 의미에서 중심과 정직은 성공의 나침반이 되어준다.

우리 모두 성공의 길로 걸어가자. 중심과 정직을 나침반으로 삼아 건강한 몸과 마음, 사회생활을 유지한다면 진정한 행복에 이를 수 있다.

- 나에게 성공이란 무엇일까?
- 성공하기 위해 어떤 노력을 해야 할까?
- 진정한 행복이란 무엇이며, 어떻게 하면 행복해질 수 있을까?

Q114 — 성공하려면 어떻게 해야 할까?

어떤 이는 에베레스트 정상에 오르듯 높은 명예와 부를 꿈꾸고, 또 다른 이는 동네 뒷산에 오르듯 소소하면서 확실한 행복을 원한다. 이렇게 꿈꾸는 성공의 모습이 다르지만, 성공을 향한 열망은 누구에게나 있다.

성공을 이루려면 먼저 자신이 원하는 성공을 정의할 수 있어야 한다. 남들이 말하는 성공을 좇지 말고, 내가 진정으로 원하는 삶의 모습을 그려보면 좋겠다. 예를 들어 남들이 추천하는 맛집에 가기보다 내 입맛에 맞는 곳을 찾는 게 더 현명하듯이.

성공을 향한 여정은 쉽지 않다. 하지만 성공한 사람들의 사례나 조언을 찾아보면 성공에 필요한 아이디어를 얻을 수 있다.

성공 지도를 그린다   무엇을 하든지 목표를 정하고 그에 맞게 계획을 세우는 게 우선이다. 여행을 떠나려면 먼저 목적지를 정하고 그에 맞는 여행 계획을 세워야 하듯이. 목표는 구체적이고 현실적일수록 좋다. 예를 들어, '돈을 많이 벌고 싶다'라는 막연한 목표보다 '3년 안에 억대 연봉을 받겠다'라는 목표를 정하는 게 더 현실적이다. 이렇게 목표를 정했다면 이를 달성하기 위한 단계별 계획을 세워야 목표에 더 쉽게 다가갈 수 있다.

성공의 동기부여를 한다   목표를 정하고 계획을 세워서 이를 실행하려다가 뜻밖의 장애물을 만날 수 있다. 평지를 가다가 갑자기 오르막길을 만나 힘겹게 오르게 될 수 있다. 여기서 포기하지 않고 계속해서 나아가려면 끊임없이 자신을 격려하고 동기부여를 해야 한다. 자동차가 연료를 채워야 움직일 수 있듯이, 우리 마음에도 열정이라는 연료를 채워야 목표를 향해 나아갈 수 있다.

시간 관리와 우선순위 설정을 한다 시간은 누구에게나 공평하게 주어진다. 하지만 이를 어떻게 활용하느냐에 따라 그 가치는 얼마든지 달라질 수 있다. 똑같은 재료로 요리해도 요리사에 따라 맛이 달라지듯이. 성공한 사람들은 공통으로 시간을 효율적으로 사용한다. 그만큼 시간 관리가 철저하다는 말이다. 일의 중요도에 따라 우선순위를 두는 습관도 시간 관리에 도움이 된다.

자기 계발을 꾸준히 한다 세상은 끊임없이 변화하고, 우리도 그 변화에 발맞춰 성장해야 성공에 이를 수 있다. 독서나 온오프라인 강의 수강, 자격증 취득 등 다양한 방법을 통해 새로운 지식과 기술을 습득하며 강점을 키워 자신의 가치를 높여야 한다.

의사소통 능력을 강화해 대인관계를 넓힌다 성공은 혼자서 이룰 수 있는 게 아니다. 주위 사람들과 함께 소통하고 배우며 성장할 때 성공할 수 있다. 평소에 효과적인 의사소통 기술을 익히고 리더십을 개발하면서 협력의 기술을 발휘한다면 성공을 앞당길 수 있다. 이런 노력으로 여러 사람과 성공을 이룬다면 더욱 값지고 의미가 있을 것이다.

건강을 위해 스트레스를 관리한다 성공을 향해 달려가다 보면 스트레스를 받을 때가 많다. 물론 스트레스도 성공을 위해 노력했다는 증거일 수 있다. 하지만 스트레스를 제대로 관리하지 못하면 건강을 해쳐 성공이 무색해질 수 있다. 그러니 명상, 운동, 취미 활동 등으로 스트레스를 줄이면서 긍정적인 마음을 유지하도록 한다.

긍정적인 마음으로 긍정의 언어를 사용한다 성공한 사람들은 '믿는 대로 된다'며 긍정의 힘을 성공의 비결로 내세운다. 긍정적인 마음이나 생각이 성공의 씨앗이라는 것이다. 자기 계발 전문가 밥 프록터는 '성공은 꾸준한 노력과 긍정적인 생각의 결합'이라고 말했다. '일체유심조(一切唯心造)'라는 불교의 가르침처럼, 모든 것은 마음먹기에 달렸다. 긍정적인 생각을 품으면 좋은 일이 생겨 성공할 확률도 높아진다. 일이 힘들고 스트레스를 받는다고 좌절하거나 포기하지 말고, 긍정적인 면을 찾아 희망을 잃지 말자.

자신을 객관화하고 일관성 있게 추진한다 자기 자신을 객관적으로 파악하고, 자신이 진정으로 무엇을 원하는지 아는 게 중요하다. 이에 근거를 두면 목표를 정하고 흔들림 없이 성공을 향해 노력할 수 있다. 인지과학자 스티븐 M. 플레밍은 인간이 '자신의 판단과 행동을 끊임없이 모니터링하면서 실수를 보정하고 제어하도록 진화'했다고 말한다. 그러니 자기 행동을 의식적으로 성찰하는 '자기인식'을 해야 자기를 이해하고 원하는 것을 향해 꾸준히 나아갈 수 있다.

자기효능감을 높인다 자신감은 성공의 원동력이다. 심리학에서는 '나는 할 수 있다는 믿음'을 자신감 대신 '자기효능감(Self-Efficacy)'이라고 표현한다. 자기효능감을 높이기 위해 자기 확신이나 격려를 계속하면 실제로 어떤 어려움이 있어도 이를 극복하면서 목표를 향해 나갈 수 있다. 응원단의 함성을 듣고 선수들이 힘을 내듯이, 자기효능감은 우리에게 성공을 향해 나아갈 수 있는 용기와 희망을 불어넣어 준다.

성공의 사회적 책임을 고려한다   나 혼자만 잘 먹고 잘 살겠다는 것은 진정한 성공이 될 수 없다. 자신의 성공이 사회 전체에 끼칠 긍정적 영향을 생각해야 한다. 즉 사회 발전에 기여하는 성공이어야 한다는 말이다. 나무 한 그루 한 그루가 건강할 때 온전한 숲이 되듯이, 자신의 성공이 사회를 건강하게 만들 수 있다면 더 보람 있을 것이다. 기업도 마찬가지다. 윤리적인 경영으로 사회적 책임을 다하는 기업은 존경받고 성장을 지속해 나갈 수 있다.

성공한 사람들에게서 배우자. 그들의 성공 사례와 경험을 통해 나만의 성공지도를 그리고, 도덕적 가치를 나침반 삼아 성공을 향해 꾸준히 노력하자.

- 나에게 성공이란 무엇일까? 남들의 성공과 나의 성공은 어떻게 다른가?
- 성공을 위해 어떤 노력을 하고 있는가? 어떤 점을 더 보완해야 할까?
- 진정한 행복이란 무엇이며, 성공과 행복은 어떤 관계일까?

Q115 ── 성공을 위해 목표와 계획을 세우는 방법은?

꿈을 이루기 위해 구체적인 계획을 세워본 적 있는가? 성공은 막연한 바람이 아니라, 목표를 향해 나아가는 여정이라고 할 수 있다. 그래서 이 여정을 준비하는 과정이 필요하다. 여행을 떠나기 전에 목적지를 정하고 지도를 보며 여행 계획을 세우듯이, 성공을 위해서도 목표를 정하고 계획을 세우는 것이 중요하다.

구체적이고 측정가능한 목표를 세운다 막연한 목표는 달성하기 어렵다. '부자가 되고 싶다'라는 목표보다는 '1년 안에 천만 원을 모으겠다'처럼 구체적인 목표를 세우는 것이 좋다. 그리고 목표 달성 여부를 측정할 수 있어야 실천력을 높일 수 있다. 예를 들어, '날씬해지고 싶다'라는 목표보다 '매일 30분씩 운동하고, 6개월 안에 체지방률 5% 감량한다'처럼 측정할 수 있는 목표를 세운다.

현실적인 목표를 정한다 목표가 너무 높으면 이루기 어렵고, 너무 낮으면 성취감이 떨어진다. 게임할 때 난이도 조절에 실패하면 게임을 포기하고 싶어지듯이, 달성하기 쉬운 목표를 정하면 흥미를 잃기 쉽다. 자기 능력과 상황을 고려해서 적절한 목표를 설정하는 것이 중요하다.

달성 마감 시간을 정해둔다 목표를 정했다면 이를 언제까지 달성할지 정해둔다. 그러면 목표에 더 집중하여 노력할 수 있다. 과제 마감일이 다가오면 더 열심히 하게 되는 것처럼, 기한을 정해두면 긴장감을 유지하고 목표 달성에 더욱 집중할 수 있다.

목표의 우선순위를 정한다 여러 목표가 있다면, 그중 어떤 목표가 가장 중요한지를 정해야 효율성을 높일 수 있다. 주어진 시간과 에너지는 한정되어 있으니, 중요한 목표부터 차근차근 이루어나가면서 성공의 보람을 느끼는 것이 좋다.

SWOT 분석을 활용해 자기 인식을 강화한다 '적을 알고 나를 알면 백전백승한다.' 이 말은 『손자병법』의 '지피지기(知彼知己)면 백전불태(百戰不殆)'가 변용된 것이다. 이 말은 '적을 알고 나를 알면 전쟁에서 위태롭지 않다'라는 뜻이다. 이를 현대적으로 변용한 것이 바로 SWOT 분석이다. 원래 기업의 경영전략을 수립하기 위해 사용하는 분석 방법이다. 이를 '자기 인식'을 강화하는 데 활용해도 효과적이다. 자신의 강점(Strength), 약점(Weakness), 기회(Opportunity), 위협(Threat)을 분석해 자신의 능력치를 확인한다. 그리고 이를 근거로 자신의 강점은 살리고 약점을 보완하면서 목표를 달성하는 데 필요한 전략을 세울 수 있다.

구체적인 계획을 수립하여 성공 지도를 그린다 목표를 달성하려면 구체적인 계획이 필요하다. 여행 계획을 세울 때 어떤 관광명소들을 방문할지, 그 장소로 이동할 때 어떤 교통수단을 이용할지, 어디에서 숙박할지를 정해야 하듯, 목표 달성을 위해 단계별 계획을 세우는 것도 중요하다. 이때 필요한 자원, 예상되는 어려움, 해결 방안 등을 꼼꼼하게 고려해야 계획을 세우고 이를 실천할 때 유리하다.

매일매일 체크리스트를 작성한다 큰 목표 아래에 하위 목표를 나누어 배치한다. 그리고 매일 또는 매주 해야 할 일을 하위 목표로 정리해 체크리스트를 만든다. 이를 꾸준히 실천하면서 실행 여부를 표시하는 게 중요하다. 작은 목표들을 하나씩 달성할 때마다 맛보는 성취감이 동기부여로 작용할 수 있다.

유연한 자세로 계획을 점검하면서 수정한다 계획대로 되지 않을 때도 있고, 예상치 못한 어려움이 생길 수도 있다. 그럴 때는 계획을 수정하고, 새로운 방법을 찾아야 한다. 이렇게 유연한 자세로 대처하면서 노력해 나간다면 목표 달성에 더 가까워질 수 있다.

SMART한 목표와 계획을 세우자. 구체적(Specific), 측정 가능(Measurable), 달성 가능(Achievable), 관련성 있는(Relevant), 시간 제한적(Time-bound) 목표를 설정하면 계획을 구체적으로 세워 실천할 수 있다.

- 지금 당장 이루고 싶은 목표는 무엇인가?
- 그 목표를 달성하기 위한 구체적인 계획은 무엇인가?
- 계획을 실천할 때 어떤 어려움이 예상되는가? 극복할 방법이 있는가?

Q116 — 성공에 필요한 동기부여를 어떻게 하면 좋을까?

성공하고 싶다는 마음은 있는데, 무엇을 어디서부터 시작해야 할지 막막할 때가 있다. 때로는 애써 시작했지만 중간에 포기하고 싶을 때가 있다. 잘해보고 싶어서 시작한 일이 성공할지 말지 불확실하면 더 그렇다. 이럴 때일수록 끈기와 노력이 필요하지만, 시동을 걸기가 어렵다. 그렇다면 의욕을 되살려야 한다. 즉 성공을 향해 나아갈 동기부여가 필요하다. 성공에 필요한 동기부여 방법을 찾아보자.

성공의 비전과 목표를 재확인한다 성공은 자신이 원하고 미래(비전)에 실현하고 싶은 희망(꿈)에서부터 시작된다. 영화 『라라랜드』(2016)에서 주인공 미아가 배우의 꿈을 향해 노력하듯, 우리도 간절히 바라는 것을 이루기 위해 노력한다. '꿈'은 목표를 제시하고, 어려움을 극복할 힘도 준다. 따라서 자신의 비전을 실현하기 위해 어떤 목표를 정했는지 되짚어 보자. 그 목표가 왜 중요한지를 명확히 인식하면 스스로 동기부여를 할 수 있다. 비전과 목표의 의미를 잊지 않는 게 중요하다.

내적 동기부여를 강화한다 『네 안의 잠든 거인을 깨워라』라는 토니 로빈스의 책을 보지 않더라도 우리는 안다. 자기 안에 무궁무진한 능력이 잠들어 있다는 것을. 이 능력을 깨워 활동케 할 사람도 자기 자신뿐이다. 스티브 잡스조차 '사랑하는 일' 즉 자신이 원하는 일이 아니면 쉽게 포기하게 된다고 말했다. 그러니 자신이 사랑하는 일, 거기서 성공하고 싶다는 내적 동기부여를 갖는 게 중요하다. 혹은 멋지거나 행복한 삶을 위해서, 가족을 위해서, 세상을 더 나은 곳으로 만들고 싶어서 등등. 자신이 생각하는 성공과 그 목표를 깊이 인식한다면 내적 동기부여가 더 강해질 수 있다.

긍정적 사고를 유지한다 실패는 누구에게나 찾아올 수 있다. 실패했다고 쉽게 좌절하거나 포기하지 않는 게 중요하다. 실패를 배움의 기회라고 생각하자. 그리고 힘들 때마다 스스로를 격려하며 긍정적인 말을 자신에게 자주 건네자. "괜찮아. 다시 해보면 돼."라고. 긍정적 사고로 다시 도전해 보는 거다. 목표를 설정할 때부터 이를 달성하면 어떤 성취감이나 보상이 있는지를 상상하면 좋다.

자기 효능감을 높인다 큰 목표를 한 번에 이루려고 하면 힘들 수 있다. 높은 산도 정상까지 오르려면 중간중간 쉬어주어야 한다. 이처럼 큰 목표를 달성하는 과정을 작은 단계로 나누어 그 단계마다 성취감을 맛보게 한다. 단계별로 작은 목표들을 세우고 하나씩 달성해 보자. 작은 성공 경험들이 모여 큰 성공을 이루는 밑거름이 된다. 이렇게 작은 성공을 쌓아가면 자신감, 즉 자기효능감이 높아져 동기부여가 강해진다.

동료나 멘토의 지원을 받는다 혼자 힘으로 성공하기는 어렵다. 축구 경기도 팀원이 공을 잘 연결해 주어야 공격수가 골을 넣을 수 있다. 성공도 마찬가지다. 주위 사람들의 응원과 지지가 있어야 앞으로 나아갈 힘을 얻을 수 있다. 힘들 때는 믿을 만한 사람에게 자신의 고민을 솔직히 털어놓고 도움을 요청하자. 그들과 소통하는 과정에서 스스로 해답을 얻을 수 있고, 뜻밖의 지원과 협력을 얻어 다시 시작할 수도 있다.

자기관리와 보상을 적절히 하자 성공한 사람들 대부분은 자기 규율이

엄격하고 동기부여가 떨어질수록 자기 통제에 신경을 쓴다. 자신의 하루를 점검하며 성취도를 자체 평가하고, 주변의 부정적 피드백을 두려워하지 않는다. 성공에 필요한 에너지를 충전하기 위해 적절한 휴식과 자기 계발도 꾸준히 챙긴다. 또, 작은 성취를 하면 이를 기념하며 자신에게 긍정적 피드백을 준다.

목표를 시각화한다 목표 설정 때부터 목표를 달성했을 때의 자기 모습이나 성취감을 상상해 본다. 이를 시각적으로 표현해 놓으면 동기부여를 높일 수 있다. 데이비드 슈워츠 교수는 『크게 생각할수록 크게 이룬다』에서 뇌 과학 연구를 소개하면서 목표 시각화가 뇌에서 목표를 실제로 달성했을 때와 유사한 신경 활동을 일으킨다고 언급했다. 목표를 시각화하면서 자연스럽게 달성하는 순간을 떠올리게 되니 동기부여도 강해질 수밖에 없다.

성공하고 싶다면 자신만의 동기부여 방법을 찾자. 자신이 간절히 원하는 것을 목표로 삼아 여러 방법으로 동기부여를 한다면 성공을 향한 에너지를 얻을 수 있다.

- 당신은 왜 성공하고 싶은가?
- 성공을 위해 어떤 노력을 하고 있는가?
- 힘들 때 당신에게 힘을 주는 것은 무엇인가?

Q117 시간을 어떻게 활용해야 성공할 수 있을까?

하루 24시간이 부족하다고 느낀 적 있는가? 해야 할 일은 많은데 시간은 쏜살같기만 하다. 시험 전날 벼락치기를 하듯이 허둥지둥 시간에 쫓기는 경험, 누구나 한 번쯤은 해봤을 것이다.

다행히 시간은 누구에게나 공평하게 주어진 자원이다. 어떻게 활용하느냐에 따라 그 가치가 달라질 뿐이다. 시간 관리와 일의 우선순위 결정 방법을 알고 실천할 수만 있다면 삶의 질이 달라질 수 있다. 성공한 사람들의 시간 관리와 우선순위 결정 요인을 알아보고, 우리도 실천해 보자.

●○ 시간 관리는 스마트하게 한다

일일 계획표부터 짠다 여행 일정표를 짜듯이, 하루나 일주일 단위로 해야 할 일을 미리 계획한다. 하루 시작 전에 일정을 미리 계획하고 어떤 작업을 언제 해야 하는지 명확히 파악한다. 이때 단순히 할 일을 나열하는 것이 아니라, 우선순위를 정하는 것이 중요하다. 급하고 중요한 일부터 처리하고, 덜 중요한 일은 미루거나 과감하게 제외하는 지혜가 필요하다.

시간을 블록 단위로 관리한다 일상적으로 처리해야 할 일을 유형별로 나누고 이에 필요한 시간 범위를 정한다. 블록 시간을 할당하면 시간 낭비를 줄이고 일의 효율성을 높일 수 있다. 예를 들어, 오전에는 집중력이 필요한 업무를 처리하고, 오후에는 회의나 미팅 같은 외부 활동을 한다. 비슷한 종류의 일들을 묶어 시간 블록을 만들어 관리한다.

시간 관리 기법을 활용한다 할 일 목록을 만들고 가장 중요하거나 급한 작업을 우선순위에 두고 진행한다. 이때 시간 관리 기법을 활용하면 효율성을 높일 수 있다. 그 예로 아이젠하워 행렬(Eisenhower Matrix)과 포모도로(Pomodoro) 기법을 들 수 있다. 아이젠하워 행렬은 중요성과 긴급성에 따라 작업을 배열하는 방법으로, 작업을 분류하고 우선순위를 결정하는 데 도움이 된다. 포모도로 기법은 일이나 작업을 25분간 집중해서 하고 5분간 휴식하는 방식을 4회 반복한다. 집중과 휴식을 적절히 취할 수 있어 일의 집중력을 높이는 데 효과가 있다.

시간을 의식해서 사용한다 우리 주변에는 스마트폰, SNS, 게임 같이 시간을 잡아먹는 유혹들이 너무 많다. 달콤한 디저트 같지만, 결국 시간을 낭비하게 만든다. 그러니 시간을 의식해서 사용하는 습관을 들인다면 시간 낭비를 줄일 수 있다. 그리고 비슷한 일들을 묶어 처리하거나, 에너지와 집중력이 높은 시간대에 중요한 작업을 하면 효율성을 높일 수 있다.

●○ 우선순위 결정이 시간 관리와 일에 효율성을 높인다

1 목표와 일의 중요도에 따라 우선순위를 결정한다. 긴급하고 중요한 일을 먼저 선택하여 집중하는 것이 좋다.
2 마감 기한을 고려하여 어떤 일을 먼저 처리해야 할지 판단한다. 마감일이 다 되어가는 일은 먼저 처리한다.

3 긴급하고 중요한 일은 아이젠하워 행렬(Eisenhower Matrix)을 활용해 업무를 분류하여 우선순위를 결정한 뒤 처리한다.
4 일을 진행하는 데 필요한 자원(시간, 돈, 인력 등)의 가용성을 고려하여 우선순위를 정한다. 쓸만한 자원을 최대한 활용할 수 있는 작업에 우선순위를 둔다.
5 긴급한 문제나 예상치 못한 변화가 일어날 때가 있다. 이에 대응하기 위해서는 우선순위를 재조정해야 한다.
6 개인적인 생산성 패턴을 고려하여 자신에게 가장 적합한 시간을 선택해 가장 중요한 일에 집중한다.

시간 관리와 우선순위 결정을 생활화하자. 개인의 성격과 작업 환경에 맞는 시간 관리 방법을 활용하면 시간관리와 우선순위 결정을 효율적으로 할 수 있다.

- 나의 하루 일정을 시간대별로 분석해 보자. 어떤 시간대에 어떤 일을 하는 것이 가장 효율적일까?
- 하루 일과시간에 집중력을 유지할 수 있는 방법은 무엇일까?
- 시간을 낭비하는 나쁜 습관은 무엇이며, 어떻게 고칠 수 있을까?

Q118 성공하려면 어떤 자기계발이 필요할까?

성공한 사람들의 대표적인 공통점은 무엇일까?

신중년행복디자이너 이규철이 지적했듯이 그들은 인풋을 하면 반드시 아웃풋을 하여 자기 것으로 만든다. 즉 배운 것을 꼭 활용한다. 항상 배우면서 자기 능력을 일깨우려고 한다. 그들은 '자기계발'이 습관이자 생활인 사람들이다. 이들처럼 우리도 항상 배우며 성장하려고 한다면 성공에 더 다가갈 수 있다.

자기계발을 위한 가성비 좋은 학습법이 있다면 바로 독서다. 책은 세상의 모든 지식과 경험을 담고 있는 보물상자와 같다. 자신의 전공이나 업무 분야에 대한 지식은 물론이고, 문학, 역사, 철학, 인문, 과학 등에 관한 지식이 다양한 책에 들어 있다. 이런 책들을 골고루 읽는다면 자기계발에 유익할 것이다. 특히 인문과학적 주제는 지적 호기심을 활성화하고 자기 성장에 도움이 된다. 그에 관해 살펴보자.

문학은 세상을 보는 눈을 넓히는 창이다 소설, 시, 수필, 희곡 같은 여러 장르의 문학 작품을 읽으면 다른 사람의 삶이나 생각, 감정을 이해하고, 세상을 보는 시야를 넓힐 수 있다. 셰익스피어의 『햄릿』으로 인간의 고뇌와 갈등에 대해 생각하고, 헤르만 헤세의 『데미안』으로 자아 성장과 삶의 의미에 대해 고민할 수도 있다. 세계 각국의 고전문학이나 현대문학을 읽으면서 세계의 역사와 다양한 문화적 배경을 이해할 수 있다.

역사는 과거를 통해 미래를 배우는 시간 여행이다 타임머신을 타고 과거로 돌아가듯, 역사책을 읽으며 과거의 사건과 인물들을 만날 수 있다. 과거의 실수를 반복하지 않고 더 나은 현재와 미래를 만드는 지혜를 얻을 수 있다. 유발 하라리의 『사피엔스』는 인류 역사의 흐름을 이해할 수 있게 해주고, 설민석의 『조선왕조실록』은 한국 역사를 쉽게 이해하도록 돕는다. 윌 듀란트의 『문명이야기』를 통해 다양한 세계의 문화와 역사적 사건을 이해할 수 있다. 또, 『박시백의 조선왕조실록』이나 『로마인 이야기』 같이 특정 시대나 나라에 초점을 맞춘 역사책을 읽으면 해당 분야의 전문성을 키울 수 있다.

철학은 생각의 깊이를 더하는 탐구다 철학은 삶에 근본적인 질문을 던지고 그 답을 찾아가는 과정을 다룬다. 그래서 세상과 자기 자신에 대해 깊이 생각하고 이해하도록 도와준다. 플라톤의 『국가』나 『장자』를 읽으면 이상적인 사회에 관해 고민할 수 있고, 니체의 『차라투스트라는 이렇게 말했다』를 읽으면 개인의 자유와 의지에 대해 생각할 수 있다. 동서양의 철학자와 사상가들-공자와 노자, 플라톤과 아리스토텔레스, 칸트, 니체, 쇼펜하우어, 푸코 등-의 책들을 읽으며 세계를 해석하고 자기 중심을 세우는 방법도 배울 수 있다.

인문과학은 사람과 사회를 이해하는 열쇠다 인간과 사회에 대해 이해하면 삶의 지혜를 얻을 수 있다. 심리학, 사회학, 문화 인류학 등의 인문학책을 다양하게 읽으면서 인간의 본성과 사회 현상을 이해하고, 더 나은 삶을 위한 통찰력을 얻을 수 있다. 칼 세이건의 『코스모스』는 우주와 인간의 관계를 깊이 성찰케 하고, 유발 하라리의 『호모데우스』는 인류의 미래에 대한 새로운 시각을 제시한다. 또, 프로이트나 칼 융의 심리학책은 자기 이해를 돕고, 에머슨이나 존 스튜어트 밀, 앤서니 기든스 등의 사회학책은 사회적 현상과 인간관계를 깊이 이해하게 한다.

과학은 세계의 진리나 법칙을 발견하는 지식 탐험이다 과학책을 읽으면 우리 주변의 세계를 이해하고 미래를 예측할 수 있다. 찰스 다윈의 『종의 기원』이 창조론에서 진화론으로 인류사를 바꾸었다면, 리처드 도킨스의 『이기적 유전자』는 유전자를 통해 인간의 본질을 설명했다. 또 정약전의 『자산어보』는 조선시대의 어류백과사전으로서 우리 해양생물 연구의 기초자료다. 과학의 시대가 된 오늘날, 과학책을 읽으면 자연현상을 이해하고 과학기술의 발전과 미래를 예측해 볼 수 있다.

독서는 자기계발의 기초자료다 인문학책을 통해 여러 문화와 시대의 변화를 발견하고 다양한 관점과 지식을 습득할 수 있다. 독서 후에는 읽은 내용을 기록하고, 온라인 커뮤니티나 독서 모임에서 토론하며 자기 것으로 만드는 법을 익힌다. 또, 자신의 관심과 성향에 맞는 책을 고르는 방법이나 학습법을 더 효과적으로 만들 수 있다.

독서는 자기 계발의 시작이다. 자신의 관심사와 목표에 맞는 책을 골라 읽고 학습하면서 이를 활용해 본다면 성공을 향해 한 걸음 더 나아갈 수 있다.

- 어떤 분야의 책에 가장 관심이 있는가? 왜 그 분야에 관심이 있는가?
- 최근에 읽은 책 중에서 가장 인상 깊었던 책은 무엇인가? 그 이유는?
- 독서를 통해 얻은 지식이나 경험을 실제 삶에 어떻게 적용할 수 있을까?

Q119 — 성공하기 위해 원활한 의사소통이 중요한 이유는?

"말 한마디로 천 냥 빚을 갚는다."라는 속담이 있다. 그만큼 말은 힘이 세다. 그런 말을 어떻게 하면 잘할 수 있을까? 일상에서 가족이나 친구에게 말 한마디 때문에 오해가 생겨 갈등하고, 중요한 발표에서 긴장한 나머지 버벅대다가 핵심을 설명하지 못할 때도 있다.

살다 보면 말 한마디 때문에 울고 웃는 일이 참 많다. 그만큼 우리 삶에서 의사소통은 중요하다. 성공을 꿈꾸는 사람이라면 더욱 그러하다. 어떻게 하면 성공을 위해 다른 사람들과 원활하게 소통하고 좋은 관계를 맺을 수 있는지 그 방법을 알아보자.

●○ 효과적인 의사소통 기술을 익힌다

경청으로 상대방의 마음을 읽자 말을 잘하는 것보다 잘 듣는 것이 중요할 때가 많다. 맛있는 음식도 그 맛을 음미해야 하듯, 상대방의 말에 집중하고 공감해야 소통이 원활해진다. 상대방의 말을 끊지 말고, 눈을 맞추며, 고개를 끄덕이는 등의 적극적인 경청 자세를 취한다. 또, 상대방의 의견과 감정에 주의를 기울이면서 그 내용을 정확하게 이해하려 노력한다. 이는 상대방을 존중하고, 비판적 사고를 통해 의사소통의 품질을 높이는 방법이다.

명확하고 간결하게 말하자 횡설수설 길게 말하기보다 핵심만 간결하게 전달하는 것이 더 효과적이다. 짧은 광고 문구가 인상에 남는 것처럼, 명확하고 간결한 표현을 하면 상대방이 그 메시지를 더 잘 이해할 수 있다. 복잡한 아이디어라면 더 간결하게 표현하고, 혼란을 방지하기 위해 정확한 단어를 사용한다. 전문용어를 사용할 경우, 상대방이 이해할 수 있도록 설명을 덧붙이는 게 좋다.

비언어적 커뮤니케이션도 적절히 사용하자 말뿐만 아니라 표정, 몸짓, 목소리 톤 등도 중요한 의사소통 수단이다. 미국 앨버트 메라비언 연구에 따르면, 대화나 강연을 접할 때 7%만 말의 메시지에 영향을 받고 나머지는 청각과 몸짓언어에 영향을 받는다. 배우가 연기할 때 대사뿐 아니라 표정과 몸짓으로 감정을 전달하듯이, 비언어적인 표현을 통해 상대방에게 진심을 전할 수 있다. 또, 상대방의 비언어적 신호를 주의 깊게 파악하면 그의 감정이나 마음을 이해할 수 있다. 따라서 비언어적 요소를 학습해 두면 원활한 의사소통에 도움이 된다.

적극적으로 질문하고 피드백도 주고받자 대화는 서로 주고받는 탁구 경기와 같다. 상대방의 의견을 더 잘 이해하기 위해 궁금한 점은 물어보고, 자기 생각을 솔직하게 말하는 게 좋다. 질문과 피드백을 주고받으면서 서로를 더 잘 이해하고, 더 깊이 있는 대화를 나눌 수 있다.

감정 지능과 공감 능력을 키우자 다른 사람의 감정을 이해하고 공감하는 능력은 좋은 인간관계를 유지하는 필수 조건이다. 감정 지능이 자신과 다른 사람의 감정을 인식·이해·관리하는 능력이라면, 공감 능력은 다른 사람의 감정을 이해하고 그 감정에 공감하는 능력을 말한다. 감정 지능을 활용해 상대방의 감정을 이해하고 공감하면 더욱 깊은 유대감을 형성할 수 있다. 어려운 상황에서 도움을 주거나 격려해 줌으로써 그 관계를 돈독히 다질 수 있다.

●○ 원만한 대인관계를 위해 꾸준히 노력한다

1. 일관성 있고 신뢰할 수 있는 행동을 하자. 그러면 상대방에게 신뢰를 얻을 수 있을 뿐만 아니라 원만한 관계를 유지할 수 있다.
2. 적극적으로 관계망을 형성하자. 지금은 네트워크 시대다. 다양한 사람과 관계를 형성하고 유지해야 성공으로 더 나아갈 수 있다. 새로운 기회를 기다리기보다 평소에 대인관계 기술을 익혀 사회적 관계망을 만들어가는 게 더 중요하다.
3. 사회생활에서 갈등은 피하기 힘들다. 그러니 갈등이 발생했을 때, 어떻게 적절히 대처하는지를 익혀두는 게 좋다. 갈등을 관리하거나 해결하는 능력은 훌륭한 대인관계를 만드는 데에 중요하다.
4. 상대방의 감정과 의견을 존중하면서 이해하려고 노력한다. 이는 서로 간의 심리적 안정과 연결성을 높일 수 있는 태도다.
5. 각기 다를 수 있는 성향과 스타일을 존중하고 이에 적응하는 능력이 필요하다. 나와 상대방의 차이를 이해하고 이를 긍정적으로 받아들인다.
6. 나에 대한 다른 사람의 피드백을 건강하게 수용하고, 개선을 위해 노력한다. 이는 자기 성장과 대인관계의 질을 높이는 데 도움이 된다.

효과적인 의사소통과 원만한 대인관계를 위해 배우고 또 실천하자. 평소에 이를 실천하면서 경험을 쌓아가면, 더 풍요로운 대인관계를 이룰 수 있다.

- 당신이 생각하는 원활한 의사소통이란 무엇인가?
- 다른 사람과 소통할 때 느꼈던 어려움이 있다면 무엇인가?
- 의사소통 능력을 향상하기 위해 어떤 노력을 할 수 있을까?

Q120 ─── 긍정적 사고와 적극성을 어떻게 강화할까?

긍정, 적극성, 성장, 행동의 공통점은 무엇일까? 어떤 일을 생각하고 판단하여 실행하기 위한 필수 덕목이라는 점이다. 영국의 사상가 존 로크는 인간의 행동을 보면 그의 사고를 볼 수 있다고 장담했다. 바꿔 말하자면 사람은 생각하는 대로 행동한다는 것이다. 그러나 반드시 그런 건 아니다. 프랑스 시인 폴 발레리가 "생각하는 대로 살지 않으면 사는 대로 생각하게 된다."라고 한 말이 여전히 유효하니 말이다. 생각 없이 살다가는 자신이 무엇을 원하고 무엇을 하고 싶었는지조차 모르고 생을 마감할 수 있다.

그래서일까? 성공하거나 성공을 위해 노력하는 사람들은 한결같이 긍정, 적극성, 성장, 행동 네 덕목을 강조한다. 이와 연결해서 필요한 마인드셋(사고와 판단 방식)이 바로 긍정적 사고, 변화에 대한 유연성, 책임 있는 자세, 가치 있는 경험을 추구하는 적극성이다. 그중에서 긍정적 사고와 적극성은 어려움에 대처하는 방식, 목표 설정, 문제 해결 능력, 대인관계 등에 긍정적인 영향을 미친다. 이를 어떻게 강화할 수 있을지 생각해 보자.

●○ 긍정적 사고는 자기 긍정에서 시작된다

긍정적인 말을 사용하자 "나는 할 수 있다!" "참 멋져요." 같이 자신이나 다른 사람을 존중하는 마음으로 긍정적인 말을 건넨다. 부정적인 표현 대신 긍정적인 표현을 선택하면 마음도 가벼워지고 긍정적 에너지도 생긴다. 긍정적인 말을 나누면 자신과 상대방에게 모두 용기를 주고 자신감을 심어줄 수 있다.

감사하자 매일 아침 일어나서 감사한 일 세 가지를 떠올려 본다. 화창한 날씨, 맛있는 아침 식사, 사랑하는 가족과 친구 등. 작은 것에도 감사하는 마음을 가지면 세상이 더 아름답게 보이고, 긍정적인 에너지가 샘솟게 된다. 매일 감사 일기를 쓰는 것도 좋다. 생활 속에서 긍정적인 면을 찾아내며 작은 것에 감사할 수 있다. 감사하는 태도는 마음을 안정시키고 긍정적인 관점을 갖도록 도와준다.

실패를 배움의 기회로 삼자 무슨 일이든 한 번에 성공하기는 힘들다. 실패를 거듭하면서 배울 수 있다면, 그것은 새롭게 시작할 수 있다. 미국 철학자 존 듀이가 "실패는 나쁜 것이 아니라 배움의 시작"이라고 한 것처럼, 실패라는 경험에서 교훈을 얻고 성장할 수 있다. 따라서 실패를 두려워하지 않고 끊임없이 도전하는 자세가 중요하다.

목표를 향해 꾸준히 노력하자 자기가 바라고 하고 싶은 것을 목표로 삼았다면, 이를 향해 나아갈 수 있다. 성공철학자 나폴레옹 힐은 '목표가 꿈을 현실로 만드는 출발점'이라면서 '성공은 계속된 노력의 산물'이라고 강조했다. 목표가 있다면 이를 실현하려고 노력해야 한다. 그 과정이 힘들더라도 거기서 얻는 성취감은 정말 값진 경험이 될 것이다. 마라톤 선수가 결승선을 통과했을 때의 표정을 보라. 대부분 몸은 지쳐 쓰러질 듯해도 표정에는 기쁨이 가득하다. 목표에 도달했다는 기쁨과 목표를 향해 꾸준히 노력해온 자기 자신이 자랑스러워서다. 이런 노력을 즐길 수 있는 태도가 중요하다.

자기 긍정의 힘을 키우자   일상적인 문제와 어려움에 대해 긍정적인 시각을 유지하면 자기 잠재력과 가능성을 믿게 된다. 그래서 실패는 일시적인 장애물일 뿐, 더 나은 결과를 이루기 위한 경험과 교훈으로 받아들일 수 있다. 이런 자기 긍정의 힘을 키우려면 자신의 장점과 성취를 인정하고 격려해야 한다. 이러한 긍정적인 자기 평가와 자기 존중이 자신감을 키우는 데도 도움이 된다.

●○ 긍정적 에너지로 적극성을 향상한다

문제 해결 능력을 강화하자   빠르게 변화하는 세상에서 복잡한 문제를 식별·분석·해결하는 능력은 필수적이다. 이런 문제 해결능력은 논리적·비판적·창의적 사고를 종합하여 해결책을 찾아 실행하는 것이다. 문제를 해결하면 자신감이 향상될 뿐만 아니라 주변에서 자신의 가치를 인정받을 수 있다.

도전을 기회로 만들자   하고 싶어도 망설이다 보면 그 기회를 놓칠 때가 많다. 어려운 상황이라고 또 실패한 적이 있다고 회피하지 말자. '할 수 있다'는 긍정적인 생각으로 접근한다면 실패를 경험으로 여기고 도전할 수 있다. 도전을 자신의 부족함을 개선하고 성장시키는 기회로 만들자. 생각만 긍정적으로 바꾸어도 숨겨진 가능성을 발견하고 더 나은 자신을 만들어갈 수 있다.

성공 경험을 에너지로 만들자   성공은 노력과 능력이 거둔 좋은 결과다. 이런 경험이 곧 자신의 성장과 성취를 나타낸다. 노력한 결과가 좋았다면 자신의 성공 경험으로 기록해 두자. 그리고 자신의 능력을 인정받고 느꼈던 성취감을 떠올리면서 또 다른 도전을 해보자. 크고 작은 성공 경험이 긍정 에너지로 작동하여 자신감과 동기부여를 강화한다.

주변 사람들과 긍정적인 상호작용을 하자 긍정적인 에너지는 전염성이 강하다. 긍정적인 사람들과 어울리면 자기에게도 긍정적인 에너지가 생긴다. 적극성도 마찬가지다. 주변의 긍정적인 에너지를 적극적으로 수용하고 사람들과 상호작용을 하면 긍정적 에너지와 함께 적극성까지 향상할 수 있다.

성공을 향한 계획을 세우자 성공을 위해 목표를 정했어도 체계적으로 접근해야 실현 가능성이 커진다. 시간·노력·자원을 어떻게 활용하여 실행하면 효과적일지를 고려해야 한다. 이를 위해 계획을 세우는 것이다. 구체적인 행동 계획을 세분화하고 이를 단계별로 성취하면서 자신감을 키울 수 있게 한다. 목표를 달성하는 과정에서 얻는 성공경험이 적극성을 북돋워준다.

일상생활에서 크고 작은 성공 경험을 쌓아보자. 그리고 주변 사람들과 함께하며 긍정적 에너지를 나누자. 이렇게 형성된 마인드셋은 어려움을 극복하고 성공을 이루는 데에 강력한 도구가 된다.

- 오늘 하루 동안 가장 감사했던 일은 무엇인가?
- 실패를 극복했던 경험이 있는가? 그 경험을 통해 무엇을 배웠나?
- 긍정적인 마음을 유지하기 위해 어떤 노력을 할 수 있을까?

Q121   업무 스트레스를 해소하는 방법은?

'1만 시간의 법칙'을 믿는가? 노력만 하면 누구나 성공할 수 있다는 신화를 대표하는 용어다. 하지만 심리학자 김영훈의 말처럼 노력만이 능사가 아니다. 노력과 재능, 변화의 힘을 이해할 때 성공에 더 다가갈 수 있다. 노력만 하다가는 정신적·육체적인 에너지 소비로 인해 스트레스나 피로감만 가중될 수 있다. 그러니 일할 때 생길 수 있는 스트레스 유발 요인과 그 해소 방법을 알아두면 노력의 효율성을 높일 수 있다.

과다한 업무량, 우선순위를 정하자   너무 많은 일에 치여 힘들 때가 있다. 해야 할 일은 많고 시간은 늘 부족하다. 이럴 때 잠시 일을 멈추고 심호흡을 해보자. 컴퓨터가 과부하 걸렸을 때 재부팅을 하듯, 잠시 쉬면서 머리를 식힌다. 그리고 해야 할 일들을 중요한 순서대로 정리하고, 우선순위를 정해 중요한 일을 먼저 해결하고, 나머지를 차근차근 해 나간다. 그러면 엉킨 실타래가 풀리듯 복잡한 문제도 어느 정도 해결할 수 있다. 가능하다면 동료에게 도움을 요청하거나 업무를 위임하는 것도 고려해 본다.

마감 기한과 압박, 일정을 조율하자   마감 시간에 쫓겨 초조할 때가 있다. 이럴 때는 침착하게 계획을 다시 세우고, 우선순위를 조정해 마감 기한을 지키기 위한 시간을 확보한다. 주위 사람에게 도움을 요청하는 것도 좋은 방법이다. 이어달리기에서 바통을 동료 선수에게 넘기듯, 혼자 힘들어하지 말고 동료와 협력해 문제를 해결한다. 마감 기한을 놓칠

우려가 있으면, 추가 시간을 요청하는 것도 고려한다.

일과 생활의 불균형, 둘의 경계를 명확히 설정하자   일만 하다 보면 긴장 상태가 지속되어 피로감이 누적될 수 있다. 이를 방지하려면 일과 생활의 균형을 맞추어야 한다. 즉 일과 생활의 경계를 명확히 설정하는 거다. 따라서 퇴근 후 좋아하는 취미 활동을 하거나, 친구들과 만나 수다를 떨면서 스트레스를 풀어보는 것도 좋다. 우리가 밤에 잠을 자고 낮에는 활동하듯이, 일과 휴식을 적절히 조절해야 건강하고 행복한 삶을 살 수 있다. 일하는 중간중간에 휴식을 넣고, 취미 활동이나 가족이나 친구와 함께하는 시간도 확보한다. 휴가를 적절히 사용하여 충분한 휴식을 취하는 것도 중요하다.

의사결정의 부담, 단순화와 협력으로 줄이자   의사결정은 조직 생활에서 가장 중요한 활동이다. 따라서 이로 인한 부담이 스트레스가 된다. 그럴 때는 의사결정 과정을 작은 단계로 나누어 본다. 이때 업무상 주요 기준을 근거로 삼으면 좋다. 특별히 그 결정이 결과에 미칠 영향을 고려할 수 있으면 더 좋다. 필요할 때는 신뢰할 수 있는 동료나 전문가의 조언을 받아 새로운 시각을 얻는다. 때로는 협상과 위임으로 개인 부담을 줄여 중요한 결정에 집중한다. 중요한 결정을 내릴 때 충분한 정보를 수집하고, 조언을 구한다. 평소에 객관적인 판단과 감정을 조절할 수 있는 능력을 기르면 더 효과적이다.

인간관계 문제, 상호 존중과 이해를 우선시하자   직장 내에서 일어나는 스트레스 중 상사나 동료 간의 갈등이 업무에 부정적인 영향을 미친다(해크만과 올덤의 직무특성 모델이론, 1976). 같은 공간에서 일하다 보면 자주 부딪히거나 부담스럽게 느끼는 상사나 동료가 있다. 대다수가 자기중심으로 생각하기 때문에 다른 사람의 의견을 수용하기 어렵다. 이럴 때는 의도적으로 상대방과 대화하려고 노력하자. 갈등이 생기면 적극적으로 해결 방안을 찾는다. 이때 상호 존중과 이해가 갈등을 최소화하는 방법이다.

불확실성과 미래에 대한 불안, 긍정적인 마음가짐을 유지하자 누구나 미래에 대해 걱정하고 불안해한다. 하지만 너무 걱정하다가는 현재를 즐기지도 못하고 힘을 잃을 수 있다. 불확실한 상황에서는 쉽게 할 수 있는 일부터 시작해 작은 성취감을 맛보면 좋다. 이때 자신의 강점을 활용하면 자기 효능감을 높일 수 있다.

건강 문제, 건강한 생활 습관부터 갖자 업무 스트레스로 면역력과 신체 기능이 떨어지거나 만성질환으로 남모를 고통을 겪을 수 있다. 이럴 때일수록 건강한 생활 습관을 유지하려고 노력하자. 충분한 휴식과 수면, 규칙적인 운동을 통해 신체적 건강을 강화한다. 필요하다면 전문가와 상담하여 건강 상태를 확인한다.

외부 압박과 비교, 자기를 긍정하고 사회적 지지 기반을 만들자 외부의 기대와 사회적 기준으로 자기 모습이나 성과를 확인받으려 한다. 또 다른 사람과 자신을 비교하면서 부정적인 자기 인식을 키우기도 한다. 외부적 압박과 비교가 우울증, 불안장애, 신경성 질환을 유발할 수 있다. 이럴 때는 외부 압박이나 비교에 대한 스위치를 잠깐 끄고 성공하려는 이유와 그 가치를 떠올려 보자. 그러면 외부 압박이나 비교에서 벗어나 자신의 성공 목표에 더 집중할 수 있다.

자신의 노력과 재능, 변화의 힘을 이해해 보자. 자기 상황에서 생기는 스트레스 요소를 발견하고 이에 대응하는 방법을 알면 성공을 향해 더 나아갈 수 있다.

- 스트레스를 받을 때 어떤 신체적, 정신적 증상이 나타나는가?
- 스트레스를 해소하기 위해 어떤 방법을 사용하는가?
- 스트레스를 받지 않고 건강하게 살려면 어떤 노력을 해야 할까?

Q122 ── 성공에 대한 자기 확신을 유지하는 방법은?

정주영 회장은 "어떤 일을 시작하든 반드시 된다는 확신 90%에, 되게 할 수 있다는 자신 10%로 일해 왔다."라고 말했다. 일을 하다 보면 결과가 보이지 않아 도중에 포기하고 싶을 때도 있다. 성공으로 가는 길은 그리 쉽지 않다. 그럴수록 자기 확신이 필요하다. "성공은 자신을 믿는 데서 시작된다"라고 아인슈타인도 말하지 않았는가. 자기 능력을 믿고 현실을 직시하며 자기 목표를 향해 꾸준히 노력한다면 정상에 오를 수 있다.

자기 확신과 일관성을 유지하는 방법을 성공한 사람들의 공통점에서 찾아보자.

●○ 자기 확신은 지속적인 성장으로!

자신의 장단점을 알자 자기 자신을 먼저 믿어야 한다. 거울 속에 비친 자기를 향해 "나는 할 수 있다!", "나는 멋지다!"라고 격려해 보자. 이런 긍정적인 말이 나를 기운 나게 한다. 작은 성공 경험들을 떠올리며 자신의 장단점을 분석하고 이해한다. 약점은 개선하고 강점은 더 살리도록 노력한다.

목표를 설정하고 나아가자 힘들 때마다 꿈을 떠올려 본다. 왜 이 꿈을 이루고 싶은지, 이 꿈을 이루면 어떤 기분이 들지 상상한다. 그러면 희망과 용기가 생기고 앞으로 나아갈 힘이 난다. 이와 함께 꿈을 실현하기 위한 목표를 명확하게 설정한다. 그러면 이를 실행할 방법도 찾게 되고 실행계획도 구체적으로 세울 수 있다. 목표에 대한 명확한 비전은 자기 확신의 기반이 된다.

자기 긍정과 자기 계발을 지속하자 자신에게 긍정적인 말을 자주 건넨다. 매일 아침 거울을 보면서 자신의 장점을 칭찬하거나 잘할 수 있다는 격려의 말을 하는 거다. 또, 새로운 지식을 습득하고 다양한 분야에서 경험을 쌓도록 노력한다. 이렇게 자기 성장에 투자하면 새로운 아이디어를 창출하고 도전에 대한 두려움도 없앨 수 있다.

●○ 일관성은 동기부여를 통해!

큰 목표를 작게 나누어 해결해 나가자 큰 목표를 한 번에 이루기는 어렵다. 정상에 오르기 위해서 중간중간 휴식과 점검을 해야 하듯, 목표 달성도 그렇게 해야 한다. 큰 목표를 작은 단위로 나누어 단계별로 계획하여 하나씩 해결해 나가는 거다. 작은 성취가 쌓이면 자신감도 커지고 자기 확신도 강해져 일관성을 유지할 수 있다.

일일 또는 주간 계획을 실천하자 목표를 정해 계획을 세울 때는 단계별 목표와 일정 관리가 필요하다. 매일 혹은 매주 목표와 계획을 세워 작은 성공을 경험하면서 자기 점검을 한다. 정해진 계획에 따라 행동하면 불필요한 방황을 피하고 일관성을 유지할 수 있다.

자기 동기부여 기술을 활용하자 자기 동기부여는 목표 달성과 지속 성장에 중요하다. 자기 내면에 잠든 열정과 의지를 끌어내어 성공을 향해 꾸준히 나아갈 수 있게 돕는다. 자신에게 효과적인 동기부여 방법을 찾아 실천해 보자. 그러면 목표 달성을 향한 자기 확신과 실천력을 일관성 있게 유지할 수 있다.

지속 성장을 위해 피드백을 수용하자 성공을 위해 자기 성장과 개선을 멈춰서는 안 된다. 그러기 위해 다양한 분야에 도전도 하고 그 결과를 인정할 줄도 알아야 한다. 다른 사람들의 피드백을 수용하여 개선하려는 노력도 해야 한다. 또, 목표와 실천 상황을 계속 평가하고, 필요한 경우 계획을 조정한다. 이런 유연성이 일관성을 유지하는 데 중요하다.

지지 기반을 구축하자 힘들 때는 주위 사람에게 도움을 요청한다. 가족이나 친구, 상사나 동료, 멘토 등 믿을 수 있는 사람들에게 고민을 솔직히 털어놓고 위로와 격려를 받는 것도 중요하다. 이렇게 주위 사람들과 소통하며 지지 기반을 구축한다. 그러면 어떤 위기 상황에서도 지지 기반 덕분에 중심을 잃지 않고 일관성을 유지할 수 있다.

성공은 자신 확신에서 시작된다. 그리고 어떤 실패와 어려움 속에서도 좌절하지 않고 일관성 있게 노력할 때 꿈은 이루어진다.

- 포기하고 싶을 때 나를 다시 일으켜 세우는 힘은 무엇인가?
- 꿈을 향해 꾸준히 나아가기 위해 어떤 노력을 하고 있는가?
- 주변 사람들에게 어떤 도움을 받고 싶은가?

Q123 ── 성공을 위해 신체 건강을 지키는 방법은?

밤샘 공부나 야근 때문에 몸이 축 늘어지고, 머리가 멍해질 때가 있다. 성공하기 위해 열심히 노력하는 건 좋은데, 건강을 잃으면 무슨 소용이 있겠는가. 건강하지 않은 몸과 마음으로는 제 실력을 발휘하기는 어렵다. "건강한 신체에 건강한 정신이 깃든다"지 않는가. 성공을 위해 건강 관리는 필수다. 몸과 마음을 건강하게 관리하는 방법을 살펴보고, 건강한 생활 습관을 만들면 좋겠다.

●○ 규칙과 균형으로 신체 건강을 지킨다

건강한 몸을 만들고 유지하려면 규칙적인 운동과 균형 잡힌 식단, 충분한 수면, 스트레스 관리, 금연과 음주 절제는 필수다.

규칙적인 운동 주 3~5회, 적어도 30분 이상은 유산소 운동을 한다. 이는 심혈관 건강을 돕고 스트레스를 줄이는 역할도 한다.

균형 잡힌 식사 영양소가 골고루 들어간 식단을 짜서 세 끼 식사를 적절히 한다. 이때 식이섬유와 수분 섭취도 빼놓지 않는다. 균형 잡힌 식사를 유지하면 에너지 수준과 집중력을 높일 수 있다.

충분한 수면 '잠이 보약'이라는 말은 진리다. 잠을 충분히 자야 에너지가 충전되어 우리 몸과 마음이 건강한 상태로 회복된다. 잠자기 전 휴대폰이나 기기 사용은 줄이고, 규칙적인 시간에 잠자리에 드는 습관을 들이자. 하루 수면 시간은 7~8시간이 좋다. 적절한 휴식은 정신과 신체의 회복을 돕는다.

스트레스 관리　스트레스는 쌓아두지 말고 풀어야 한다. '스트레스가 만병의 근원'이란 말은 진리다. 스트레스가 쌓이면 몸과 마음에 문제를 일으킬 수 있다. 일상에서 발생하는 스트레스 관리에는 일과 휴식의 적절한 배분이 중요하다. 또, 심호흡이나 명상, 산책, 취미 활동 등 자신만의 스트레스 해소법을 찾아 꾸준히 실천해 보자.

금연과 음주 절제　흡연이나 과도한 음주는 건강을 해칠 수 있다. 이제 금연은 필수다. 음주도 안 하면 더 좋다. 게임이나 유흥도 조절하면 건강한 생활 습관을 만들 수 있다.

●○ 자기 돌봄과 긍정으로 정신 건강을 유지한다

　정신 건강은 성공과 행복한 삶을 위해서 필수적이다. 이는 긍정적 사고와 감정, 원만한 대인관계를 유지하고 스트레스를 관리하며 삶의 어려움도 극복하는 데 큰 힘이 된다.

정기적인 휴식　일상에서 정기적으로 휴식을 취하도록 한다. 일과 삶의 균형을 위해서라도 적절히 쉬는 시간을 마련하여 심신 안정을 유지하도록 한다. 자연 풍경을 감상하거나 취미를 즐기는 것도 정신적 휴식에 도움이 된다.

긍정적인 사고방식 유지 성공한 사람들은 대부분 긍정적 마인드셋을 지녔다. 이러한 긍정적 사고와 태도는 스트레스를 줄이고 면역력을 높이며 작은 성취에도 감사하게 한다. 어려운 상황에서도 자기 자신을 다독이며 다시 도전하고 꾸준히 노력한다. 이런 사람들과 어울리면서 긍정적인 에너지를 얻어보자. 부정 대신 긍정의 언어로 생각하고 자신을 격려하는 습관을 기른다. 감사 일기를 쓰면서 긍정적인 면을 찾고 현재의 자신을 점검한다. 현재에 만족하는 연습으로 심신의 안정을 취할 수 있다.

사회적 관계 유지 정신 건강의 기본은 사회적 관계망을 형성하고 유지하는 것이다. 힘들 때 정서적인 지지와 이해, 격려를 받는 게 중요하기 때문이다. 가족이나 친구, 동료들과 소통하며 사회적 관계를 유지한다면서 스트레스 요인을 찾고 이를 극복하는 데 도움이 된다.

스트레스 관리와 자기 돌봄 스트레스를 관리하는 데 자기 돌봄이 중요하다. 몸이 아프면 병원에 가듯이, 마음이 아프면 전문가의 도움을 받자. 과도한 스트레스나 우울증, 불안 장애 같은 정신 건강 문제는 방치하면 더욱 심각해질 수 있다. 자기감정을 이해하고 존중하는 자기 돌봄을 실천해야 한다. 건강한 생활 습관과 스트레스 관리로 신체 건강과 정신 건강을 같이 돌보는 게 중요하다.

삶의 목표와 의미 설정 삶에 방향과 의미를 제시하는 것이 바로 '목표'다. 아인슈타인이 말했듯이 '행복한 삶을 원하면 목표에 집중해야 한다'. 무엇을 위해 노력하고 어떤 결과를 원하는지 잘 알아야 노력도 하고 자신감도 발휘할 수 있다. 자신에게 의미 있는 목표를 설정하고, 이를 향해 노력하면서 삶의 의미를 찾을 수 있다. 삶의 목표를 향해 나아가는 과정에서 성취감과 만족감을 맛볼 수 있다.

오늘 힘들었다면 긍정과 휴식으로 건강한 몸과 마음을 회복하자. 몸과 마음을 건강하게 유지해야 성공을 향해 힘차게 나아갈 수 있다.

- 건강한 몸과 마음을 유지하기 위해 어떤 노력을 하는가?
- 정기적인 휴식을 가지기 위한 나만의 방법이 있는가?
- 정신 건강을 위해 어떤 도움을 받을 수 있을까?

Q124   일과 생활의 균형을 유지하는 방법은?

학업이나 업무가 바쁘다 보면 가족이나 친구들과 보내는 시간이 줄어들 수밖에 없다. 그래서 업무 능력은 뛰어나지만, 대인관계나 개인의 삶은 엉망이라는 생각이 들 때도 있다. 일과 생활을 균형 있게 할 수는 없는 것일까? 일과 생활 혹은 직장과 가정에서 조화롭게 살아가려면 무엇이 필요할까? 필요한 것은 자신의 가치관과 목표를 중요하게 여기는 태도다.

원만한 직장 생활을 영위하고 일과 생활을 균형 있게 하는 방법을 생각해 보자.

●○ 원만한 직장 생활을 위해 자기 관리를 한다

목표와 일의 우선순위를 정하자   원하는 삶의 모습을 먼저 그려본다. 어떤 삶을 살고 싶은지, 어떤 가치를 중요하게 생각하는지를 고려한다. 예를 들어, '일도 열심히 하고 가족과 함께하는 시간도 소중하게 여기며 살고 싶다.' 같은 식으로 삶의 목표를 명확하게 정의하면, 일과 삶의 균형을 맞추기 위한 계획을 세우는 데 도움된다. 개인적인 목표와 직업적인 목표를 설정하고, 그 중요도에 따라 우선순위를 정한다. 명확한 삶의 목표는 직장 생활의 방향이 되고, 우선순위는 시간 관리에 효과가 있다.

시간 관리를 하자   시간 관리는 워라밸을 이루기 위한 핵심 요소다. 하루 24시간을 효율적으로 활용해야만 일과 생활의 조화를 위한 시간을 확보할 수 있다. 예를 들어, 출퇴근 시간에 책을 읽거나, 점심시간에 운동을 하면서 자기 계발을 할 수 있다. 업무별로 적절한 시간을 할당하고, 불필요한 작업을 최소화한다. 그러면 작업의 질을 유지하면서 생활의 균형도 유지할 수 있다.

의사소통기술을 발휘하자   소통할 때는 배려와 존중, 솔직함이 중요하다. 가족이나 친구들과 대화할 때는 솔직해야 한다. 그리고 서로의 상황을 이해하고 배려해야 한다. 예를 들어, 야근이 잦은 날에는 가족에게 미리 양해를 구하고, 주말에 가족과 함께 시간을 보낼 수 있다. 명확하고 솔직한 의사소통이 갈등을 예방하고 효율적인 업무 환경을 조성한다. 동료들과도 서로 배려하며 존중하는 태도로 소통하는 게 중요하다.

자기만의 스트레스 해소법을 찾자   일과 삶의 균형을 맞추는 것은 스트레스 관리와도 연결된다. 즉, 스트레스 해소가 몸과 마음의 균형을 유지하는 비결이 될 수 있다. 따라서 일상적인 스트레스와 업무 압박에 효과가 있는 자기만의 대처법을 찾는 게 좋다. 규칙적인 운동, 명상, 휴식, 취미 활동 등 자신에게 맞는 스트레스 해소법을 찾아 꾸준히 실천하도록 하자.

●○ 직장과 가정의 원만한 조화를 위해 소통한다

가족과 함께하는 시간을 소중하게 여기자   아무리 바빠도 가족과 함께하는 시간은 꼭 만든다. 맛있는 음식을 만들어 먹으며 이야기 나누고, 주말 나들이나 여행으로 서로를 더 이해하는 시간을 만들면서 소중한 추억을 쌓는다. 업무 일정과 가족 행사 또는 긴급한 일정으로 인한 변동에 대비하는 것도 중요하다. 가족과 특별한 시간이나 목표를 정해 달성하면 가족 간의 유대감을 높일 수 있다.

사회적 지원과 관계망 형성 가족이나 친구, 동료들과의 지원 체계는 물론 사회적 지원도 중요하다. 관계망 형성은 주위 사람들과 서로 이해하고 도울 수 있는 지지 기반이 된다. 직장인 대상의 사회적 지원으로는 육아휴직, 유연 근무제, 돌봄서비스 강화 등이 해당된다. 이러한 지원은 일과 가정생활의 균형을 맞추는 데 도움이 된다.

자기 돌봄과 휴식 개인적으로 업무와 가정 모두에서 휴식과 회복 시간을 갖는 게 중요하다. 이를 통해 직장과 가정에서 받는 피로를 잠시 덜고 심신 안정을 취해야 한다. 심신의 피로는 업무와 가정에 모두 부정적인 영향을 미칠 수 있다.

성공적인 직장생활과 가정생활을 하자. 자신의 우선순위와 가치관을 고려하여 양쪽의 균형을 맞추어가자.

- 당신에게 '워라밸'이란 무엇인가?
- 일과 삶의 균형을 맞추기 위해 어떤 노력을 하면 될까?
- 가족이나 친구들과 더 많은 시간을 보내기 위해 어떤 계획을 세울 수 있을까?

Q125 ── 자기 자신을 사랑해야 성공할 수 있을까?

거울 속의 내 모습을 볼 때마다 마음에 들지 않아 속상하다. 남들과 비교하면 솔직히 자신이 없을 때도 많다. 그렇게 우리는 종종 자신을 사랑하지 못한다. 그런데 성공과 행복을 위해서는 먼저 자기 자신을 사랑하라고 한다. 미국의 브라이언 트레이시 CEO는 『잠들어 있는 성공시스템을 깨워라』에서 성공하기 위한 '완전한 자기 사랑법'을 설명했다. 사랑이 모든 것을 치유하고 건전한 자기사랑이 건강한 인격을 형성해 성공으로 이끈다는 것이다.

이처럼 자기 자신을 사랑하는 것은 성공과 행복을 위한 첫걸음이다. 만약 자신의 마음속에 부정적인 자기 인식이 있다면 이제부터라도 그런 생각은 말끔히 정리하고 나 자신을 사랑하는 마음으로 채워보자.
자기 자신을 사랑하는 방법을 알아보자.

있는 그대로의 자신을 받아들이자 세상에 완벽한 사람은 없다. 하지만 우리는 각기 다른 개성과 매력을 지녔다. 자신의 장단점을 인정하고, 있는 그대로 자신을 사랑하는 것이 중요하다. 이러한 자기 이해와 수용은 자기 사랑의 첫 단계다. 완벽하지 않음을 받아들이고, 과거의 실수나 부족함에 대해 자신을 비난하지 않아야 한다.

긍정적인 자기 대화를 하자 거울을 보면서 "나는 예쁘다" "나는 멋지다" "나는 잘하고 있다"라고 스스로에게 긍정적인 말을 한다. 이런 긍정적인 말이 응원이 되어 자신감을 불러일으켜 어려움을 극복하는 힘이 된다.

만일 부정적인 생각이 든다면 이를 긍정적인 표현으로 바꾸어 보자.

자기 존중을 표현하자 나를 위한 선물을 준비한다. 맛있는 음식을 먹거나 좋아하는 옷을 사고 여행을 떠나는 것도 나를 위한 선물이다. 가족이나 친구에게만 선물을 주지 말고 나 자신에게도 특별한 선물을 주자. 그렇게 자신을 소중하게 여기는 마음을 표현한다. 다른 사람이 자신을 무시하거나 자기에게 해를 끼치려 할 때는 이에 저항할 수 있어야 한다.

자기 돌봄 시간을 갖자 바쁜 일상에서도 자신을 위한 시간을 꼭 만든다. 좋아하는 책을 읽거나 음악을 듣고 산책을 하면서 휴식을 갖는다. 자기만의 시간을 통해 스트레스를 풀고 에너지를 충전하고 다시 힘차게 앞으로 나아가자. 건강한 식습관, 충분한 수면, 정기적인 운동, 스트레스 관리 등도 자기 돌봄이다. 몸과 마음을 건강하게 유지하는 것은 자기를 사랑하는 최고의 방법이다.

자기 계발을 하며 성장하자 자기를 사랑하고 성장시키는 과정은 자기 삶을 더 의미 있고 긍정적으로 만들어 준다. 자신을 사랑한다면 항상 새로운 것을 배우고 도전하면서 경험을 쌓도록 격려하자. 외국어 공부, 악기 연주, 운동, 취미 활동 등 다양한 분야에 도전하면서 자신의 잠재력을 일깨우자. 그리고 자신을 행복하게 하는 것들을 찾아서 활동하는 시간을 만든다. 성장에 도움이 되는 책을 읽고 관련 자료를 찾아보며, 자기 계발을 격려하는 것도 좋다.

자기 꿈과 목표를 정의하자 자신이 원하는 것과 하고 싶은 것을 명확하게 정의한다. 그러면 자기 계발과 성장의 방향도 분명해질 수 있다. 그렇게 자신의 꿈을 향해 나아갈 목표를 정하고 구체적인 계획을 세운다. 이 과정에서 생기는 자부심과 목표 달성에 따른 성취감이 자기 사랑에 도움이 된다.

사회적 관계망 관리　자기 사랑은 자신만이 아니라 가족과 친구, 이웃에게도 좋은 영향을 준다. 긍정적인 자기 인식이 건강한 사회적 관계망을 유지하는 힘이 되기 때문이다. 서로 긍정적인 영향을 주고받으면서 자기를 이해하고 더 발전시킬 수 있다.

성공하고 싶다면 자기 자신부터 사랑하자. 자신을 이해하고 존중하듯 다른 사람을 이해하고 배려하면서 성공을 통해 사회를 더 나은 세상으로 만들 수 있다.

- 당신의 장단점은 무엇인가?
- 자신에게 긍정적인 말을 해주는 습관을 만들 수 있을까?
- 자신을 위한 특별한 선물로 무엇이 있을까?

Q126 ──── 성공하기 위해 용기를 발휘하는 방법은?

윈스턴 처칠은 "성공했다고 모든 게 끝나는 게 아니다. 실패를 치명적인 것으로 여기지 말라."고 했다. 그리고 덧붙인다. "계속해서 용기를 가지는 것이 중요하다."라고. 삶의 여정에서 성공과 실패는 지나가는 순간일 뿐이다. 그러니 멈추지 말고 계속해서 용기 내어 도전해 보는 거다. 그래야 삶의 여정을 즐기며 성공적으로 마칠 수 있다.

불확실하거나 불편한 상황에서 크고 작은 두려움을 느낄 때 이를 이겨내고 앞으로 나아가게 하는 힘이 바로 '용기'다. 용기가 없다면 안전한 상태에만 머무르려고 할 것이다. 아무것도 하지 않으면 아무런 일도 일어나지 않는다. 자신의 한계를 넘어 도전할 때 변화를 경험하면서 성공이나 성장을 할 수 있다.

그렇다면 어떻게 해야 용기를 발휘할 수 있을까?

불확실성을 받아들인다   미래는 누구도 알 수 없다. 주사위를 던지기 전에는 어떤 숫자가 나올지 모르는 것처럼. 그렇다고 미래가 불확실하다고 두려워하며 망설이는 것만큼 어리석은 것도 없다. '모 아니면 도'라는 마음으로 불확실성을 받아들이자. 그리고 무엇이든 일어날 수 있도록 그 가능성을 열어두자. 예측할 수 없는 미래를 즐기는 거다. 그래야 삶의 여정을 탐험할 수 있다.

자기 자신을 위한 목표를 정한다   목표를 정하는 것은 자신이 바라고 또 하고 싶은 것을 해 나가기 위한 방향을 잃지 않기 위해서다. 자신이 진정으로 원하는 것을 목표로 정하면 어떤 어려움이 있더라도 앞으로 나아가려고 노력하게 된다. 용기는 자기를 위한 목표를 정하고 그에 따라 행동하는 데에서 나온다.

자신을 솔직하게 평가하고 인정한다 자신의 장단점을 분석하고, 있는 그대로의 자신을 인정하는 데서 용기가 시작된다. 자신을 솔직하게 평가해야 부족한 부분도 찾아낼 수 있고, 이를 개선하는 노력도 할 수 있다. 잠들어 있는 자기 능력과 잠재력을 일깨워서 발휘하려고 할 때 용기가 큰 힘이 된다.

자기 자신에게 도전한다 늘 익숙한 것만 하고 안전한 상태에만 머무르려고 한다면 성장할 수 없다. 새로운 것에 도전하고, 낯선 환경에 뛰어들어 경험을 쌓아야 한다. 처음에는 두렵고 어색할 수 있지만, 도전을 계속하다 보면 성장한 자기 모습을 발견할 수 있고, 그만큼 자신감도 커진다. 이런 자신감에 힘입어 실패를 두려워하지 않고 도전하는 용기도 발휘할 수 있다.

자신을 믿고 자기에게 도전하자. 지속적인 도전과 행동이 용기와 자신감을 키워 앞으로 나아가게 한다. 그러면 성공하고 더 성장할 수 있다.

- 당신에게 용기가 필요한 순간은 언제였는가?
- 용기를 내어 도전하고 싶은 일은 무엇인가?
- 용기를 발휘하기 위해 어떤 노력을 할 수 있을까?

Q127 ── 세상의 장벽을 지혜롭게 극복하는 방법은?

우리가 원하지 않아도 세상은 끊임없이 변한다. 이런 세상을 살아가면서 우리는 계속 도전하고 또 성장하고자 한다. 그래서 새로운 장애물을 만날 때마다 이를 넘어서기 위해 노력한다. 이는 어려움을 이겨내는 데서 그치지 않고 자신의 한계를 뛰어넘어 잠재력을 발휘하는 과정이다. 파울로 코엘료의 말처럼 장애물을 통해 우리가 누구인지를 알 수 있을지도 모른다.

하지만 학업이나 취업, 인간관계 등과 관련된 장애물은 우리를 시험에 들게 한다. 더욱이 넘어서기 어려운 장벽으로 느껴질 때는 회피하거나 현재 상태에 그냥 머물고 싶기도 하다. 오프라 윈프리 말처럼 삶에서 가장 큰 장애물은 '두려움'일 수 있다. 해보지 않고 물러서는 것 자체가 실패다. 그러나 다행히도 세상에는 슈퍼마리오처럼 세상의 장벽을 넘어서 성공한 사람들이 많다. 이런 성공한 사람들의 지혜를 빌려 세상의 장벽을 극복하는 방법을 배워보자.

세상의 장벽을 정확히 파악한다 성공을 향한 여정에서 방해가 되는 것이 무엇인지를 정확히 알아야 극복할 방법도 찾을 수 있다. 그러니 우선 장애물이 어느 과정에서 나타났는지, 그 원인과 영향은 무엇인지, 이를 극복하지 못하면 어떤 문제가 생기는지 등을 파악한다. 그리고 이를 극복한 사례나 방법을 찾아보고 이를 실천할 계획을 구체적으로 세운다. 계획 자체가 또 다른 도전이 될 수 있다.

도전을 자기 계발의 기회로 삼는다 장애물이 세상의 장벽으로 느껴질 정도면 극복하기 어려울 수 있다. 그러나 이를 극복하는 과정이 도전과 성장의 기회가 될 수 있다. 장벽에 대한 두려움을 극복하고 도전하는 것 자체만으로도 자기 계발이 된다. 또, 자신의 잠재된 능력을 깨우고 성장시키는 자기 계발의 경험을 쌓을 수 있다.

자기 돌봄과 스트레스 관리를 한다 장애물은 자신의 의지를 시험하고 좌절을 느끼게 한다. 이로 인한 부정적 감정 특히 스트레스가 만만치 않다. 그럴수록 자기 돌봄에 신경을 써야 한다. 충분한 휴식을 취하고, 스트레스 관리 기술을 습득해 실천하면서 강한 심적 토양을 유지하면 좋다.

긍정적 마인드셋을 유지한다 아무리 힘겨운 장애물을 만나도 긍정적인 마음을 유지한다면 극복할 수 있다. 자기 자신에게 "나는 할 수 있다!" "나는 강하다!"라고 긍정적인 말을 하며 희망을 잃지 않도록 한다. 실패나 어려움을 성공의 씨앗으로 여기고 부족한 점을 개선하려는 의지가 중요하다. 이는 긍정적인 생각과 태도를 유지할 때 가능하다. 힘든 시간을 이겨내면 반드시 좋은 결과가 있다는 긍정적인 마인드셋은 창의적인 문제 해결책을 찾는 데도 도움이 된다.

사회적 지원체계를 형성한다 혼자서 모든 문제를 해결하려고 하면 더 힘들 수 있다. 백지장도 맞들면 낫듯이 가족과 친구, 동료와 멘토 등 주위 사람들의 도움을 받는다. 직접적인 도움이 아니더라도 위로와 격려는 어려움을 극복하는 데 큰 힘이 된다. 사회적 관계망을 구축하여 공동체의 힘으로 장벽을 극복하는 지혜를 발휘해 보자.

끊임없이 배우며 성장한다 세상이 빠르게 변하는 만큼, 우리도 그 변화에 발맞춰 성장해야 한다. 스마트폰 운영체제가 업데이트하듯, 우리도 끊임없이 새로운 지식과 기술을 배우고 익혀야 세상의 장벽에 대응할 수 있다.

세상의 장벽을 두려워하지 말자. 이에 도전하는 과정을 성장의 기회로 삼자. 그리고 긍정적 마인드셋과 공동체의 힘으로 지혜롭게 극복할 수 있다.

- 지금 당신 앞에 있는 가장 큰 장벽은 무엇인가?
- 그 장벽을 극복하기 위해 어떤 노력을 할 수 있을까?
- 장벽을 극복하는 과정에서 어떤 도움을 받을 수 있을까?

Q128 — 삶의 중심을 잡고 성공하는 방법은 무엇일까?

영화 「나 홀로 집에」(1991)를 보면, 주인공 케빈은 어린 나이지만 용감하다. 혼자 집에 남았는데도 무서워하지 않는다. 집에 침입하려는 도둑들을 물리칠 정도로 용감하고 지혜롭다. 이런 모습은 성공하는 사람들의 모습과 닮아 보인다. 성공은 외부의 도움이나 환경에 의존하기보다는 스스로 중심을 잡고 능동적으로 행동해야 이룰 수 있다. 삶의 주인공이 되어 성공을 향해 나아가야 한다.

중심을 잡고 계획을 세워 실행하는 것은 자기 주도적인 행동과 목표 달성을 위해 중요하다. 성공하는 사람들의 공통점을 살펴 중심을 잡고 계획을 실행하는 방법을 배워보자.

자기 결정에 책임을 지자 인생의 주인공이 바로 '자기 자신'임을 인식한다. 변화하는 사회에서 경쟁도 하고 그 과정에서 실패도 할 수 있다. 그렇더라도 남 탓하지 않고, 스스로 해결하려고 노력해야 한다. 자기 성장과 발전은 자신에게 달려있기 때문이다. 자신이 한 행동과 선택은 자기가 결정한 것임을 잊지 말고 스스로 책임져야 한다. 외부 요인이 아니라 내적 동기와 목표를 중심에 두는 것이 무엇보다 중요하다.

가치 중심으로 목표를 정하자 막연히 성공하기를 바라지 말자. 자신이 어떤 가치를 추구하는지, 이를 실현하기 위해 어떤 목표를 달성하고 싶은지를 명확히 정의할 수 있어야 한다. 그래야 목표를 향해 나아가는 과정에서 어려움과 마주할 수 있고, 이를 극복하기 위해 노력할 수 있다.

자기 성찰과 개선을 꾸준히 하자 목표와 계획을 세웠다면 이를 추진할 자신에게 관심을 두자. 자신의 현재 상황과 설정한 목표를 평가하는 게 중요하다. 이러한 자기 성찰을 꾸준히 하면서 필요할 경우 목표를 조정한다. 그리고 실행할 수 있는 계획으로 최적화한다. 해야 할 일이 많다면 일의 우선순위를 정해 목표 달성에 차질이 없도록 한다. 한정된 시간과 에너지를 효율적으로 활용해야 중심을 잘 잡고 목표를 향해 계속 나아갈 수 있다.

자기 결정력을 강화하자 주변의 의견이나 외부 압력에 휩쓸리면 중심을 잃기 쉽다. 자신의 욕구나 의지를 인식하지 못해서 그럴 수 있다. 자기 결정력은 자기 판단에 따라 행동할 수 있는 능력이다. 이를 잘 발휘하려면 자신의 강점과 한계를 객관적으로 판단하고 외부 환경을 잘 파악해야 이에 맞는 선택이나 결정을 할 수 있다.

자기 효능감을 강화하자 '나는 할 수 있다'라는 자신감은 성공의 중요한 요소다. 자기 능력을 믿는 순간 우리는 더욱 강해지고, 어려움을 극복할 힘도 얻는다. 긍정적인 생각과 말로 자기 잠재력을 깨워 성공의 원동력으로 삼자. 또, 자기 자신을 존중하고 돌보는 자세도 갖자. 자기를 소중히 여기며 행동하면, 어떤 어려움 앞에서도 중심을 잃지 않고 자신의 가치를 높일 수 있다.

자기 주도적인 삶을 기본으로 삼자. 가치 중심의 목표를 가지고, 당당하게 나아간다면 중심을 잡고 성공을 향해 나아갈 수 있다.

- 당신의 꿈은 무엇인가? 그 꿈을 이루기 위해 어떤 노력을 하고 있는가?
- 시간을 효율적으로 관리하는 자기만의 방법이 있다면?
- 자신감을 얻기 위해 어떤 노력을 할 수 있을까?

Q129 성공을 위한 변화 대응 방법은?

예측하기 어려운 변화의 시대에 성공하기란 쉽지 않다. 그러나 이런 변화의 흐름에 적응한다면 우리도 거대한 파도를 가르는 서퍼처럼 멋지게 성공할 수 있다. 진화론을 주장한 찰스 다윈은 "최후까지 살아남는 사람들은 변화에 가장 민감한 사람들"이라고 한 바 있다. 예나 지금이나 세상은 끊임없이 변화해 왔다. 그 속에서 나온 지식과 기술이 유행을 주도하며 또 다른 변화의 견인차가 되어 왔다. 그때마다 사람들은 지혜를 모아 대응하며 이 흐름을 주도하려고 애썼다.

이제 우리도 변화에 민감해지자. 때로는 짜릿하고 때로는 두렵기까지 한 롤러코스터를 타듯이 이 변화를 즐겨보자. 그러기 위해 변화에 유연하게 대응하는 방법부터 익혀 보자.

지속적인 학습과 계발에 힘쓴다 세상의 변화에 민감해지려면 어떤 기술이 진화했고 새롭게 등장했는지, 무엇을 새롭게 배워야 하는지부터 알아야 한다. SNS나 뉴스를 수시로 접하며 정보를 얻고 다양한 강의를 찾아 들어본다. 베스트셀러를 읽어보고 독서 모임이나 업무 관련 워크숍에 참여하는 것도 유익하다. 새로운 것을 찾아 공부하는 즐거움을 느끼다 보면 이를 적용하는 기술도 익히게 된다. 배움은 변화에 적응하는 힘도 되지만, 우리 삶을 더욱 풍요롭게 만든다.

위기관리로 변화적응문화를 만든다 『손자병법』'모공편'의 '지피지기(知彼知己)면 백전불태(百戰不殆)'라는 말을 생각해 보자. 변화(적)를 알고 나를 알면 어떤 경쟁(전쟁)에서도 위태롭지 않기에 성공도 할 수 있다. 위태로우면 다시 도전할 기회를 찾는 데 시간이 오래 걸린다. 빠르게 변화하는 지금, 변화의 동향을 파악하고 그에 맞는 전략을 짜기에도 시간이 부족하다. 그러니 위기관리 능력도 키워야 한다. 이를 위해서는 새로운 환경에서 자주 연습하고 실험하며 적응력을 키우는 게 중요하다. 또, 새로운 아이디어를 존중하고 허용하는 조직 문화도 형성해야 한다.

변화관리기술을 습득한다   변화를 두려워하지 말자. 새롭게 등장한 기술이나 지식, 유행을 자주 접하면서 그 변화에 주목하면 두려움 대신 도전 의욕을 살릴 수 있다. 넘어져도 다시 일어나 연습하면서 자전거를 타듯이, 실패를 두려워하지 말고 실패 원인을 분석하면서 배우고 연습하자. 그렇게 성장하는 과정을 즐기다 보면, 변화를 새로운 기회로 만들 수 있다. 이 과정에서 변화 적응이 아니라 변화 관리 기술도 습득할 수 있다. 변화를 관리할 수 있는 과정으로 이해하고, 효과적인 변화 전략을 세워 실행하는 것이 중요하다.

긍정적 마인드셋으로 도전한다   세상의 모든 존재는 변화해 왔다. 이 변화는 과학적 탐구 덕분에 예측 가능해졌다. 그러나 현대사회에 들어와 등장한 다양한 지식과 기술이 변화를 주도하면서 그 다양성을 포착하거나 예측하기 어렵게 만들었다. 이로 인해 불안하고 힘들 때도 많다. 하지만 긍정적이고 적극적인 태도로 변화에 대응한 사람들은 성공을 거둔다. 그들은 변화와 그 어려움을 도전의 기회로 바라보고, 적극성과 창의성을 발휘하며 노력해 문제를 해결해 나갔다. 우리도 긍정적 마인드셋으로 변화에서 새로운 가능성을 찾고 더 나은 미래를 열어줄 기회를 만들 수 있다.

유연한 일정 관리 계획적인 일정 관리가 중요하다는 건 다들 잘 안다. 하지만 많은 사람이 이를 소홀히 한다. 바쁘다면서 늘 시간에 쫓기면서도 이를 개선할 생각이 없다. 그러나 이제는 달라져야 한다. 빠르게 변화하는 환경에서 피로도가 쌓이면 일의 능률뿐만 아니라 삶의 질이 떨어지기 때문이다. 일정을 계획하고 관리하면 시간을 효율적으로 사용하고 예상치 못한 상황에 대처할 여유가 생긴다. 일의 중요도에 따라 우선순위를 정하고 중요한 일에 집중해 보자. 새로운 정보와 상황에 맞춰 일정을 짜고, 고정관념에 갇히지 않도록 가능성을 열어두는 유연성을 갖자. 그러면 일정 관리를 통해 변화에 대응하는 기술을 발전시킬 수 있다.

팀워크를 강화하자 혼자서 변화에 대응하기는 어렵다. 조직 내에서 팀원과 긍정적 피드백을 나누면 효과적으로 변화에 대응할 수 있다. 서로의 강점을 살리고, 부족한 부분을 채워주면서 함께 성장해 나갈 수 있다. 빠르게 변화하는 환경에서 의사결정의 속도도 중요해졌다. 따라서 정보를 신속히 분석하여 결정에 반영하는 유연성을 갖춰야 한다. 이러한 리더십으로 팀원 간의 강점을 살려 협업하도록 해야 문제 해결을 원활히 할 수 있다.

자기 관리를 하자 미국 제3대 대통령 토마스 제퍼슨은 "성공은 당신이 멈추는 순간에 끝난다"라는 말을 남겼다. 건강을 잃거나 죽으면 성공도 끝난다는 말이다. 따라서 성공을 위해 변화에 잘 적응하고자 한다면, 건강 관리를 잘해야 한다. 실제로 빠른 환경 변화 속에서 스트레스와 감정적인 부담이 커질 수밖에 없다. 그럴수록 자기 돌봄을 강화하고 충분히 휴식을 취하면서 적응력을 키워야 한다. 규칙적인 운동, 건강한 식단, 충분한 수면, 스트레스 관리 등은 필수적이다.

빠르게 변화하는 세상에서 적응력과 유연성은 중요하다. 긍정적 마인드셋으로 이를 향상하며 변화를 기회로 만들자.

- 빠르게 변화하는 세상에서 어떤 점이 가장 힘들다고 느끼는가?
- 변화에 잘 적응하기 위해 어떤 노력을 할 수 있을까?
- 변화를 통해 얻을 수 있는 긍정적인 면은 무엇일까?

Q130 — 성공을 방해하는 과거의 함정에서 벗어나려면?

경험이 많다고 그것이 성공에 도움만 주는 것일까? 심리학에서 '경험의 함정'이니 '성공의 함정'이라는 개념이 있다. 과거의 성공에 사로잡혀 새로운 성공 방정식을 만들어내지 못하고 기존 방식만 되풀이하다 실패하는 경우를 가리킨다. 또, 과거의 실수나 실패에 얽매인 채 도전을 두려워하여 앞으로 더 나아가지 못하는 경우도 많다. 과거의 성공과 실패 경험이 부작용을 일으킬 수 있다. 이러한 과거의 경험에서 벗어나 미래로 나아가려면 어떻게 해야 할까? 그 방법을 찾아보자.

자기를 이해하고 수용한다   누구나 실수는 한다. 다만 이를 자책하고 후회로만 끝낼 것이냐, 아니면 성장의 일부로 여기고 개선해 나갈 것이냐에 따라 미래가 달라질 수 있다. 성공을 위해 노력하는 사람은 과거의 실수에 얽매이지 않는다. 실수한 자신을 용서한다. 그리고 다시 도전하기 위해 스스로를 격려하며 부족한 부분을 개선하려고 노력한다.

자기를 존중하고 긍정한다   긍정적인 주문을 외워보자. "나는 소중한 사람이야." "나는 충분히 잘하고 있어." "나는 앞으로 더 잘할 수 있어." 이런 긍정적인 말을 되뇌어 보는 거다. 자신을 존중하는 마음을 유지하면서 응원가를 부르듯 긍정적인 말로 용기를 불어넣어 주자. 그러면 부정적인 생각이 말끔히 사라지면서 자신이 소중하며 더 발전할 수 있다는 자기 확신을 가질 수 있다.

과거 경험에서 교훈을 얻는다 월트 디즈니가 '실패가 습관이 되지 않는 한 좋은 것'이라고 말했다. 실패를 했다는 것은 뭔가 새로운 일을 시도했거나 도전했다는 이야기다. 하지만 실수도 반복하면 실력이 되어 결국 실력 없는 사람으로 평가받을 수 있다. 그러니 습관이 되지 않도록 주의해야 한다. 과거의 경험을 하나씩 되짚어 보면서 배울 점을 찾고 부족한 점을 개선해 나간다면, 실력을 키울 수 있다. 그러니 파울로 코엘로가 말했듯, 실수나 패배에 익숙해지지는 말자. 그 부정적 경험에서 무엇을 배웠는지를 생각하며 성장의 기회로 삼아야 한다.

미래에 초점을 맞추어 집중한다 과거에 얽매이지 말고, 미래를 향해 나아가야 한다. 미래학자 앨빈 토플러는 "과거와 싸우지 말고 미래를 만들면 과거는 정리된다."라고 말했다. 마라톤 선수가 자꾸 뒤돌아보면서 달리면 자기 페이스를 잃듯이, 꿈과 목표를 향해 나아가려면 과거보다 현재와 미래에 집중하는 게 더 현명하다. 어떻게 성장하고 발전할 것인지에 집중하면서 미래를 향해 나아가는 계획을 세우자. 계획은 과거의 부정적인 경험을 뛰어넘는 원동력이 된다. 또, 자신의 긍정적인 미래를 상상하면서 계획을 세우자. 그리고 새로운 기술과 지식 습득으로 자기 계발을 꾸준히 하면 긍정적 에너지가 활성화된다.

자기 돌봄과 심리적 지원을 한다 힘들 때는 혼자 끙끙 앓지 말고 주변 사람들에게 도움을 요청하자. 과거의 부정적 경험을 처리할 때는 주변의 심리적 지원이 무엇보다 중요하다. 필요하다면 정서적인 치유를 위해 전문가 상담을 받고 심신 치료를 위한 명상, 요가, 아트 테라피 등도 병행하면 좋다.

과거의 경험에서 벗어나자. 실수나 실패의 경험에서 배울 점을 찾고, 성공한 경험은 성취감을 되풀이하기 위한 긍정 에너지로 만들자.

- 과거의 어떤 경험이 당신을 힘들게 하는가?
- 그 경험에서 어떤 교훈을 얻을 수 있을까?
- 미래를 향해 나아가기 위해 어떤 노력을 할 수 있을까?

Q131 ── 고려해야 할 사회 윤리와 도덕적인 책임은?

'노블레스 오블리주(프, noblesse oblige)'라는 말을 들어봤을 것이다. 고대 로마의 왕과 귀족들의 도덕의식과 솔선수범에서 비롯된 표현이다. 프랑스어로 '귀족의 사회적 책임'을 뜻한다. 오늘날 사회적으로 성공한 사람이라면 이러한 책임에서 자유로울 수 없다.

『성공한 사람들의 7가지 습관』을 쓴 스티브 코비 박사도 "삶이 우리의 자유로운 선택의 결과라 해도, 그 결과에는 책임이 따른다."라고 했다. 아무리 개인이 노력해서 성공했다고 해도, 그 성공은 사회와 동떨어진 것이 아니다. 우리가 사회 속에서 살아가는 존재이기 때문이다. 그러니 링컨의 조언처럼 '책임을 다하지 않으면 자신의 가치를 잃게' 될지도 모른다. 그러니 자신의 성공이 그 가치를 잃지 않도록 사회 윤리와 도덕적 책임을 고려해야 한다.

솔선수범하는 리더십을 발휘한다 성공한 사람은 다른 사람들에게 존경받고, 긍정적인 영향을 미치는 리더가 돼야 한다. TV에서 가끔 볼 수 있는데, 기업의 최고경영자(CEO)라면 직원들을 존중하고 공정하게 대한다. 또, 사회적 약자를 위한 봉사활동에도 적극적으로 참여한다. 도덕적 책임감을 가지고 행동할 때 그 성공은 조직이나 사회 전반에 긍정적인 영향을 미친다. 다양성과 공정성을 존중하며, 정직하고 투명한 의사소통을 통해 다른 이들에게 영감을 줄 수도 있다.

사회적 책임과 나눔을 실천한다 성공한 사람은 대부분 자기 능력과 자원을 사회에 환원한다. 또, 자신의 성공이 끼치는 사회적 영향을 알기에 말과 행동에 책임을 지려고 노력한다. 빌 게이츠처럼, 자기 재산의 일부를 기부하여 질병 퇴치나 교육 지원 사업에 힘쓰기도 한다. 무엇보다 환경 보호나 사회적 불평등 해소 같은 사회문제에 관심을 두고 기부와 자선 활동을 한다. 작은 나눔부터 시작하면서 봉사활동에 참여하거나 재능 기부를 하는 것도 좋은 방법이다.

함께 성장하는 기쁨을 나눈다 성공은 혼자서 이루기보다 팀원이나 주변 사람들의 협력과 지원이 있어야 가능하다. 역량을 지닌 팀원들이 적극적으로 참여하고 소통한다면 오케스트라의 아름다운 연주처럼 값진 성공을 거둘 수 있다. 리더는 다른 사람을 존중하고 서로 격려하며 함께 성장하는 기쁨을 나눌 줄 알아야 한다. 이 과정에서 윤리적 가치를 유지하도록 격려하고 그 결과에 함께 책임진다면 성공의 가치는 사회에도 긍정적 영향을 줄 수 있다.

윤리적인 의사결정을 한다 성공을 위한 선택의 순간마다 윤리적 기준과 가치를 잊어서는 안 된다. 칸트는 '윤리를 잘 행동하기 위한 틀'이라고 말하며 윤리적 의사결정의 기준을 제시했고, 존 롤스는 '윤리적 원칙은 우리 행동을 안내하는 도덕적 규범'이라고 했다. 조직 내의 구성원들이 이런 윤리적 기준을 공유하고 그에 따라 행동한다면, 팀워크를 강화하고 지속 가능한 성장도 이어갈 수 있다.

성공하고 싶다면 사회 윤리와 도덕적 책임을 고려하여 결정하고 행동하자. 지속 가능한 미래를 위해 자신의 성공이 사회에 긍정적인 영향을 미칠 수 있다는 점을 명심해야 한다.

- 사회에 긍정적인 영향을 미치는 성공 사례에는 어떤 것들이 있을까?
- 당신의 성공이 사회에 어떤 영향을 줄까?
- 윤리적인 의사결정이 어려운 상황에 놓인다면 어떤 선택을 하겠는가?

Q132 — 성공하는 데 필요한 자질과 능력, 주변 요소는?

성공은 맛있는 요리와 같다. 맛있는 요리를 만들려면 좋은 재료도 중요하지만 요리사의 실력이나 레시피, 조리 도구 같은 요소가 필요하다. 성공도 마찬가지다. 뛰어난 능력과 자질만이 아니라, 끊임없는 노력과 주변 환경, 그리고 약간의 운까지 더해져야 완성될 수 있다. 성공하기 위해서는 여러 요소가 필요하다. 그중 대표적인 요소 몇 가지만 살펴보자.

열정과 동기부여 성공을 향한 강한 의지와 목표를 실현하겠다는 열정이 중요하다. 자신의 꿈을 이루기 위한 목표를 정하고, 이를 실현하기 위한 자기 안의 열정을 끌어내야 한다. 열정은 자신을 움직이게 하고, 잠재력을 끌어올려 한계에 도전하게 하는 연료다. 이 연료를 불태우게 하려면 동기부여가 필요하다. 목표를 이루겠다는 강한 의지와 동기부여가 있어야 어려움을 극복하고 꾸준히 노력할 수 있다.

시간 관리 능력 요리할 때 재료를 넣는 타이밍이 중요하듯, 성공하려면 시간 관리를 효율적으로 해야 한다. 일의 중요도에 따라 우선순위를 정하고 일정을 짠다. 계획을 하나씩 실행하며 성취감을 쌓고, 돌발 상황이 생기면 유연하게 조정한다. 이렇게 하면 일과 삶의 균형을 유지할 수 있다.

긍정적 사고와 유연성 예측하기 어려운 환경에서 유연하게 대처하는 능력은 필수다. 변화나 어려움에 긍정적 사고를 유지하되 이 문제를 고정관념에서 벗어나 새로운 시각에서 바라보는 유연성이 필요하다는 말이다. 실수나 실패를 했다면 이를 인정하고 새로운 아이디어를 받아들여 개선하려는 태도가 중요하다. 그래야 다시 도전하면서 성장할 수 있다.

의사소통 기술과 네트워킹 자기 생각을 명확히 전달하고 다른 사람들의 의견에 경청할 수 있는 능력이 필요하다. 다른 사람들과 소통하고 협력하는 능력은 성공을 위한 중요한 요소다. 이 능력은 좋은 인간관계를 유지하고 네트워크를 확장하는 데도 도움이 된다. 다른 사람들과 정보나 아이디어를 공유하고 함께 문제를 해결해 나가는 과정에서 더 큰 성과를 얻을 수 있다.

지속적인 자기 계발과 문제 해결 능력 변화하는 환경에 대응하기 위해서는 끊임없이 배우고 성장해야 한다. 따라서 새로운 기술과 지식을 습득하는 자기 계발이 중요하다. 이를 통해 얻은 능력을 목표 달성이나 문제 해결에 활용할 수 있기 때문이다.

책임감과 신뢰성 자신이 맡은 일을 성실히 수행하는 것은 성공을 위한 기본자세다. 책임감이 목표 설정과 성취에 필수적이라면, 신뢰성은 모든 관계의 기초로서 지속 가능한 성공을 만드는 데 중요하다. 말과 행동의 일치, 일관된 행동, 솔직한 소통과 정직함, 책임감 있는 태도, 상대방과의 상호작용 등이 신뢰를 얻는 기본 요소다. 따라서 개인적이든 조직 내에서든 자기 일에 책임을 다하면서 다른 사람들과 솔직하게 소통한다면 신뢰성을 높일 수 있다.

적응력과 인내 잘 알다시피 성공은 하루아침에 일어나지 않는다. 꾸준히 노력하고 인내심을 잃지 않고 노력하는 사람에게 성공이 허락될 수 있다. 환경의 변화나 어려움이 두렵다고 포기해서도 안 된다. 찰스 다윈의 말처럼 "변화에 적응하는 능력은 생존을 넘어 성공을 가능하게 한다." 변화와 어려움에 적응할 줄도 알아야 하고, 이를 극복할 방법을 찾기 위해 끈질기게 노력해야 성공할 수 있다. 성공의 결정적인 요소는 결국 적응력과 인내심일지도 모른다.

자기 마케팅 능력 자신의 강점을 알고 자기 능력을 효과적으로 알려야 성공할 수 있다. 디지털 시대에 자신을 브랜드화하여 마케팅하는 것이 점점 더 중요해지고 있다. 강력한 브랜드화는 다른 사람에게 긍정적인 인상을 주고 전문성을 인정받고 신뢰를 구축하는 것이다. 자신의 능력을 키워 나가면서, 지속적인 발전과 성과를 적극적으로 알리는 것이 경쟁에서 우위를 점하는 최적의 방법이다.

자기 계발과 브랜드화로 성공의 길을 열어가자. 성공을 향한 열정과 동기부여를 에너지로 하여 끝까지 노력해 보자. 책임감과 신뢰가 지속 가능한 성공을 만들어 줄 것이다.

- 성공을 위한 나만의 레시피가 있다면 무엇인가?
- 어떤 재료가 부족하고, 어떤 재료를 더 채워야 할까?
- 성공이라는 맛있는 요리를 완성하기 위해 어떤 노력을 할 수 있을까?

Q133 ── 삶에서 사랑이 필요한 이유는 무엇일까?

인류가 생존하는 데 필수적 요소는 바로 사랑이었다. 인류는 공동체에서 서로 돕고 보호하면서 살아남았다. 사랑은 가족, 친구, 그리고 사회적 유대를 형성시켰다. 또 생존 기회를 확보하고 번영하도록 연결하는 역할도 했다. 삶에서 가장 강력하고 감동적인 감정이 있다면 사랑이 아닐까? 사랑은 우리 자신을 움직이고 행동을 조정하며 풍요롭고 의미 있게 살도록 이어준다.

오늘날 사람들은 다양한 이유로 사랑이 필요하다고 말한다. 그중 몇 견해를 살펴보자.

사랑은 사회적 연결이다 인간은 사회적 동물로 태어나 상호 의존적인 관계를 이룬다. 사랑을 통해 가족, 친구, 연인, 동료, 반려동물 등과 연결되는데, 이해와 동질감이 더해지면 사랑이 더 강화된다. 상대방에 대한 이타적인 관심과 배려를 나타내기도 한다. 이런 사랑이 사회적 네트워크를 형성하게 한다.

사랑은 정서적 연결이다 사람들과 상호작용을 하거나 친밀해지면 정서적 안정을 얻을 수 있다. 이때 사랑 호르몬 '옥시토신'이 분비된다. 또 안정감까지 느끼게 되면 항우울제로 쓰이는 행복 호르몬 '세로토닌'이 활발히 분비된다. 뇌과학자들의 다년간 연구가 이를 증명해 주기도 했다. 실제로도 사랑과 신뢰의 감정이 다른 사람의 지지와 이해로 이어져 정서적 안정감을 준다.

사랑은 성장 촉진제다 영국 철학자 토마스 홉스는 '사랑'을 "서로 부족함을 채워주는 것"이라고 했다. 사랑이 개인의 성장과 발전에 중요하다는 말이다. 사랑하는 사람과 상호작용을 하면 상대방뿐 아니라 자기 자신에 대해서도 잘 이해하게 된다. 사랑하기 때문에 상대방의 부족함을 채워주고 그의 성장을 격려하며 돕는다. 이때의 경험과 도전이 개인의 성장을 촉진해준다.

사랑은 스트레스를 줄인다 고대 로마 시인 베르길리우스는 "사랑은 모든 것을 이기고 정복한다. 그러므로 우리 자신을 사랑에 내맡겨라."라고 『에클로그(목가)』에 표현했다. 사랑만 있다면 어떤 어려움도 이겨낼 수 있다는 뜻이다. 스트레스를 받는 일이 있을 때 사랑과 같은 정서적 지원이 있다면 일상적 스트레스나 고통을 줄이는 데 도움을 받을 수 있다. 또, 스트레스 연구자 한스 셀리에는 스트레스 해소 방법으로 'Appreciation(감사)'를 추천했다. '감사'는 사랑을 표현하는 대표적인 방법이다. 그러니 감사 인사를 나누듯 사랑을 표현해야 스트레스를 줄일 수 있다.

사랑은 실천이다: 다양한 문화와 종교에서 사랑은 긍정적인 도덕적 가치로서 실천해야 할 덕목이다. 톨스토이는 자신의 묘비에 "사랑을 미루지 말라"라고 새길 정도로 사랑의 실천을 강조했다. 또 "사랑으로 살며", "사랑한다고 말만 하지 말고 행동으로 보여주라."라고까지 말했다. 앞서 소개한 베르길리우스 말처럼 사랑은 모든 것을 이기기 때문에, 어떤 어려움도 사랑으로 이겨낼 수 있다. 사랑을 실천하면 개인뿐만 아니라 사회도 더 나아질 수 있다.

사랑을 실천하자. 인류의 시작부터 함께한 사랑으로 모든 것을 이겨 낸다면, 더 풍요롭고 의미있는 삶을 만들어 갈 수 있다.

- 자기 일과 사랑을 균형 있게 할 수 있는 방법은 무엇일까?
- 사랑하는 사람과 주고받는 정서적인 지지와 위로는 사회생활에 어떤 긍정적인 영향을 줄까?
- 사회의 일원으로서 사랑의 가치를 어떻게 실천할 수 있을까?

Q134 　어떻게 사랑하며 살 것인가?

사랑은 우리 삶에서 중요하다. 사랑은 "인생에서 가장 강력한 힘"(마르틴 루터 킹)이고, "사랑이 있는 곳에 삶이 있"(마하트마 간디)기에 우리는 사랑 없이는 못 산다. 그런데 살아갈수록 사랑하기 어렵다고 느낀다. 어떻게 사랑하며 사는 것이 바람직한지, 그 지혜를 배우고 싶을 때도 있다. 여기서 잠깐 종교나 철학, 사회학, 교육학, 심리학에서 말하는 사랑의 의미와 사랑하는 방법을 간단히 살펴보자.

사랑은 실천이다　기독교에서 사랑은 창조주와 인간에 대한 사랑이다. 그래서 "내가 너희를 사랑한 것처럼 너희도 서로 사랑하여라."(요한 13,34)라는 계명을 지키라고 가르친다. 인간에 대한 그리스도의 무조건 사랑을 모범 삼아 마더 테레사처럼 이웃을 위해 헌신하라는 것이다.

사랑은 자기 이해에서 시작된다　고대 철학자 소크라테스가 "너 자신을 알라."고 한 것처럼, 사랑은 자신을 아는 데서부터 시작된다. 자신을 먼저 이해하고 사랑할 때 다른 사람을 사랑할 수 있다. 대중가요 제목으로 더 알려진 '아모르 파티(라틴어, amor fati)'는 니체의 '운명애'를 나타낸다. 니체는 삶의 모든 운명을 받아들이고 사랑하면 인간 본래의 창조성을 키울 수 있다고 말했다. 아모르 파티 상태에서 다른 사람들과 상호작용을 하면 서로를 이해하게 되어 유대감도 커질 수 있다.

사랑은 이타적이다　사회학자 에바 일루즈는 사랑이 "자아를 떠받드는 중요한 사회적 토대"라고 했다. 현대의 제도와 가치의 변화로 인해 이런 사랑이 어렵게 되었다. 하지만 개인(자아)에서 벗어나 사회로 시선을 돌리면 다양한 사랑을 할 수 있다. 사회봉사나 환경 보호 활동, 공동체 참여 등 다른 사람을 도우면서 사랑을 실천하는 방법이 많다.

사랑은 도덕적 가치다 사랑은 배려하고 존중하는 마음에서 시작된다. 학교에서 친구들과 함께 공부하며 서로를 돕고 격려하는 경험은 사랑을 배우고 실천하는 소중한 기회다. 이처럼 사랑을 통해 다양성을 인정하고 다른 사람들을 존중하는 도덕적 가치를 실천해야 한다.

사랑은 감정이다 사랑은 서로 감정을 솔직하게 표현하고, 상대방의 감정을 존중하는 데서 시작된다. 사랑하는 사람과 함께하며, 정서적 안정감을 얻고 서로의 감정을 수용하면서 깊은 유대감을 가질 수 있다.

살면서 사랑하고 성장한다 이제 자신만의 사랑법을 찾아보자. 가족과 친구, 연인, 동료, 이웃과 함께하면서 언제 사랑하거나 사랑받는다고 느끼는가? 자신의 강점과 약점을 잘 아는가? 이를 인정하고 상대방에게 솔직하게 표현할 수 있는가? 서로를 존중하고 배려하는 방법을 아는가? 자신이 경험한 사랑을 어떻게 생각하는가? 사랑은 사람마다 다르게 경험되기에 정답이 없다. 때로는 실패하고 좌절할 수도 있지만, 그 과정에서 자신을 발견하고 진정한 사랑의 의미를 깨달을 수 있다. 그리고 더 성숙한 사람으로 성장할 수 있다.

사랑을 하자. 그리고 자기만의 사랑법을 만들자. 자기를 이해하고 인정하면서 다른 사람을 존중하는 방법을 찾아 실천하자. 그러면 자신의 사랑으로 세상을 더욱 따뜻하고 아름답게 만들 수 있다.

- 자신만의 사랑법이 있다면 무엇인가?
- 자기 강점과 약점, 상대방의 성격과 취향을 고려해 어떤 사랑을 하고 싶은가?
- 가족, 친구, 연인, 동료에 대한 사랑을 각각 어떻게 실천할 수 있을까?

Q135 ── 사랑은 시간의 차원을 뛰어넘을 수 있을까?

「어바웃 타임」(2013), 「별에서 온 그대」(2013~2014), 「선재 업고 튀어」(2024) 의 공통점은 무엇일까? 바로 시간을 초월한 인기 로맨스라는 점이다. 2000년대 들어와서 다양한 시간여행 이야기가 대중의 인기를 끌었다. 세상에서 가장 신비한 현상이 '사랑'이라는데, 여기에다 사랑 때문에 '시간'의 '차원'을 뛰어넘는다. 사랑에 빠지면 시간이 멈춘 듯하다. 눈 깜짝할 사이에 시간이 흘러가 버린다. 사랑이 우리의 시간 감각을 왜곡시키기 때문이다.

어떻게 이런 현상이 가능할까? 사랑과 시간 초월 사이에 어떤 원리가 숨겨져 있는지 알아보자.

사랑은 시간을 잊게 만든다   사랑에 빠지면 왜 시간이 멈춘 것처럼 느껴질까? 사랑에 빠졌을 때 뇌에서 도파민이라는 신경전달물질이 분비되어 행복감과 쾌감을 느끼게 된다. 뇌과학자들은 이럴 때 시간 감각이 왜곡될 수 있다고 설명한다. 흔히 남녀 간에 미묘한 감정만 있으면 '썸타는 관계'라고 한다. 이때 상대와의 짧은 만남이 오래 기억되어 문자 하나, 전화 한 통에 온종일 설레며 시간 가는 줄 모른다. 학교나 회사에서 연인이 된 CC에게 함께하는 시간은 너무나 짧다. 빨리 다시 만나고 싶은 마음에 시간이 더디게 흘러가는 것 같다. 짝사랑할 때는 상대방을 생각하는 시간이 즐겁다. 하지만 그 사람을 볼 수 없는 시간이 너무 길게 느껴진다.

사랑은 초인적 경험이다   '초인'은 자기 안에 잠재된 무한한 가능성을 실현하는 존재다. 니체는 이런 초인이 자기 자신을 뛰어넘는 것에 대해 열망하는 것이 '사랑'이라고 했다. 사랑에 빠졌을 때, 사람은 이런 '초인적 경험'을 한다. 이는 현실에서 측정할 수 없는 개인의 감정적 체험이다. 시간이 갑자기 빠르게 지나가거나 멈추는 것도 이와 관련된다.

사랑과 뇌 활동은 관련되어 있다 사랑과 뇌 활동의 연관성은 현대 뇌나 신경과학에서 많이 다루는 연구 대상이다. 연구 결과 사랑과 관련된 감정이 뇌 활동에 영향을 주고(핀란드 알토대, 2024년), 사랑에 빠진 보상으로 신경화학물질 도파민의 분비가 활발해진다(영국 UCL대 신경미학과, 2012년 외 다수)는 사실이 정론화되었다. 도파민, 옥시토신, 세로토닌 등의 뇌 내 화학물질이 친밀한 관계에서 증가하여 사랑의 감정을 더 강화한다. 이러한 변화는 인간의 감정, 기억, 시간 체험에도 관련이 있을 수 있다.

사랑은 몰입하게 한다 긍정심리학자 칙센트미하이는 몰입 상태를 '플로우(Flow)'라는 개념으로 설명했다. 삶이 절정에 이르렀다고 느끼거나 편안한 행동이 이어지는 상태를 말한다. 몰입 상태에서 시간 감각이 왜곡되어 순식간에 시간이 지나가고 주변 환경에 대한 감각이 사라져 활동에 더 집중하게 된다. 이런 상태를 '흐름 경험(Flow experience)'이라 한다. 자기 능력을 활용하여 적당히 어려운 도전을 경험할 때 몰두하면 시간이 무의식적으로 지나가는 경험을 한다. 사랑에 빠졌을 때 종종 이러한 흐름 경험을 할 수 있다. 이 때문에 시간의 경과를 인식하는 능력이 변할 수 있다.

사랑은 공감과 공유로 연결한다 사랑은 감정뿐만 아니라 공감과 공유로 관계를 더 깊게 연결한다. 공감은 상대방의 감정이나 경험을 이해하고 나누려는 능력이고, 공유는 대화와 표현, 관심과 이해를 통해 상대방과 나누는 것이다. 이러한 공감과 공유를 통해 깊이 연결되면 시간과 공간을 초월하는 경험을 할 수 있다. 상대방과 깊이 연결되면 현재의 순간을 소중하게 여기기에 과거나 미래에 대한 고민을 줄일 수 있다.

사랑은 진정한 합일이다 에리히 프롬의 『사랑의 기술』에 따르면, 인간은 태어나는 순간부터 고독한 존재이다. 인간은 사랑을 통한 합일로 그 고독에서 벗어날 수 있다. 때론 사랑에 빠지면 자신과 상대방의 경계가 흐려지고 상대방과 통일되었다고 느낀다. 이런 경험에서 시간은 중요하지 않다. 그래서 현재의 순간에 몰두하게 된다.

사랑은 시간을 초월하는 특별한 경험이다. 사랑하는 사람과 함께 시간을 잊고 행복한 추억을 만들어가자. 그러면 더 풍요롭게 행복한 삶을 이루어갈 수 있다.

- 사랑에 빠졌을 때 시간이 멈춘 것처럼 느낀 적이 있는가?
- 사랑하는 사람과 함께 시간을 보내는 것이 미래에 어떤 영향을 미칠까?
- 사랑과 자기 일 사이에서 균형을 유지하며 서로에게 긍정적인 영향을 주는 방법은 무엇일까?

Q136   사랑의 실천은 삶에 어떤 변화를 줄까?

마더 데레사는 "우리가 모두 위대한 일을 할 수는 없지만, 작은 일을 위대한 사랑으로 할 수 있다."라고 한 바 있다. 사랑은 감정을 행동으로 표현하는 것이다. 이때 사랑한다고 '생각한 바를 실제로 행하는' 것까지 범위를 넓히면 좀 복잡해진다. 사랑의 실천으로 무엇을 하느냐를 생각하는 데 치중하게 된다. 그러다 보면 현재 할 수 있는 일에서 멀어질 때가 많다. 기부나 자선활동같이 거창한 '사랑의 실천'을 생각하니 어려울 수밖에 없다. 사실 자기 할 일이나 주변의 어려운 사람에게 사랑을 쏟는 것만으로도 사랑의 실천이 충분할 수 있다.

사랑의 실천이 자신과 다른 사람에게 어떤 영향을 주는지 생각해 보자.

사랑의 실천은 건강한 자기 사랑이다   "네 이웃을 너 자신처럼 사랑해야 한다."(마태 22, 39)라는 성경 구절처럼, 사랑은 자기에서부터 시작된다. 자기를 사랑하는 만큼 남이나 이웃을 사랑하는 것이 중요하다. 사랑하면 자신도 행복하지만, 이 긍정 에너지가 주변에도 전파된다. 그러면서 인간관계가 더 풍요로워진다. 다른 사람들을 지지하고 위로하면서 자기 스스로도 정서적 안정감을 얻을 수 있다. 이는 스트레스를 줄이는 작용도 한다.

사랑을 실천하면서 서로 존중하고 이해하는 과정에서 자기 이해력과 수용 능력이 향상된다. 또 다른 사람을 배려하고 격려하는 윤리적 가치를 배우면서 새로운 관점을 얻게 되어 자아를 발전시킬 수 있다.

사랑의 실천은 사회적 연대감이다 사랑을 실천하면서 다른 사람의 감정과 상황에 공감하고 이를 표현한다면 상대방에게도 긍정적인 영향을 줄 수 있다. 사랑을 받는 사람은 존중받는 느낌을 받으며, 자존감이 높아져 긍정적인 마음을 갖게 된다. 칭찬과 격려가 사람을 성장시키듯, 사랑은 다른 사람의 잠재력을 깨우고 발전시키는 데 힘을 발휘한다.

사랑을 받는 환경에서 자란 아이들은 정서적 안정감을 느끼고 긍정적인 사회적 행동을 배울 수 있다. 가족과 친구, 동료 간에 소통을 잘할 수 있어 대인관계도 원만해질 수 있다. 또, 가족이나 친구, 이웃과 함께함으로써 사회적 연대감을 형성할 수 있다. 개인들 간의 사랑과 관심이 늘어나면 사회 구성원들이 자발적으로 사랑의 실천에 동참하게 된다. 이에 따라 사회적 융화와 협력에도 긍정적인 영향을 미칠 수 있다.

사랑을 실천하며 살자. 이런 삶이 긍정적 에너지로 작용하여 사회적 갈등과 분열을 극복하는 힘이 된다. 우리의 작은 사랑이 모여 세상을 밝히는 큰 빛이 된다.

- 사랑을 어떻게 실천하고 있는가?
- 사랑을 실천하면서 어떤 행복과 기쁨을 느꼈는가?
- 사랑이 넘치는 세상을 만들기 위해 무엇을 할 수 있을까?

Q137 사랑과 사회적 관계가 행복한 삶의 비결인가?

사랑을 하면 세상을 다 가진 것처럼 정말 행복할까? 이는 각종 연구에서 증명한 사실이다. 사랑을 연구한 진화심리학자 헬렌 피셔는 "사람은 태어날 때부터 사랑할 수 있는 호르몬과 메커니즘을 갖고 있다."(2009년)라고 한다. 하버드대 「성인발달연구」(1938~2023년)에서도 "사랑과 사회적 관계가 행복에 큰 영향을 미친다."라고 밝혔다. 물론 많은 연구들이 한결같이 사랑이나 인간관계가 행복과 상관관계가 있다고 설명한다. 사랑과 친밀한 인간관계는 감정적·심리적 안정감, 사회적 지지, 스트레스 해소, 자아실현 등에 긍정적인 영향을 미칠 수 있다. 사랑과 사회적 관계가 행복에 미치는 영향을 살펴보자.

사회적 지지와 연결로 행복하다 자신을 있는 그대로 인정하고 지지하는 사람들이 있다는 것만으로도 힘이 난다. 어려운 일을 겪을 때 사랑은 파도를 막아주는 방파제처럼 안정감과 위로를 준다. 사랑을 하면서 다른 사람들과 연결되고 이들과 서로 공감하고 이해하면서 유대감이 깊어진다. 이런 사회적 관계를 통해 세상과 연결되면서 삶의 만족도가 올라간다.

함께 성장하면 행복하다 사랑을 하면 서로를 이해하고 인정하게 되어 자기 존중감과 자신감이 높아진다. 친구와 함께 공부하면 더 즐겁고 능률도 올라가듯이, 사랑하는 사람과 함께 성장하는 경험을 하면 삶을 더욱 풍요롭게 만들 수 있다. 서로를 이해하고 지지해 주는 관계는 개인의 자아실현과 성장을 촉진한다. 이는 긍정적인 자아 이미지와 '삶'의 만족도에 연결된다.

심리적 안정감을 얻는다 사랑하는 사람을 만나 함께 있는 것만으로도 마음이 편안하다. 가족, 친구, 연인과 함께 맛있는 음식을 나눠 먹거나 이야기꽃을 피우다 보면 스트레스가 다 사라진 느낌이 든다. 감정적으로 지지해 주는 관계가 스트레스를 일으키는 코르티솔 수치를 낮추는 것이다. 또, 스트레스로 긴장된 근육이 이완되면서 편안함을 느껴 수면 장애도 개선된다.

심신 건강을 챙긴다 사랑하는 사람과 포옹같이 신체적 접촉을 하면 옥시토신이 분비되어 우리 몸의 면역력에 좋은 영향을 준다. 그래서 미국 의학정보 웹사이트 '웹엠디(WebMD)'에서 포옹이 건강상 이점이 많다고 소개했다. 또한 사랑하는 사람과 함께하는 시간이 많을수록 면역력이 강화되고, 심혈관 질환 예방에도 도움이 된다.

사랑하자. 그리고 가족, 친구, 연인, 이웃과 함께하며 사회적 관계를 유지하자. 사랑과 사회적 관계를 계속한다면 우리는 건강하고 행복하게 살 수 있다.

- 사랑하는 사람들과 함께하는 시간은 당신에게 어떤 의미인가?
- 사랑하는 사람들과 더욱 돈독해지려면 어떤 노력을 해야 할까?
- 사랑과 행복은 어떤 관계가 있을까?

삶의 해답은 행복인가?

인생에서 가장 위대한 것은 타인의 삶에 빛이 되는 것이다. - 슈바이처

Q138   4차 산업혁명 시대에 품위 있는 삶이란?

알베르트 아인슈타인은 "지식과 기술만으로 인류를 행복하고 품위 있는 삶으로 인도할 수 없다."라고 말했다. 이 말은 4차 산업혁명 시대를 살아가는 우리에게 시사하는 바가 크다. 아무리 뛰어난 기술이 발달해도, 어떤 마음가짐으로 살아가느냐에 따라 행복의 정도가 달라질 수밖에 없다.

   인공지능, 로봇, 자율주행 자동차 같은 첨단 기술이 우리 삶을 완전히 바꿔놓을 것으로 생각하는가? 물론 기술은 우리 삶을 편리하게 만들어 준다. 그러나 진정한 행복은 기술만으로 얻을 수 없다. 편리한 기술이라 해도 그것은 우리 편의를 위한, 행복을 일부 지원하는 수단일 뿐이다.

기술은 도구일 뿐이다   스마트폰, 컴퓨터, 인터넷 등은 우리 삶을 편리하게 해주는 기술이 적용된 것들이다. 기술의 발전 덕분에 우리 인류는 놀라운 혜택을 누리고 있다. 하지만 아인슈타인의 말처럼 지식과 기술만으로 행복할 수 없다. 삶의 가치와 의미는 워낙 복잡해서 기술 발전만으로는 충족되기 어렵다.

자기 결정과 마음가짐이 중요하다   행복은 외부 환경이나 조건에 의해 결정되는 것이 아니라, 자신이 마음먹기에 달려있다. 에이브러햄 링컨도 말하지 않았는가. "사람은 마음먹은 만큼 행복하다"라고. 자신의 가치관에 따라 자기 삶을 선택하고 만들어갈 수 있다. 자기 결정과 긍정적인 마음을 가지면, 어떤 상황에서도 행복을 찾을 수 있다.

품격 있게 살아야 한다　단순히 돈이 많거나 지위가 높다고 잘살거나 행복한 것은 아니다. 품격 없는 성공은 오래갈 수 없다. 그보다 자기 결정에 따라 살아도 존중받을 때 가능하다. 즉 품격 있는 삶이란, 인간다운 가치와 도덕적 행동, 다른 사람들을 배려하고 존중하는 태도까지 포함한다. 이러한 품격으로 사회에 기여할 때 진정한 품격을 갖추고 행복하게 살 수 있다.

품격 있게 살자. 기술과 지식의 발전은 중요시하되, 자기 결정력과 긍정적인 마인드셋을 갖추면 품격 있는 삶을 만들 수 있다.

- 기술 발전이 우리 삶에 어떤 영향을 미치고 있을까?
- 행복한 삶을 위해 어떤 마음가짐이 필요할까?
- 기술발전과 함께 행복하게 살 수는 없을까?

Q139 ──────── 어떻게 하면 행복할 수 있을까?

인생이 비극인 이유는 사람들이 결코 얻지 못할 것을 간절히 바라거나, 행복해지는 데 전혀 도움이 되지 않는 것에 집착하기 때문이다. 찰리 채플린이 한 말이 떠오른다. "인생은 가까이서 보면 비극이지만 멀리서 보면 희극이다." 자신에게는 삶이 힘들게 느껴지는데, 다른 사람은 그렇지 않아 보일 때가 많다. 사실 다른 사람의 삶도 자세히 들여다보면 자기와 별다르지 않다.

'소확행(小確幸)'이란 말이 있다. 일상에서 느낄 수 있는 작지만 확실한 행복을 말한다. 이처럼 행복을 멀리서 찾기보다 자기 삶에서 찾는 게 더 현명하다.

그렇다면 어떻게 해야 행복할 수 있을까? 그 지혜를 찾아보자.

스토아학파, 긍정적인 생각에서 행복이 시작된다   긍정적인 사람들은 어려움에 직면하면 쉽게 좌절하지 않는다. 그들은 이 문제를 해결할 수 있다는 희망을 품고 노력한다. 스토아 철학도 이런 긍정적인 생각을 강조한다. 사람을 괴롭히는 것은 '사물에 관한 생각'이니, 이를 통제하고 자기 자신을 개선하여 내적 평화를 찾는 것이 중요하다. 후기 스토아 철학자 세네카가 말한 것처럼 '진정한 행복'이란 '미래에 대한 불안과 걱정 없이 현재를 즐기는' 데에 있다.

불교, 욕심을 버리고, 현재에 집중하자   불교에서는 모든 고통과 욕심을 버리고 현재에 집중해야 행복하다고 한다. 왜냐하면 삶의 고통이 인간의 욕심에서 비롯되기 때문이다. 필요 이상으로 소유하려 하거나, 과거에 미련을 두고 미래를 걱정하다 보면 현재에 무관심하게 된다. 오히려 지금, 이 순간에 집중하면서 작은 것에 감사하자. 그렇게 마음의 안정과 내적 조화를 추구하면 행복해질 수 있다.

긍정심리학, 긍정적인 삶을 만들자 부정적인 생각은 먹구름처럼 우리 마음을 어둡고 답답하게 만든다. 그래서 긍정심리학(Positive Psychology)에서는 행복, 감사, 의미 있는 삶에 초점을 맞춘다. 마틴 셀리그먼은 행복은 '즐거움, 몰입, 삶의 의미'를 통해 '스스로 발견하고 창조'할 수 있다고 주장했다. 부정적인 생각이 들 때마다 주문을 외워보자. "나는 할 수 있다!" "나는 소중하다!"라고. 자기 자신을 격려하고 사람들과 상호 작용하며 긍정적인 관계를 형성한다면 풍요로운 삶을 만들어갈 수 있다.

인지행동치료, 나에게 집중하면서 원하는 것을 찾자 만성 스트레스는 지속적인 긴장 상태와 압박감으로 이어질 수 있다. 이럴 때 인지행동치료(CBT: Cognitive Behavioral Therapy)는 자신의 부정적인 사고 패턴을 알아채고, 내면의 대화 패턴을 바꾸어 긍정적이고 현실적인 생각을 하도록 돕는다. 실제로 행복은 외부에서 오는 것이 아니라, 자기 안에서 찾아야 한다. 자신이 진정으로 원하는 것이 무엇인지 탐색하고, 그것을 이루기 위해 노력할 때 행복할 수 있다. 자기 계발, 취미 활동, 봉사활동 등 자신에게 의미 있는 일을 하면서 행복을 찾아보자.

유다이모닉 웰빙, 가치 있는 삶을 만들자 행복은 단순히 즐거운 만족감 이상의 의미를 지닌다. 삶의 가치를 느낄 때 더욱 행복하다는 말이다. 자기 성장이나 다른 사람들과 유대감 형성, 사회 공헌 등으로 삶의 의미를 발견하면 더 행복해질 수 있다. 이를 '자기실현적 웰빙(Eudaimonic Well-being)' 즉 '최선의 행복(훌륭한 참살이)'이라 할 수 있다. 아리스토텔레스의 '유다이모니아(Eudaimonia, 행복 & 잘 삶)'에서 유래된 이 말은 자기 잠재력을 실현하면서 의미 있는 삶을 만드는 행복을 강조한다. 도덕적이고 윤리적인 삶을 추구하고, 자기 성찰과 자기 성장을 통해 진정한 행복을 이루는 것을 목표로 한다.

긍정적인 생각으로 현재에 집중하며 가치 있게 살자. 자신이 진정으로 원하는 삶의 방식으로 행복과 의미 있는 삶을 찾아가는 것이 중요하다.

- 당신에게 진정한 행복이란 무엇인가?
- 긍정적인 마음을 갖기 위해 어떤 노력을 할 수 있을까?
- 삶의 의미를 찾기 위해 어떤 활동을 해볼 수 있을까?

Q140 – 진정한 행복을 이루기 위해 어떻게 살아야 할까?

우리는 삶에서 행복이 중요하다는 사실은 이미 잘 안다. 그러면서도 행복하기 위해 노력하는 데는 다소 인색한 듯하다. 행복해지는 데는 기술이 필요한데, 이 기술을 모른다는 사실을 인식하지 못해서다. 미국의 사상가 랠프 월도 에머슨이 이런 말을 했다. "행복이란 선물을 받을 줄 아는 자의 몫"이라고. 따라서 행복해지고 싶다면 그에 상응하는 노력이 필요하다. 우리 삶은 세상이라는 바다를 항해하는 배와 같다. 자신이 원하는 행복을 향해 방향키를 잡고 나아가고 있다. 거친 파도와 예측 불가능한 날씨 속에서 방향을 잃지 않고 나아가려면 항로, 운행 방법, 위치 파악 등에 신경을 써야 한다. 망망대해에서는 나침반과 지도가 매우 중요하다.

행복이라는 목적지에 도착하기 위해서도 자신만의 나침반과 지도가 있어야 한다. 이에 관해 생각해 보자.

나침반, 삶의 목표를 정하고 방향을 잃지 말자   세상이라는 크고 넓은 바다에서 어떤 삶을 향해 방향을 잡고 항해할지 생각해 보자. 항해사에게 방향을 알려주는 도구가 바로 나침반이다. 마찬가지로 우리 삶에도 나침반은 있다. 바로 삶의 목표와 가치관이다. 어떻게 살고 싶은지, 무엇을 이루고 싶은지를 명확하게 정의하고, 그 목표를 나침반 삼아 꾸준히 앞으로 나아가야 한다. 사실 행복하게 살고 싶다면서도 그 방법을 간과할 때가 많다. 자기 행복의 여정을 위해 나침반을 활용하여 항로를 찾고, 매 순간 위치를 파악하면서 행복을 향해 나아가자.

지도, 계획을 세우고 차근차근 목표를 향해 나아가자　원하는 행복을 목적지로 정했다면, 이제 항로를 살피며 그곳을 향해 나아가면 된다. 이때 "행복은 철저히 관계 속에서 존재한다."는 『행복의 지도』 저자 에릭 와이너의 말을 기억해도 좋겠다. 항해에는 지도뿐 아니라 배의 상태, 파도, 날씨도 고려해야 한다. 마찬가지로 삶의 지도에는 성공, 건강, 관계, 성장 같은 목표와 함께, 주변 사람들과 자신의 상황도 함께 그려야 한다. 그리고 그 계획을 실천에 옮기며 한 걸음씩 나아가자. 행복을 향한 지도는 구체적일수록 좋다. 단계를 나누고, 하나씩 실천하는 것이 목표에 다가가는 길이다.

카르페 디엠, 현재를 즐기자　항해 도중 거친 파도와 폭풍우를 만나기도 하고, 때로는 아름다운 섬과 멋진 풍경을 만날 수도 있다. 삶도 마찬가지다. 힘든 순간이 있지만, 즐겁고 행복한 순간도 많다. 그러니 매 순간을 소중히 여길 줄 알아야 한다. 일상에서 작은 즐거움을 찾고 현재에 집중하며 감사하는 마음을 갖도록 한다. 그러면 문제가 생겨도 긍정적인 마음으로 이를 해결하기 위해 노력할 수 있다. 또, 일할 때 일하고 쉴 때 잘 쉬어야 힘을 얻어 다시 항해할 수 있다.

긍정의 힘, 긍정적이고 유연한 사고로 어려움을 극복하자　항해 중에 예상치 못한 암초나 폭풍우를 만날 수 있다. 하지만 좌절하거나 포기하지 않고, 침착하게 숙련된 기술을 발휘하여 배를 조종한다. 이때 긍정적인 마음과 유연한 사고가 어려움을 극복하는 데 도움이 된다. 이런 마음으로 삶의 방향을 올바르게 유지한다면 어떤 어려움에도 적절히 대처하며 행복의 여정을 계속할 수 있다.

삶의 여정에서 올바른 방향을 유지하며 항로를 따라 앞으로 나아가자.
매 순간을 즐기면서 현재에 집중하는 것이 진정한 행복의 여정이다.

- 삶의 목표가 무엇인가?
- 목표를 달성하기 위한 구체적인 계획은 무엇인가?
- 삶의 어려움을 극복하기 위해 어떤 노력을 할 수 있을까?

Q141 ─── 품격 있는 행복은 어떻게 이룰 수 있을까?

달라이 라마는 "우리 삶의 목적은 행복하게 사는 것"이라고 한다. 그래서 사람들은 더 나은 삶을 추구하는데, 실상 그 행복은 각자의 마음에 있다는 것이다. 그런만큼 자기 품격에 따라 행복도 다를 수 있다. '품격'이란 '사람 된 바탕과 타고난 성품'을 말한다. 그런 의미에서 품격 있는 행복을 원한다면, 자신의 품격부터 잘 알아야 하지 않을까? 그리고 단순한 즐거움을 넘어, 삶의 의미와 가치를 느끼는 깊이 있는 행복을 찾아야 한다. 그래야 더 풍요롭고 의미 있는 행복을 만들 수 있다.

'품격 있는 행복'을 어떻게 이룰 수 있는지 그 조건을 생각해 보자.

자기 수용과 성장, 있는 그대로 자신을 받아들이되 자기 성장을 하자
자신의 장단점을 아는 것이 우선이다. 있는 그대로 자신을 받아들이되, 부족한 부분은 개선해 나가야 한다. 자기 수용은 자기 자신을 비난하거나 거부하지 않고, 현재의 모습을 인정하는 것을 뜻한다. 남보다 나를 먼저 알면 자기 삶을 주도할 수 있다. 변화하는 세상에 필요한 지식과 기술을 익히며 자기 계발을 지속한다면, 더 나은 자신으로 성장, 발전할 수 있다. 이러한 성장 속에서 자신의 품격을 발견하고 행복에 연결 지을 수 있다.

함께하는 행복, 다른 사람들과 따뜻한 관계를 만들자 혼자도 행복할 수 있지만, 가족이나 친구, 연인과 함께 나눌 때 더 행복할 수 있다. 물론 대인관계로 인해 스트레스를 받고 더 힘들 수 있다. 하지만 사람을 사랑하고 다른 사람에게 존중받는다면 더 기쁘고 행복하다. 하버드대 성인발달연구에서도 살면서 형성한 인간관계가 행복에 영향을 준다고 말한다. 무엇보다 다른 사람들과 소통을 하며 서로 이해하고 격려하는 것이 건강하고 의미 있는 관계를 유지하는 데 중요하다. 이렇게 존중과 배려를 바탕으로 원만한 인간관계가 이루어지면 '품격 있는 행복'도 만들 수 있다.

가치 있는 삶, 삶의 의미와 목표를 향해 나아가자 행복은 목표를 향해 나아가는 과정에서 찾을 수 있다. 정상을 향하는 과정에서 아름다운 풍경을 감상할 수 있듯, 삶의 목표를 향해 나아가면서 즐거움과 성취감을 맛볼 수 있다. 자신에게 정말 중요한 것은 무엇인지, 어떤 삶을 살고 싶은지 깊이 생각해 보자. 이에 가치를 둔 삶 자체가 '품격 있는' 행복을 이루는 핵심이 된다.

나를 알고 남과 함께하면서 가치 있게 살아가자. 이런 삶의 목표가 품격과 깊이 있는 행복을 이루는 핵심이다.

- 자신만의 품격을 정의해 보자.
- 자기 자신을 더 사랑하고 발전시키기 위해 어떤 노력을 할 수 있을까?
- 당신에게 의미 있는 삶의 목표는 무엇인가?

Q142 성공과 행복은 어떤 관계일까?

성공하면 행복할 것이라고 생각하기 쉽다. 이런 우리 생각을 깨우치려는 듯, 슈바이처는 "행복이 성공의 열쇠"라며 "자신이 하는 일을 사랑하면 성공할 것"이라고 한 바 있다. 성공과 행복의 관계는 사실 복잡미묘하다. 어떤 사람은 성공을 통해 행복을 느끼지만, 어떤 사람은 성공했음에도 불구하고 공허함을 느낀다. 똑같은 영화를 봐도 사람마다 느끼는 감정이 다르듯, 성공에 대한 만족도도 사람마다 다를 수 있다.

성공과 행복이 상호 작용을 하지만, 필연적으로 일치하지는 않는다고 주장하는 이론도 많다. 성공과 행복에 대한 주요 이론들을 살펴보자.

쾌락주의, 쾌락이 삶의 궁극적 목적이자 최고의 선이다   성공을 통해 얻는 쾌락은 잠깐일 뿐이다. 롤러코스터를 타면 짜릿하지만 금방 끝나버리듯이, 성공의 기쁨도 시간이 지나면 익숙해지고 사라질 수 있다. 이런 쾌락을 통한 행복을 추구하는 윤리적 입장이 쾌락주의(Hedonism)다. 쾌락을 육체적인 것, 정신적인 것, 혼자 혹은 다수의 쾌락으로 하는가 등에 따라 논의가 달라진다. 이 관점에서는 성공이나 목표 달성이 행복을 가져올 수 있다. 하지만 단순하고 짧은 즐거움에 초점을 맞추는 경향이 있어 장기적인 행복과 연관 짓기는 어렵다.

주관적 웰빙 이론, 행복은 주관적이다   행복은 개인의 경험과 가치관에 따라 달라질 수 있다. 어떤 사람은 성공을 통해 행복을 느끼지만, 어떤 사람은 가족과의 시간이나 취미 활동을 통해 행복을 느끼기도 한다.

주관적 웰빙 이론(Subjective Well-Being Theory)에서는 개인마다 부정적 감정은 피하고 긍정적 감정을 유지하면서 전체적으로 삶의 기쁨과 만족감을 느끼는 것을 중시한다고 주장한다. 성공은 개인의 목표와 가치에 따라 다르게 해석되므로, 주관적 웰빙과 일치하지 않을 수 있다.

적응-성취 모델, 성공은 또 다른 시작이다 성공은 끝이 아니라 새로운 시작이 될 수도 있다. 게임에서 레벨 업을 하면 더 어려운 퀘스트가 기다리고 있듯이, 성공을 이루면 더 높은 목표를 향해 나아가게 된다. 이 과정에서 우리는 끊임없이 노력하며 성장해 가지만, 때로는 실패와 좌절을 경험하기도 한다. 이에 관한 모델이 바로 적응-성취 모델(Adaptation-Achievement Model)이다. 처음에 자기 성공에 긍정적인 반응을 보이다가 점차 이를 당연시하게 되어 더 높은 목표를 설정하게 된다. 과연 성공이 행복을 계속 유지할 수 있을까 의문이 든다.

자기실현적 웰빙 이론, 가치 있고 의미 있게 살자 자기실현적 웰빙(Eudaimonic Well-Being)에서 행복은 단순히 쾌락에 머물러 있는 것이 아니라 의미 있는 삶이라고 정의한다. 적응, 성장 및 잠재력 실현 등에 중점을 둔다. 이 관점에서 좋은 삶과 행복은 자기 성장과 잠재력을 실현하는 의미 있는 삶으로 정의할 수 있다. 따라서 성공은 목적과 가치를 실현하는 과정에서 발생할 수 있으며, 이러한 의미 있는 경험이 행복과 연결될 수 있다고 주장한다.

쾌락의 쳇바퀴, 뭐든 적응하면 일상이 된다 사람들은 더 나아지기 위해 노력하지만, 실제 변화를 감지하지 못할 때가 많다. 다람쥐 쳇바퀴 돌 듯 산다고 여긴다. 이를 '쾌락의 쳇바퀴(Hedonic Treadmill)'라

한다. 성공이나 실패를 경험하면 잠시 감정이 달라지지만 시간이 지나면 점차 기존의 행복 수준으로 돌아간다는 것이다. 성공을 계속 추구해 봐도 영원한 행복을 이루기 어렵다는 말이 된다.

가치 있는 일을 자기 일로 하며 성취감을 얻자. 이런 성공 경험이 쌓이면 행복할 수 있다.

- 당신에게 성공과 행복은 어떤 관계인가?
- 성공하면 정말 행복해질까?
- 진정한 행복은 어디에서 찾을 수 있을까?

Q143 ──── 행복을 위한 성공의 조건은 무엇일까?

사람이 성공하고 싶은 것도 알고 보면 행복하기 위해서다. 목적을 이루면 '성공'이고, 생활에서 충분한 만족과 기쁨을 느끼어 흐뭇한 상태면 '행복'이다. 그런데 행복이라 하면 뜬구름 잡는 것 같다고 여긴다. 일상에 만족하기보다 목적을 이루는 것이 더 근사해 보여서일지도 모른다. 하지만 현실에서 행복을 느끼며 살아가는 사람들도 많다. 단 한 번뿐인 인생, 이왕이면 성공도 하고 행복하게 사는 게 더 바람직해 보인다.

역사적으로 성공과 행복에 관해 수많은 의견을 내놓은 것도 이 때문일 것이다. 이에 관해 살펴 보자.

윤리적인 행복, 착하게 살아야 한다 성공은 단순히 돈이나 명예를 얻는다고 되는 것이 아니다. 이익이 된다면 목적이나 수단을 가리지 않는 것이 아니라, 다른 사람들에게 피해가 안 되도록, 오히려 공동체의 이익과 행복을 증진하도록 행동해야 한다. 그만큼 성공에 앞서 사회윤리적 가치를 중시하는 태도가 중요하다. 깨끗한 물이 우리 몸을 건강하게 해주듯, 윤리적인 행동은 우리 마음을 건강하게 만들어준다. 정직하고 공정하게 행동하면서 성공을 이루어낼 때 더 큰 행복과 만족감을 느낄 수 있다.

정신적 성장과 만족, 자기 성장이 필요하다 성공은 끊임없이 배우고 성장하는 과정에서 얻어지는 것이다. 나무가 햇빛과 물을 흡수하며 자라듯이, 우리도 세상의 변화에 적응하기 위해 배우며 성장해야 진정한 행복을 느낄 수 있다. 이때 자기 이해가 우선되어야 한다. 그래야 무엇을 더 개선하기 위해 노력할지 알 수 있다. 독서나 새로운 기술 습득, 다양한 경험을 통해 자기 계발을 하면서 내적인 만족과 품격을 찾는 것이 중요하다.

관계의 중요성, 함께해야 행복하다 알베르 카뮈는 "성공과 행복은 남들과 나눌 때만 내 것이 된다."라고 했다. 성공과 행복이 혼자 누리기보다 함께 나눌 때 더 크다는 말이다. 사회적인 연결과 친밀한 관계는 행복에 중요하다. 가족, 친구, 연인, 동료와 지속적인 관계를 유지하며 서로를 지지한다면 성공은 물론 진정한 행복도 실현할 수 있다.

목적과 의미, 의미 있는 삶을 추구한다 누구나 행복하기 위해 살아간다고 해도, 자신의 가치관에 맞는 목표를 향해 노력할 때 그 성공이 더 의미가 있다. 등산의 목표가 정상에 오르는 것이듯, 성공은 삶의 목적을 이루며 의미를 찾는 과정이다. 자신이 왜 살아가는지, 무엇을 위해 노력하는지 끊임없이 고민하고, 의미를 발견하며 살아갈 때 진정한 행복도 느낄 수 있다.

자기 존중과 수용, 있는 그대로의 자기 자신을 사랑한다 행복은 자기 자신에서 시작된다. 그러니 자신을 사랑하는 것부터 해야 한다. 완벽한 사람은 없다. 누구나 각자의 개성과 매력을 가지고 살아가는 것이다. 자신의 장단점을 받아들이면서 자신을 소중히 여기는 것이 행복의 첫걸음이다. 자기의 부족함을 인정하되, 성장과 변화에 개방적인 태도를 가지고 노력한다면 성공할 수 있고, 이를 바탕으로 더 행복해질 수 있다.

쾌락과 균형, 품격을 지킨다 돈이나 명예를 얻는 것을 성공으로 여기고 단순한 쾌락에 만족할 수도 있다. 하지만 그런 행복은 쾌락의 쳇바퀴처럼 곧 시들해질 수 있다. 성공했다고 과도한 소비와 쾌락에 의존하거나 일상적인 것을 무시하지 말자. 일상에 감사하며 균형 있는 삶을 추구할 때 행복을 위한 성공의 품격을 지킬 수 있다.

행복을 위해 성공을 추구하자. 의미있는 삶을 위해 성공을 이루어 나가면 더 행복할 수 있다.

- 자신만의 행복에 대한 정의를 설정해 보자.
- 행복하기 위한 성공의 조건으로 무엇이 더 중요하다고 생각하는가?
- 어떻게 하면 더 품격 있고 의미 있게 살 수 있을까?

Q144 — 돈으로 행복을 살 수 없는 이유는 무엇일까?

돈만 많으면 행복하리라 생각한 적 있다. 그런데 미국 투자의 신 워렌 버핏조차 "부(富)는 자유로움을 주지만, 돈은 그 자체로는 행복을 주지 않는다"라거나 "돈으로 살 수 있는 행복은 한계가 있다."라고 했다. 돈이 있으면 생활의 구애를 받지 않아 만족스러울 수 있다. 하지만 부자가 되었다고 행복이 저절로 따라오는 것은 아니다. 노트북을 구매하면 그 안의 소프트웨어가 그냥 따라오는 것으로 생각하는 것과 같다. 부나 성공이라는 컴퓨터는 구매했는데, 행복이라는 소프트웨어를 놓칠 수 있다는 사실을 알아야 한다.

돈으로 행복을 살 수 없는 이유에 관해 다양한 분야에서 여러 해석을 내놓고 있다. 이를 한번 살펴보자.

행복주의, 꿈을 좇는 나를 발견하자 행복은 자신이 진정으로 무엇을 원하는지를 알고 이를 이루기 위해 노력하는 과정에서 찾을 수 있다. 아리스토텔레스는 이러한 행복을 '에우다이모니아(Eudaimonia)'라고 했다. 자신이 좋아하고 잘하는 일을 하면서 성취감을 얻을 때 행복해질 수 있다는 것이다. 인간이 본래의 목적을 실현하는 삶이 행복이기 때문이다. 행복은 쾌락이나 편안함에 있는 것이 아니라 가치 있는 삶과 자아실현이나 창조적 능력을 통해 이룰 수 있다고 주장한다.

행복경제학, 주관적 행복이 중요하다 미국 경제학 교수 리처드 이스털린은 실질소득이 2~3배 올라도 행복 그래프에 변화가 없다는 것을 '행복의 역설'로 제기했다. 국민소득이 증가하고 소비수준이 높아졌는데도 행복 체감도가 떨어지는 현상에 주목한 것이다. 이것이 행복경제학(Happiness Economics)이다. 국민총생산(GDP)이나 국민소득(GNP) 수준 외에도 사람들의 주관적인 행복을 중시하는 경제학적 관점이다. 돈을 많이 벌면 어느 정도 행복할 수 있지만, 일정 수준 이상의 돈이 행복에 별다른 영향을 미치지 않는다는 점을 강조한다. 그러니 행복해지려고 현재의 자유를 제한하거나 희생하는 헛된 노력은 줄이는 게 좋다.

긍정심리학, 자신을 존중하고 긍정적으로 생각하자 돈으로 외모를 꾸미거나 남들에게 보여주기 위해 과시적 소비를 하는 것으로 자존감을 채울 수 없다. 오히려 자기 내면을 들여다보고, 있는 그대로의 자신을 인정하고 존중하는 게 더 중요하다. 긍정심리학(Positive Psychology)은 돈의 중요성을 고려하면서도 삶의 여러 영역에서 어떻게 행복을 찾을 수 있는지에 초점을 맞춘다. 그리고 감사, 긍정적인 감정, 의미 있는 관계 등이 행복과 연결되어 있다고 주장한다.

사랑과 자비, 함께라서 행복하다 불교와 기독교에서는 물질적인 것에 집착하는 것을 경계한다. 돈이나 재물을 좇다 보면 욕망이 커져서 고통을 겪을 수밖에 없다. 부나 행복은 혼자 누리는 것보다 함께 나눌 때 가치가 더 커진다. 좋은 음식도 혼자보다 가족이나 친구와 함께 먹을 때 더 맛있듯이, 돈이나 행복도 사랑하는 사람이나 이웃과 함께하며 나눌 때 삶을 더 풍요롭게 만든다. 돈이나 물질적인 풍요가 삶에 도움은 되지만, 그것만으로 행복하기 힘들다는 것이다. 그래서 종교에서는 자기실현, 사랑, 관계, 자비 등의 가치를 중요시하며, 이를 통해 높은 수준의 행복을 이룰 수 있다고 가르친다.

사회적 책임, 자신을 넘어 사회에 책임을 다하자 사회적 지지와 소속감은 행복과 감정적 안정감을 형성하는 데에 중요하다. 사회학에서도 돈이나 물질적 성공만으로는 완전한 행복을 이루기 어렵다고 본다. 따라서 성공한 사람은 자신만 잘 사는 것이 아니라, 사회에 이바지하고 다른 사람들을 돕는 책임감을 지녀야 한다는 것이다. 슈퍼 히어로가 자기 능력을 사용해 세상을 구하듯이, 우리도 자기 능력과 재능을 활용한다면 사회에 도움이 될 수 있다.

돈으로 살 수 있는 행복은 한계가 있다. 그러니 행복한 삶을 위해서 돈 이외의 가치, 목표, 관계, 의미 있는 일 등에도 주목하며 풍요로운 삶을 만들어가자.

- 돈으로 살 수 없는 행복은 무엇이 있을까?
- 돈으로 살 수 없는 행복을 찾기 위해서는 어떤 생각이나 노력이 필요할까?
- 행복한 삶을 위해 나는 어떤 노력을 해야 할까?

Q145 — 삶에 내재된 슬픔을 우아하게 마주하는 방법은?

슬픈 영화를 보면서 눈물을 흘린다. 또, 친구의 아픔에 공감하며 함께 슬퍼하며 울기도 한다. 이렇게 슬픔은 우리 삶에 내재해 있다. 밤이 지나면 아침이 오듯이, 기쁨 뒤에는 슬픔이, 슬픔 뒤에는 기쁨이 찾아온다. 그런데도 많은 사람이 슬픔을 부정적인 감정으로 여기고 피하려고만 한다. 어두운 방에 숨어 햇빛을 보지 않으려는 것처럼. 슬픔을 외면한다고 해서 사라지는 것이 아니다. 오히려 슬픔을 있는 그대로 받아들이고 이해할 때, 우리는 더 성장하고 성숙해질 수 있다.

이와 관련된 대표적인 지혜들을 살펴보자.

불교의 고(苦), 삶의 진실을 마주하는 용기가 필요하다 불교에서 삶의 본질적인 특징 중 하나로 '고통(苦)'을 강조한다. 인간에게 태어나고 늙고 병들고 죽는 고통이 필연적으로 존재한다. 이 고통은 '사라진다', '오는 것이 없다', '변하기 쉽다'는 특징이 있다. 모든 존재가 변하고 소멸된다는 것을 이해하면 오히려 여기서 벗어날 수 있다. 고통을 인식하고 받아들이는 것이 개인의 정신적인 성장과 행복으로 이끄는 길이 될 수 있다.

스토아학파, 평정심을 유지하는 지혜가 필요하다 고대 로마의 스토아학파는 자연의 질서(로고스)에 따라 살라고 강조했다. 흔들리는 배 위에서도 균형을 잃지 않는 뱃사람처럼, 삶의 변화와 어려움 속에서 평정심을 유지하는 지혜가 필요하다는 것이다. 그래서 이들은 자신의 감정을 통제하고 외부 환경에 둔감해지는 방법을 가르친다. 우리가 통제할 수 없는 외부 상황에 흔들리지 않고 내면의 평화를 유지하는 삶이 행복하다고 보았다.

마음챙김, 현재에 집중해야 한다 마음챙김(Mindfulness)은 자신의 내면이나 외부 환경의 자극과 정보를 알아차리는 의식적 과정이다. 이를 통해 스트레스를 줄이고 감정을 조절하며 슬픔과 마주하면서도 그것을 자연스럽게 허용하는 자세를 기를 수 있다. 마음챙김 명상은 현재 순간에 집중하고, 생각과 감정을 있는 그대로 관찰하는 연습이다. 돋보기로 작은 물체를 자세히 관찰하듯, 명상을 통해 우리는 슬픔을 비롯한 다양한 감정을 자세히 들여다보고 이해할 수 있다. 그러면 현재에 집중하고 내면의 평화와 정서적 균형감을 얻을 수 있다.

심리학적 접근, 슬픔도 치료할 수 있다 심리학에서는 다양한 방법과 이론으로 슬픔이라는 감정을 건강하게 다루고 있다. 감정적 지능, 긍정 심리학, 인지행동치료 분야에서 슬픔에 대한 다양한 감정적 대처 방법을 제시한다. 따라서 전문가와 상담하거나 심리 치료 프로그램에 참여하면서 슬픔에 대처하는 방법을 배울 수 있다.

기독교, 사랑으로 슬픔을 나누다 "행복하여라, 슬퍼하는 사람들! 그들은 위로를 받을 것이다."(마태 5,4) "마음이 부서진 이들을 고치시고 그들의 상처를 싸매 주신다."(시편 147,3) 이와 같이 기독교는 슬픔을 위로하고 사랑으로 치유하는 신앙을 강조한다. 종교를 통해 '슬픔을 나누면 반이 된다.'가 실현될 수 있다는 말이 된다. 한편, 슬픔을 통한 성장이나 영적 깨달음을 중요시하며, 슬픔을 받아들이고 이를 극복하는 신앙을 가르친다.

그대가 기쁠 때, 그대 가슴속을 들여다보라. 그러면 알게 되리라.
그대에게 슬픔을 주었던 바로 그것이 그대에게 기쁨을 주고 있음을.
(칼릴 지브란, 『예언자』 중에서)

뇌과학자들은 슬픔이라는 감정을 표현하고 드러내면 주변 사람들이 공감해 주고, 이렇게 나누면 그 감정이 반으로 줄어든다고 생각한다. (정재승의 말, 「집사부일체2」, SBS, 2023.04.0방송)

- 슬픔은 당신에게 어떤 의미일까?
- 슬픔을 극복하기 위해 어떤 노력을 할 수 있을까?
- 슬픔을 통해 성장하는 방법은 무엇일까?

Q146   낙관적인 성품이 행복한 삶에 필요할까?

유리잔에 물이 반쯤 남았을 때, "반이나 남았네!"라고 하는 사람이 있다. 그 사람은 긍정적인 생각으로 매사에 즐겁고 행복하게 살아갈 수 있다. '낙관'은 '인생이나 사물을 밝고 희망적인 것으로 보거나 앞으로 잘되어 갈 것으로 여기는 것'이다. 이를 성품으로 지닌다면 긍정적으로 살아갈 수 있다. 어두운 방에도 햇볕이 비치면 환해지듯이, 낙관적인 성품은 우리 삶을 밝고 긍정적으로 만들어주는 마법과 같다.

낙관적인 성품이 행복한 삶에 필요하다는 견해들이 많다. 이를 살펴보면서 낙관적인 성품이 행복한 삶에 얼마나 필요한지 생각해 보자.

종교적 신앙, 어려움을 이겨낼 수 있다   2023년 '신앙이 삶에 미치는 영향 연구소'(IIFL)가 영국 직장인을 상대로 설문조사를 했다. 그 결과, 신앙인이라고 밝힌 근로자의 4분의 3 이상(77%)이 자기 직업에 만족한다고 답했다. 관련 연구자는 신앙이 심리적 회복력과 정신적 강인함에 기여할 수 있다는 증거는 많다고 했다. 예를 들어, 기독교에서는 신앙을 통해 삶의 의미를 찾고, 그 희망으로 어려움을 극복하도록 권장한다.

스토아학파, 희망을 품을 수 있다   낙관적인 사람들은 힘든 상황에서도 미래에 대한 희망을 잃지 않는다. 앞으로 잘될 수 있다는 가능성을 마음에 품으면 용기도 낼 수 있어 스스로를 격려하며 계속 노력할 수 있다. 스토아학파는 최악의 상황에서 감사하는 마음가짐이 낙관주의의 원천이라고 본다. 즉, 삶에서 낙관적인 성품이 중요하다는 것이다. 자신의 가치관에 따라 의미를 부여하고 긍정적인 생각과 태도를 가지면 행복하게 살 수 있다.

사회적 관계, 긍정적 에너지를 전달한다   낙관적인 사람들은 주변 사람들과 좋은 관계를 유지하고, 사회적 지지를 얻는 데 능숙하다. 꽃들이 모여 꽃밭을 이루어 서로에게 힘을 주듯, 이들은 다른 사람에게 긍정적 에너지를 전달하고, 함께 행복을 만들어갈 줄 안다. 사회적 관계와 연결은 행복과 긍정적인 심리상태를 유지시키며, 상호 작용을 통해 자아실현과 성장을 돕는다.

긍정심리학, 스트레스를 이겨낼 수 있다   낙관적 성품은 긍정적 에너지를 방패로 두른 것처럼, 스트레스를 이해하고 극복하는 힘이 된다. 낙관적인 사람들은 스트레스를 관리하는 능력이 있다. 스트레스를 받는 상황에서도 유머 감각을 잃지 않고, 긍정적인 면을 찾아서 웃어넘길 줄 안다. 이 능력 덕에 삶을 더욱 풍요롭게 만들어간다. 긍정심리학은 미래에 대한 긍정적인 전망을 갖는 것이 삶의 질을 높일 수 있다고 주장한다. 낙관적 성품이나 긍정적인 마음가짐이 스트레스 관리, 대인관계, 업무 성과에 긍정적인 영향을 미칠 수 있다는 것이다.

> 긍정적 에너지, 낙관적인 성품을 기르자. 그러면 어려움을 긍정적으로 해석하고 대처할 수 있다.
>
> - 당신은 낙관적인 사람인가? 아니면 비관적인 사람인가?
> - 낙관적인 성품을 갖기 위해 어떤 노력을 할 수 있을까?
> - 낙관적인 성품은 당신의 삶에 어떤 긍정적인 영향을 줄까?

Q147 ─ 행복을 방해하는 스트레스는 어떻게 극복할까?

시험 기간에 밤샘 공부를 하거나 업무상 야근을 하면 머리가 터질 것 같을 때가 있다. 또, 아르바이트나 장사를 하면서 무례한 손님을 만나 짜증이 날 때가 있다. 이러한 스트레스는 마치 그림자처럼 우리 삶에 늘 따라다닌다. 적당한 스트레스는 우리를 발전시키는 원동력이 될 수 있지만, 과도한 스트레스는 건강을 해치고 심지어 수명까지 단축할 수 있다.

그래서 여러 분야의 전문가들이 스트레스 관리를 강조하며 이와 관련된 다양한 방법을 제시하고 있다. 무더위 속에서 시원한 그늘막으로 들어가 땀을 식히듯이, 우리도 스트레스를 피하고 극복하는 방법을 배워 스트레스를 관리하자.

의학, 몸을 움직이자 스트레스를 받으면 몸이 굳고 긴장되기 마련이다. 온몸의 근육이 잔뜩 웅크린 고양이처럼 뻣뻣해진다. 이럴 때는 몸을 움직여서 굳은 근육을 풀어주고, 땀을 흘리면서 스트레스를 날려버려야 한다. 조깅, 요가, 댄스 등 어떤 운동이든 좋다. 신나는 음악에 맞춰 춤을 추듯이, 몸을 움직이면서 스트레스를 풀어보자.

심리학, 명상과 상담으로 도움을 받자 스트레스를 받는다면 마음을 다스리는 시간을 가지면 좋다. 복잡한 생각을 잠시 멈추고, 현재에 집중하면서 마음의 평화를 찾는 마음챙김 명상도 도움이 된다. 심호흡과 명상을 함께 하면 정서적인 안정을 찾을 수 있다. 또, 스트레스가 심하다면 혼자서 끙끙 앓지 말고, 전문가의 도움을 받는 것도 좋은 방법이다. 전문가의 상담을 통해 스트레스 원인을 파악하고 적절한 해결 방법을 찾을 수 있다. 이때 인지행동치료(CBT) 같은 접근법이 스트레스 관리에 효과적이다.

기도, 마음의 평화를 찾는 시간을 만들자   신앙이 있는 사람들은 기도를 통해 신에게 의지하며 마음의 평화를 찾는다. 또, 같은 신앙을 믿는 사람들과 공동체를 이루어 소통하면서 서로 격려한다. 그러면 마음의 안정을 찾고 긍정적 에너지를 얻어 희망을 품고 살아갈 수 있다.

자기계발, 배우며 성장하자   새로운 것을 배우고 성장하는 과정은 스트레스를 해소하고 삶의 활력을 불어넣어 준다. 맛있는 음식을 먹으면 기분이 좋아지듯, 새로운 지식과 경험은 우리에게 즐거움과 만족감을 선사한다. 특히 스트레스 관리 교육에 참여하면 스트레스 원인을 이해하고 효과적인 대응 방법을 찾을 수 있다. 또, 자기 행동 패턴을 개선하고 자기 관리 능력을 높일 수 있다.

사회적 지원, 관계와 근로환경을 개선하자   가족, 친구, 동료들과의 관계는 스트레스 해소에 도움이 된다. 이때 꾸준한 소통과 지지가 사회적 유대감을 유지하고 활용하는 힘이 된다. 특히 직장 내 스트레스는 일상에 큰 영향을 미치므로, 근로환경을 개선하도록 노력한다. 이때 사회적 지원체계를 구축하여 일과 생활의 균형을 유지하면 스트레스를 줄이는 데 도움이 된다.

자신에게 맞는 스트레스 관리 방법을 찾아 실천하자. 자신의 기호와 상황에 맞게 다양한 관리 방법을 활용하거나 전문가의 도움을 받을 수 있다.

- 당신에게 가장 효과적인 스트레스 해소법은 무엇인가?
- 스트레스를 받을 때 어떤 생각이 드는가?
- 스트레스를 긍정적인 에너지로 바꾸기 위해 어떤 노력을 해야할까?

Q148 ── 행복에 필요한 공감은 어떻게 할 수 있을까?

우리는 가족이나 친구, 동료가 힘들어할 때 그 마음을 헤아리고 위로해 주려고 애쓴다. 때로는 자신의 이야기를 들어주는 친구가 있는 것만으로 마음에 위안이 되기도 한다. 이렇게 공감은 마법의 열쇠처럼 서로의 마음을 열고 연결해 주는 힘이 된다.

우리가 평생 하는 여행 중에서 가장 먼 여행이 '머리에서 가슴까지'라는 말이 있다. 공감은 단순히 머리로 하는 게 아니라 가슴으로 하는 것이다. 다른 사람의 느낌이나 감정을 받아들이기란 쉽지 않기에, 공감을 하면 더 깊은 관계를 맺고 행복할 수 있다. 어떻게 사람들과 공감할 수 있을까?

●○ 공감은 상호 이해다

하이데거의 '공동존재'   마르틴 하이데거는 타자와 함께 있음으로써 자아의 존재를 이해하고 발전시킬 수 있다고 주장했다. 개인은 혼자 존재하는 것 같지만, 이미 '공동존재(Being-with, 함께 있음)'다. 다수의 사람 (타자들) 안에서도 내가 홀로 있음을 느낀다는 것은 현존재가 공동존재임을 증명하는 것이다. 따라서 타자와 소통을 통해 상호 간에 이해와 공감을 형성함으로써 행복을 찾을 수 있다.

연민과 이웃 사랑   불교는 연민과 공감을 중요한 가치로 간주한다. 다른 이의 고통을 이해하고 공감하는 데에 의해 내적 평화와 행복을 찾을 수 있다고 믿는다. 인류학자 조안 할리팩스는 연민에 기반해 이타심을 발휘하고 타인에게 공감하며 타인을 위해 뭔가를 하라고 강조한다. 한편, 기독교에서는 '이웃 사랑(Agape)'를 강조한다. 다른 사람을 이해하고 그들의 감정에 공감함으로써 서로 사랑하며 행복을 찾을 수 있다고 가르친다.

로저스의 '공감적 이해' 심리학자 칼 로저스는 다른 사람의 눈으로 세상을 바라보는 것이 '공감'이라고 말한다. "공감적 이해는 한 사람이 다른 사람에게 줄 수 있는 최고의 선물"이라는 것이다. 이를 통해 상대방의 감정을 받아들이고 공감하는 것이 그의 인간중심 상담의 핵심이다. 공감을 통해 상호 간의 깊은 연결이 이루어지면서 행복과 만족감을 찾을 수 있다.

골먼의 '감정 지능' 감정 지능(Emotional Intelligence)이란 자신과 타인의 감정을 인식하고, 이를 조절하며, 적절한 행동을 취할 수 있는 능력을 말한다. 심리학자 다니엘 골먼은 인간관계에서 이런 상호 작용을 하면 행복을 찾을 수 있다고 설명한다. 감정 지능이 높은 사람은 자신의 감정을 이해하고 그 감정에 기반해 결정을 내릴 수 있고, 타인의 감정에도 공감하기 때문에 적절히 반응할 수 있다는 것이다.

●○ 공감을 위해 소통하고 공유하자

활동적 듣기를 한다 공감의 시작은 경청이다. 상대방의 이야기에 주의 깊게 듣고, 그들의 감정과 경험을 공감하는 것이 중요하다. 이러한 활동적 듣기는 상호 간에 긍정적인 연결을 형성하고 행복을 촉진하는 데 도움이 된다. 상대방의 말을 끊거나 판단하지 않고, 상대방의 감정에 관해 질문하는 것도 좋다. "무슨 일 있어?", "기분이 어때?"와 같이 질문하면 상대방의 마음을 깊이 이해할 수 있다. 또, 상대방의 감정을 이해하고 있다는 것을 말과 행동으로 표현해야 한다. "힘들겠다", "네 마음 이해해"처럼 따뜻한 말 한마디로 공감을 표현하면 상대방에게 큰 위로가 될 수 있다.

비언어적 표현을 적절히 한다 말뿐만 아니라 표정, 몸짓, 눈빛 같은 비언어적인 표현도 공감을 전달하는 데 중요하다. 배우가 연기를 통해 감정을 표현하듯이, 우리도 진심을 담아 상대방에게 공감을 표현해야 한다. 존중하는 언어와 태도로 감정을 표현하고 소통하면 공감과 이해를 촉진할 수 있다. 서로를 존중하고 이해한다는 표현이 관계 형성과 상호 작용에 큰 영향을 주기 때문이다.

나의 경험을 공유한다 비슷한 경험을 했다면, 나의 경험을 솔직하게 이야기해 주는 것도 좋다. 친구와 고민을 나누듯이, 서로의 경험을 공유하면 더 깊은 공감대를 형성할 수 있다.

우리는 공동존재로 서로를 존중해야 한다. 서로의 감정과 경험에 공감할 때 관계를 형성하며 행복을 찾을 수 있다.

- 당신은 다른 사람의 감정에 얼마나 공감할 수 있는가?
- 공감을 통해 어떤 긍정적인 변화를 경험했는가?
- 공감 능력을 키우기 위해 어떤 노력을 하고 싶은가?

Q149   감사는 왜 행복의 강력한 촉매제인가?

입학 시험에 떨어졌을 때나, 잘못을 저질렀을 때 부모님은 한결같이 따뜻하게 안아주셨다. 때로는 어려운 과제가 있을 때마다 친구가 도와주기도 했다. 그럴 때마다 감사했다. 크고 작은 일들로 감사한 순간들이 많았지만, 그 마음을 제대로 표현하지 못하고 사는 것 같다. 감사의 명언으로 유명한 존 밀러는 "사람이 얼마나 행복한가는 그의 감사 깊이에 달려 있다."라고 했다. 감사가 행복의 정도라면, 감사할 줄 아는 마음이 행복을 만든다는 얘기가 된다. 이와 관련하여 생각해 볼 만한 서양 속담도 있다. "행복은 언제나 감사의 문으로 들어와서 불평의 문으로 빠져나간다." 조심하라, 불평의 문으로 행복이 새나간다. 기억하라, 감사의 문으로 행복이 들어온다.

감사에 관한 견해를 살펴보면서 행복해지는 방법을 더 생각해 보자.

●○ 감사하는 습관을 들이자

감사의 심리학   마이애미 대학의 심리학 교수 마이클 맥컬러프 박사 연구팀은 감사의 기능 세 가지-도덕적 지표·동기유발자·강화인자-를 분석했다. 그 결과, 호의나 친절을 베푼 사람에게 감사 인사를 할 때 그 따뜻한 느낌이 심리적 보상을 제공하고, 앞으로도 계속 다른 사람을 돕고 싶은 마음을 갖게 했다. 이를 감사의 심리학(The Psychology of Gratitude)이라 한다. 이에 따르면, 은혜에 감사를 느끼고 표현하는 것이 수혜자와 은인 모두가 사회적으로 더 베푸는 행동을 하도록 유도하고, 사회 전반에도 긍정적인 영향을 미칠 수 있다.

기독교의 '감사의 기도' 기독교에서는 하나님의 사랑과 은혜에 감사하는 마음을 기도로 표현한다. 이러한 '감사의 기도(Thanksgiving Prayer)'는 자신의 일상을 돌아보며 감사하고, 긍정적인 태도를 유지하게 도와준다. 또, 어려운 시기에도 하나님에 대한 믿음을 강화하며 자기 삶의 긍정적인 에너지를 만들 수 있다.

불교의 '감사와 연민' 불교는 연민과 자비의 가르침을 통해 다른 사람의 고통을 이해하고 그들을 도우며 감사하라고 가르친다. 이러한 감사와 연민(Gratitude and Compassion)은 마음의 평화를 찾고 긍정적인 정서를 향상하는 데 중요하다. 한편 불교에서 기도는 법륜 스님의 말처럼 "마음을 비우는 것이기에 어떤 결과가 나오든 모두 성취되는 것"이라 할 수 있다.

긍정심리학의 '감사 실천' 긍정심리학(Positive Psychology)은 감사 실천이 긍정적인 감정과 행동을 촉진시켜 행복하게 만든다고 주장한다. 긍정심리학의 창시자 마틴 셀리그만은 감사하는 습관을 강조한다. 감사 일기 쓰기, 감사 표현, 감사 방문 등의 감사 실천은 긍정적인 감정과 연결되어 있다. 미국의 심리학자인 로버트 에몬스, 의학 전문의 존 자웽, 맥크래티 등이 다양한 임상실험을 실시했다. 피험자들에게 매일 감사 일기 쓰기, 감사한 일 메모하기, 매일 식사 전에 감사기도 드리기 등을 하게 한 결과, 대부분 건강 증진과 정신적 안정을 얻는 등 긍정적인 변화를 나타냈다.

성공학의 '감사의 표현' 성공학의 대가 나폴레온 힐은 『생각하라 그리고 부자가 되어라』에서 "감사를 실천하는 것이 무한 지성의 힘을 푸는 열쇠"라고 말했다. 즉, 오프라 윈프리가 "내 인생에서 어떤 일이 일어나든 감사하는 법을 배웠을 때 기회, 사람들과의 관계, 부까지도 내게로 다가왔다."라고 한 것처럼, 작은 것에도 감사하면 고난이 닥쳐와도 이를 성장의 기회로 받아들일 수 있다. 또, 감사의 표현은 상호 작용에서 긍정적인 피드백을 촉진할 수 있다.

●○ 감사하면 더욱 행복해진다

긍정적인 마음을 키우는 비타민 감사는 긍정적인 감정을 불러일으키는 비타민과 같다. 감사하는 마음은 주고받는 사람들 모두를 행복하게 만든다. 긍정심리학에서는 '감사 일기'를 권장한다. 매일 감사한 일을 세 가지씩 적으면 행복감이 상승한다는 것이다.

힘든 일을 극복하는 힘 감사는 어려운 상황에서도 희망을 잃지 않고 긍정적인 마음을 유지하도록 도와준다. 어두운 터널을 지날 때 희미한 빛을 따라가듯이, 감사하는 마음은 힘든 순간을 이겨낼 수 있는 용기를 준다.

더불어 사는 삶의 기쁨 감사는 다른 사람들과의 관계를 더욱 돈독하게 만들어준다. 친구와 서로 고마움을 표현하면 더 친해지듯이, 감사하는 마음은 서로에게 긍정적인 에너지를 전달하고, 함께 행복을 나눌 수 있게 한다.

삶의 의미를 찾는 나침반 감사는 우리 삶을 더욱 의미 있게 만들어준다. 길을 잃은 여행자에게 나침반이 방향을 알려주듯이, 감사하는 마음은 삶의 목표를 찾고, 의미 있는 삶으로 나아가도록 이끌어준다.

모든 일에 감사하자. 감사는 행복한 '삶'을 위한 강력한 도구가 되어 줄 것이다. 감사의 실천은 긍정적인 마음가짐으로 행복하게 살도록 돕는다.

- 오늘 하루 동안 감사했던 일 세 가지는 무엇인가?
- 감사하는 마음을 표현하는 방법에는 어떤 것들이 있을까?
- 감사하는 마음을 꾸준히 유지하려면 어떤 노력을 해야 할까?

Q150   행복이 전염될 수 있을까?

'행복 바이러스'라는 단어가 있다. 사전적 의미로 '한 사람 또는 일부의 말이나 행동을 통해 다른 사람이 행복을 느끼고, 그러한 분위기가 널리 퍼지는 현상'이다. 행복한 사람 옆에 있으면 자신도 모르게 기분이 좋아지고 웃음이 나는 경험, 다들 한 번쯤은 해봤을 것이다. 미국 하버드대 UC샌디에고 공동 연구팀은 "행복한 감정이 생각보다 훨씬 전염성이 강해서 주변 사람에게 큰 영향을 준다." 라고 밝혔다. 그런데 가족보다는 친구나 이웃에게 더 쉽게 전파된다는 것이다.

그런데 행복한 사람들은 왜 다른 사람에게 사랑을 베푸는 것일까? 이에 관한 견해들을 보면서 생각해 보자.

공감 능력이 향상된다   행복한 사람들은 자기 삶에 만족하고 긍정적인 심리상태를 경험한다. 자기 이해와 확신이 있기에 마음에 여유가 생긴다. 그래서 다른 사람의 마음을 섬세하게 읽어내고 그 어려움에 공감할 수 있다. 이런 능력이 사랑과 배려의 기반이 되어 다른 사람을 적극적으로 돕게 한다.

사랑과 자비를 실천한다   종교는 사랑과 자비를 중시하며 이를 실천하는 방법과 선행의 가치를 가르친다. 행복한 사람들은 이런 신앙을 의무로 여기고 다른 사람에게 사랑을 베풀게 된다.

사회적 연대감을 형성한다   행복한 사람들은 다른 사람들과 소통하며 서로 지지하는 관계를 중요하게 여긴다. 러시아 작가 막심 고리끼는 "행복을 두 손안에 꽉 잡고 있을 때는 그 행복이 항상 작아 보이지만, 그것을 풀어준 후에는 비로소 그 행복이 얼마나 크고 귀중했는지 알 수 있다."라고 했다. 자기 혼자 움켜쥐려고 하지 말고 서로 나누라는 뜻이다. 커뮤니티 활동이나 봉사, 기부를 통해 사회적 연대감을 높인다면 더 행복해질 수 있다.

베풀수록 풍요로워진다 행복한 사람들은 건강한 사회적 지원을 받을 가능성이 높다. 행복은 부메랑처럼 다른 사람에게 나누면 나눌수록 자신에게 더 큰 기쁨과 행복으로 돌아온다. 다른 사람을 도우면서 자신도 보람과 기쁨을 느끼기 때문이다. 좋은 일을 하면 칭찬을 받듯이, 사랑과 배려는 상호 관계를 돈독하게 하여 사회적 지지와 더 나은 삶을 만들어 준다.

잘 보낸 하루가 행복한 잠을 가져오듯이 잘 쓰인 인생은 행복한 죽음을 가져온다.(레오나르도 다빈치)
다른 사람들이 행복해지기를 바란다면, 인정을 베풀어라. 스스로 행복해지고 싶다면, 인정을 베풀어라.(달라이 라마)

- 행복한 사람들의 공통점은 무엇일까?
- 행복을 나누는 경험을 해본 적이 있는가? 어떤 기분이었나?
- 다른 사람에게 사랑을 베푸는 방법에는 어떤 것이 있을

살면서 놓치지 말아야 할 인문학 질문들 150가지

Q1	왜 우리는 힘들게 살아갈까?	13
Q2	인생은 B와 D 사이의 C일까?	16
Q3	삶은 계란일까?	18
Q4	세상이 완벽해지면 우리는 행복할까?	20
Q5	우리 삶은 어떻게 이루어져 있을까?	23
Q6	우리 삶의 구조를 태양계와 비유한다면?	25
Q7	왜 우리는 불행하다고 느끼는가?	28
Q8	행복의 파랑새는 우리 집 처마 밑에 있을까?	31
Q9	행복이 삶의 해답일까?	33
Q10	왜 건강이 삶의 열쇠일까?	37
Q11	건강의 중요성을 일깨우는 명언은?	39
Q12	인체 시스템은 어떤 기전으로 작동할까?	42
Q13	하체가 '제2의 심장'이라 불리는 이유는?	45
Q14	운동을 언제 어디서 어떻게 해야 할까?	47
Q15	노화현상은 우리 몸을 어떻게 변화시킬까?	49
Q16	노화를 늦추는 의학적인 방법은?	52
Q17	노화를 막을 방법이 있을까?	58
Q18	인체의 신비, '뇌'에는 어떤 비밀이 숨어 있을까?	60
Q19	어떻게 뇌 건강을 유지할 수 있을까?	64
Q20	기억은 인체에 어떤 영향을 미칠까?	68
Q21	행복하면 건강해질까?	70
Q22	고령화 시대, '치매'를 제대로 알고 있는가?	72
Q23	치매 종류에 따른 치료 방법과 예방 방법은?	74
Q24	뇌 건강을 위한 활동으로 무엇이 있을까?	77
Q25	피아노를 배우면 저속노화에 도움이 될까?	80
Q26	외국어를 배우면 어떤 이익이 있을까?	82
Q27	독서나 글쓰기가 노화나 치매 예방에 도움이 될까?	85
Q28	호흡이란 무엇인가?	88
Q29	호흡은 어떻게 이루어질까?	90
Q30	비자발적 호흡과 자발적 호흡은 어떻게 가능할까?	92
Q31	자발적 호흡이 인체에 미치는 영향은 무엇일까?	95
Q32	자발적 호흡을 하면 몸에 어떤 변화가 일어날까?	97
Q33	현재까지 알려진 호흡법으로 어떤 것이 있을까?	99
Q34	흉식호흡을 하면 몸에 어떤 변화가 생길까?	102
Q35	느린 호흡이 왜 유익할까?	105
Q36	코로 호흡하면 우리 몸에 어떤 효과가 나타날까?	107
Q37	들숨과 날숨의 비율을 어떻게 해야 몸에 좋을까?	109
Q38	호흡만 잘해도 활력이 생길까?	111
Q39	위기 상황에서 왜 심호흡을 해야 할까?	113

Q40	호흡으로 면역력을 키울 수 있을까?	115
Q41	호흡의 속도와 간격이 수명에 영향을 줄까?	118
Q42	호흡만 잘해도 장수와 활력있는 삶이 가능할까?	120
Q43	좋은 수면이란 무엇일까?	122
Q44	전문가가 말하는 '호흡의 힘'은 과연 무엇일까?	124
Q45	건강에 유익하면서도 간단한 호흡법은 무엇일까?	126
Q46	물질적 풍요가 정신 건강을 해칠 수 있는 이유는?	131
Q47	'마음'이란 무엇일까?	134
Q48	우리가 추구해야 할 올바른 가치관이란?	136
Q49	생각의 전환이나 창의적 사고를 실현하는 방법은?	139
Q50	삶을 낙관적으로 바꾸는 길은 무엇일까?	142
Q51	인간관계의 문제를 어떻게 해결할 수 있을까?	146
Q52	사랑이 관계를 바꿀 수 있을까?	149
Q53	사랑이 무엇일까?	151
Q54	사랑에 대한 두려움을 어떻게 넘을 수 있을까?	153
Q55	사랑은 왜 직접 경험해야만 이해할 수 있을까?	158
Q56	사랑에 깊이 빠지면 어떤 변화가 나타날까?	160
Q57	사랑은 왜 지속하기 어려울까?	163
Q58	사랑의 정점에서 왜 사랑을 제대로 보지 못할까?	166
Q59	사랑은 내면을 보는 데서 시작할까?	169
Q60	왜 사랑에 빠지게 되면 어린아이가 될까?	171
Q61	사랑의 신비를 어떻게 설명할 수 있을까?	173
Q62	'사랑은 스스로 존재하는 것'이라고 하는 이유는?	175
Q63	'사랑은 우주로 들어가는 문'일까?	178
Q64	사랑은 소유하면 사라질까?	180
Q65	사랑과 선물의 공통점은 무엇일까?	183
Q66	종교는 어떻게 발생했을까?	185
Q67	종교의 본질은 무엇일까?	188
Q68	종교가 다루는 영역으로 무엇이 있을까?	191
Q69	왜 인간에게 종교가 필요할까?	194
Q70	종교는 인간의 근본적인 관심사와 어떤 관계일까?	196
Q71	종교가 인간의 장수에 긍정적 영향을 줄까?	198
Q72	종교가 사회적 관심을 받는 것이 왜 당연할까?	201
Q73	미래 세대가 종교에 관심을 두고 참여할까?	203
Q74	종교적 명상을 어떻게 이해할 것인가?	206
Q75	종교와 사랑의 관계는 어떻게 정의할 수 있을까?	209
Q76	시간이란 무엇인가?	215
Q77	"인생은 덧없다"라는 말은 시간과 어떤 관계일까?	218
Q78	시간은 일직선으로 움직일까?	221
Q79	과거, 현재, 미래로 시간여행이 가능할까?	224
Q80	'현재를 살아가'라는 의미는 무엇일까?	227
Q81	어떻게 시간을 효율적으로 사용할 수 있을까?	230

Q82	시간과 공간의 관계는 삶에 어떤 의미를 줄까?	233
Q83	시간의 중요성을 일깨우는 지혜로 무엇이 있을까?	236
Q84	인공지능 시대, 우리 삶은 어떻게 달라질까?	239
Q85	인공지능 시대, 프롬프터는 어떻게 활용해야 할까?	242
Q86	미래에 AI로 대체 가능한 직업은 무엇일까?	246
Q87	AI 기술을 어떻게 도입·활용할 것인가?	249
Q88	AI 도입과 선점을 위해 전략은?	252
Q89	AI의 힘인 데이터를 확보·관리 전략은?	255
Q90	빅데이터란 무엇이며, 어떻게 활용되고 있을까?	258
Q91	'심리적 동화 과정'은 어떻게 행복과 연결될까?	263
Q92	행복에 관한 이론은 어떤 게 있을까?	266
Q93	행복의 전제 조건은 무엇일까?	268
Q94	고객을 만족시키는 전략은 무엇일까?	271
Q95	고객의 만족도를 높일 수 있는 구체적인 전략은?	274
Q96	고객이 원할 것을 어떻게 준비할 수 있을까?	277
Q97	디지털 시대, 기업 간 협력은 어떻게 해야 할까?	280
Q98	집단지성 플랫폼은 디지털 혼적을 어떻게 쓸까?	283
Q99	지속적인 고객 연결은 어떻게 가치를 만들까?	285
Q100	새로운 아이디어를 가로막는 장애물은?	288
Q101	미래 사회에서 어떤 직업이 더 중요해질까?	291
Q102	왜 사람 중심으로 사는 삶이 더 성공할까?	294
Q103	내면의 중심을 잡고 살려면 어떻게 해야 할까?	299
Q104	도대체 삶에서 '중심'이란 무엇일까?	302
Q105	문명의 이기에 의한 편리함이 유익하기만 할까?	305
Q106	삶의 중심을 유지하는 방법은 무엇일까?	308
Q107	환경 변화에 어떻게 대응할 수 있을까?	311
Q108	인공지능에 빠르게 적응하는 방법은?	313
Q109	치열한 경쟁 사회, 어떻게 살아갈 것인가?	316
Q110	경직된 사고방식을 극복하는 방법은?	319
Q111	미래사회의 키워드와 추구하기 위한 전략은?	322
Q112	어떻게 하면 올바른 결정을 내릴 수 있을까?	324
Q113	무엇을 위해 성공하고 싶은가?	327
Q114	성공하려면 어떻게 해야 할까?	330
Q115	성공을 위해 목표와 계획을 세우는 방법은?	334
Q116	성공에 필요한 동기부여를 어떻게 하면 좋을까?	337
Q117	시간을 어떻게 활용해야 성공할 수 있을까?	340
Q118	성공하려면 어떤 자기계발이 필요할까?	343
Q119	성공하기 위해 원활한 의사소통이 중요한 이유는?	346
Q120	긍정적 사고와 적극성을 어떻게 강화할까?	350
Q121	업무 스트레스를 해소하는 방법은?	354
Q122	성공에 대한 자기 확신을 유지하는 방법은?	358
Q123	성공을 위해 신체 건강을 지키는 방법은?	361

Q124	일과 생활의 균형을 유지하는 방법은?	365
Q125	자기 자신을 사랑해야 성공할 수 있을까?	368
Q126	성공하기 위해 용기를 발휘하는 방법은?	371
Q127	세상의 장벽을 지혜롭게 극복하는 방법은?	373
Q128	삶의 중심을 잡고 성공하는 방법은 무엇일까?	376
Q129	성공을 위한 변화 대응 방법은?	379
Q130	성공을 방해하는 과거의 함정에서 벗어나려면?	383
Q131	고려해야 할 사회 윤리와 도덕적인 책임은?	386
Q132	성공하는 데 필요한 자질과 능력, 주변 요소는?	389
Q133	삶에서 사랑이 필요한 이유는 무엇일까?	392
Q134	어떻게 사랑하며 살 것인가?	395
Q135	사랑은 시간의 차원을 뛰어넘을 수 있을까?	398
Q136	사랑의 실천은 삶에 어떤 변화를 줄까?	401
Q137	사랑과 사회적 관계가 행복한 삶의 비결인가?	403
Q138	4차 산업혁명 시대에 품위 있는 삶이란?	407
Q139	어떻게 하면 행복할 수 있을까?	409
Q140	진정한 행복을 이루기 위해 어떻게 살아야 할까?	412
Q141	품격 있는 행복은 어떻게 이룰 수 있을까?	415
Q142	성공과 행복은 어떤 관계일까?	417
Q143	행복을 위한 성공의 조건은 무엇일까?	420
Q144	돈으로 행복을 살 수 없는 이유는 무엇일까?	423
Q145	삶에 내재된 슬픔을 우아하게 마주하는 방법은?	426
Q146	낙관적인 성품이 행복한 삶에 필요할까?	429
Q147	행복을 방해하는 스트레스는 어떻게 극복할까?	431
Q148	행복에 필요한 공감은 어떻게 할 수 있을까?	434
Q149	감사는 왜 행복의 강력한 촉매제인가?	437
Q150	행복이 전염될 수 있을까?	441

참고문헌

고민규, 「4대 종교 명상 단체, 심리학회에 공동 대응」, 〈법보신문〉, 2024.04.26./2024.04.29
고영건·김진영, 『행복의 품격: 인생의 좋은 답을 찾아가는 아홉 번의 심리학 강의』, 한국경제신문, 2019.
김인수, 「[필동정담] 챗GPT와의 대화는 가짜」, 〈매일경제〉, 2024.05.15.
김형자, 「아인슈타인 이론 또 증명…빅뱅 10억년 후 '시간 지연' 포착」, 『주간조선』, 2023.07.20.
도종환, 『흔들리며 피는 꽃』(시집), 문학동네, 2012.
배상식, 『하이데거의 현상학과 존재사유』, 공동체, 2019.
설민석, 『설민석의 조선왕조실록』, 세계사, 2016.
양해림, 『행복한 삶을 위한 철학에세이(현대인의 행복한 삶을 위한 철학 수업)』, 집문당, 2024.
윤한주, 「"'뇌파에 반응하는 로봇'을 아십니까?": 노형철 선임연구원 국제뇌교육학회 창립 선포식 및 뇌교육미래포럼 발표」, 브레인미디어, 2016.03.30.
윤예림, 「'이렇게 해봐라'…100살 넘게 산 어르신들, 입모아 외친 '비결'」, 〈서울신문〉, 2024.04.30.
이규철, 「성공자들의 특징과 습관」, 〈충청일보〉, 2024.01.15.
이미경, 「美 청년 종교인 69% "신앙이 삶에 큰 영향 미쳐"」, 〈기독일보〉, 2024.05.20.
임혜지, 「갈수록 추락하는 종교 신뢰도… 국민 절반 '부정적'」, 〈천지일보〉, 2024.06.06.
정약전, 『자산어보: 우리나라 최초의 해양생물 백과사전』(정명현 역), 서해문집, 2016.
정주영, 『시련은 있어도 실패는 없다: 정주영 자서전』, 제삼기획, 2009.
정지용, 『향수』, 깊은샘, 1994.
최천웅, 『호흡이 10년을 더 살게 한다: 미세먼지로부터 숨통 트이는 호흡 건강법』, 메이드마인드, 2017.
황경식, 『존 롤스 정의론: 공정한 세상을 만드는 원칙』, 쌤앤파커스, 2018.
나폴레온 힐, 『생각하라 그리고 부자가 되어라: 부와 성공을 현실로 만들 13가지 원칙』(김미란 역), 월북, 2024.
다니엘 골먼, 『EQ 감성지능』(10주년 기념 특별판, 한창호 역), 웅진지식하우스, 2008.
대니얼 골먼 외, 『마음챙김: 내 마음의 주인으로 산다는 것』(김효원 역), 21세기북스, 2018.
달라이 라마·하워드 커틀러, 『달라이 라마의 행복론』(류시화 역), 김영사, 2001.
데보라 노빌, 『감사의 힘: 0.3초의 기적』(김용남 역), 위즈덤하우스, 2008.
데일 브레드슨, 『알츠하이머의 종말: 젊고 건강한 뇌를 만드는 36가지 솔루션』(박준형 역), 토네이도, 2018.
데일 카네기, 『성공한 사람들의 행동의 습관』(김병민 역), 해피&북스, 2012.
랄프 왈도 에머슨, 『자기신뢰: 인생의 모든 답은 내 안에 있다』(이종인 역), 현대지성, 2021.
레오 르페뷔르 신부, 「세상의 아픔을 듣고, 세상의 상처를 함께 치유하자: 코로나19 이후 글로벌 시민사회를 위한 종교의 역할」, 〈원불교신문〉, 2021.11.26.
로버트 월딩거·마크 슐츠, 『세상에서 가장 긴 행복 탐구 보고서 : '행복의 조건'을 찾는 하버드의 연구는 지금도 계속된다』(박선령 역), 비즈니스북스, 2023.
루트비히 비트겐슈타인, 『논리-철학 논고』(개정판, 이영철 역), 책세상, 2020.
리처드 도킨스, 『이기적 유전자』(이상임·홍영남 역), 을유문화사, 2018.
리처드 이스털린, 『지적 행복론: 97세 경제학 교수가 물질의 시대에 던지는 질문』(안세민 역), 월북, 2022.
마더 테레사, 『마더 테레사의 아름다운 선물: 가난한 영혼에게 전하는 마더 테레사의 마지막 메시지』(이해인 역), 샘터(샘터사), 2010.
마이클 맥컬러프, 『타인의 친절: 이기적인 인간은 어떻게 타인에게 친절을 베풀 수 있게 되었는가?』(엄성수 역), 비잉(Being), 2021.
마이클 샌델, 『돈으로 살 수 없는 것들: 무엇이 가치를 결정하는가』(안기순 역), 와이즈베리, 2012.
마틴 셀리그먼, 『긍정심리학』(개정판, 우문식 역), 물푸레, 2020.

마하트마 간디, 『간디 자서전』(박석일 역), 동서문화사, 2017.
브라이언 트레이시, 『잠들어 있는 성공시스템을 깨워』(홍성화·김동수 역), 황금부엉이, 2010.
산드라 칸·폴 R. 에이클리히, 『얼굴 습관의 힘: 턱 운동과 코 호흡만으로도 얼굴 구조가 달라지는』 (엄성수 역), 생능북스, 2004.
손무(손자), 『손자병법: 시공을 초월한 전쟁론의 고전』(개정판, 김원중 역), 휴머니스트, 2020.
스티븐 코비, 『성공하는 사람들의 7가지 습관(30주년 에디션)』(김경섭 역), 김영사, 2023.
시오노 나나미, 『로마인 이야기』(김석희 역), 한길사, 2008.
아우구스티누스, 『고백록』(조동선 역), 익투스, 2022.
안데르스 에릭슨·로버트 풀, 『1만 시간의 재발견: 노력은 왜 우리를 배신하는가』(강혜정 역), 비즈니스북스, 2016.
알베르 카뮈, 『안과 겉』(김화영 역), 책세상, 2000.
알베르트 아인슈타인, 『나는 세상을 어떻게 보는가: 아인슈타인의 세계관』(강승희 역), 호메로스, 2024.
앤서니 기든스·필립 서튼, 『현대사회학(제7판)』(김미숙 외 역), 을유문화사, 2014.
앤서니 라빈스, 『네 안에 잠든 거인을 깨워라: 무한 경쟁 시대의 최고 지침서』(조진형 역), 씨앗을뿌리는사람, 2008.
앨빈 토플러·하이디 토플러, 『부의 미래』(김중웅 역), 청림출판, 2022.
에드워드 버넷 타일러, 『원시문화 1-2: 신화, 철학, 종교, 언어, 기술, 그리고 관습의 발달에 관한 연구』(유기쁨 역), 아카넷, 2018.
오비디우스, 『변신 이야기: 오비디우스 서사시』(이종인 역), 열린책들, 2018.
오프라 윈프리, 『내가 확실히 아는 것들』(10주년 개정증보판, 송연수 역), 북하우스, 2024.
윌리엄 셰익스피어, 『햄릿』(최종철 역), 민음사, 2009.
유발 하라리, 『사피엔스』(조현욱 역), 김영사, 2015.
_____, 『호모데우스: 미래의 역사』(김명주 역), 김영사, 2017.
장자, 『장자: 자유로운 삶을 위한 고전』(김원중 역), 휴머니스트, 2023.
제임스 네스터, 『호흡의 기술: 한평생 호흡하는 존재를 위한 숨쉬기의 과학』(승영조 역), 북트리거, 2021.
조셉 필라테스 외, 『조셉 필라테스의 바이블』(원정희 역), 판미동, 2020.
조안 할리팩스, 『연민은 어떻게 삶을 고통에서 구하는가: 이타심에서 참여까지, 선한 마음의 이면에 대한 연구』(김정숙·진우기 역), 불광출판사, 2022.
조지 베일런트, 『행복의 조건: 하버드대학교 인생성장보고서』(이덕남 역, 이시형 감수), 프런티어, 2010.
존 스튜어트 밀, 『자유론』(박문재 역), 현대지성, 2018.
찰스 다윈, 『종의 기원』(송철용 역), 동서문화사, 2009.
칼 구스타프 융, 『융이 본 프로이트와 정신분석』(정명진 역), 부글북스, 2018.
칼 로저스, 『진정한 사람 되기: 칼 로저스 상담의 원리와 실제』(주은선 역), 학지사, 2009.
칼 세이건, 『코스모스』(홍승수 역), 사이언스북스, 2022.
페터 비에리, 『자기 결정: 행복하고 존엄한 삶은 내가 결정하는 삶이다』(문항심 역), 은행나무, 2015.
프리드리히 니체, 『차라투스트라는 이렇게 말했다』(황문수 역), 문예출판사, 2010.
플라톤, 『국가(그리스어 원전 완역본)』(박문재 역), 현대지성, 2023.
헤르만 헤세, 『데미안』(전영애 역), 민음사, 2009.
헬렌 피셔, 『나는 누구를 사랑할 것인가: 자신과 어울리는 진정한 인연을 찾는 법』(윤영삼·이영진 역), 코리아하우스, 2009.

네이버 지식백과 / 목회데이터연구소 홈페이지 / 산업연구원 홈페이지 / 중앙치매센터 홈페이지 / 한국개발연구원 홈페이지 / 한국은행 홈페이지